U0624199

让顾客购买

WOO, WOW, AND WIN

通过服务实现交易

[美] 托马斯·A.斯图尔特（Thomas A. Stewart）
帕特丽夏·奥康奈尔（Patricia O'Connell） 著

董良和 译

中信出版集团 | 北京

图书在版编目（CIP）数据

让顾客购买：通过服务实现交易 /（美）托马斯·
A. 斯图尔特，（美）帕特丽夏·奥康奈尔著；董良和译
. -- 北京：中信出版社，2021.7
　书名原文：Woo, Wow, and Win
　ISBN 978-7-5217-3046-3

　Ⅰ.①让… Ⅱ.①托… ②帕… ③董… Ⅲ.①商业服
务—服务模式—研究 Ⅳ.① F719

中国版本图书馆 CIP 数据核字（2021）第 097042 号

Woo, Wow, and Win by Thomas A. Stewart and Patricia O'Connell
Copyright © 2016 by Thomas A. Stewart and Patricia O'Connell
Simplified Chinese translation copyright © 2021 by CITIC Press Corporation
Published by arrangement with author c/o Levine Greenberg Literary, Agency, Inc
Through Bardon Chinese Media Agency
ALL RIGHTS RESERVED
本书仅限中国大陆地区发行销售

让顾客购买——通过服务实现交易

著　者：［美］托马斯·A. 斯图尔特　［美］帕特丽夏·奥康奈尔
译　者：董良和
出版发行：中信出版集团股份有限公司
　　　　（北京市朝阳区惠新东街甲 4 号富盛大厦 2 座　邮编　100029）
承 印 者：三河市中晟雅豪印务有限公司

开　本：880mm×1230mm　1/32　　印　张：10.5　　字　数：275 千字
版　次：2021 年 7 月第 1 版　　　印　次：2021 年 7 月第 1 次印刷
京权图字：01-2019-3309
书　号：ISBN 978-7-5217-3046-3
定　价：69.00 元

版权所有·侵权必究
如有印刷、装订问题，本公司负责调换。
服务热线：400-600-8099
投稿邮箱：author@citicpub.com

目录

第三部分　服务设计实践

引　言

商业的目的在于创造客户并留住客户。

——彼得·F.德鲁克

卓越的服务不能只靠良好的意愿、完善的管理和激励性的文化。事实上，其因果关系恰恰相反：服务应成为公司的核心，就像宝马注重性能、iPad（苹果平板电脑）注重直观感觉那样。以服务至上为宗旨的公司会自然而然地展现出优质服务所需的做法：目标明确、专注、注重企业文化建设。因为如果不是发自内心地去做事，那么无论多么有诚意，都无法保证提供可靠的服务，任何努力都无法弥补服务的不足。试图取悦顾客，恰如逆水行舟，不管团队多么坚强，最终也会因此而筋疲力尽。

一个令人吃惊的事实是，大多数公司并不是为了服务而生，并不是为了提供让客户满意的体验来开展设计。其原因颇为复杂，部分是历史原因，这些我们会在稍后的部分解释。现在，请先接受一个假设：大多数机构都不是自然而然地提供了卓越服务。

本书就是要解决这一问题。过去几年，有些前卫思想家、先锋派高管及部分学者开始倡导服务设计的理念和实践。他们的论述和我们的论述一样，都很简单：服务如同产品，需要精心设计。我们把服务传递也包含在这一概念里，因为无法应用的艺术毫无价值，至少在商业领域如此。服务设计和服务传递会涉及重新构想、重新创造、重新思考等各个阶段的执行、客户与公司互动的每个方面，无论销售什么，无论交易是否已经发生，这样做才能满足客户，进而推进战略目标的实施。

换句话说，服务设计和服务传递——我们称作 SD^2，即 Service Design and Service Delivery——就是你希望客户得到的体验，每次都要让他们得到这种体验。首先，服务设计是主动的，它包括选择、行动和后果。其次，服务设计始于卖家所想，应提供给客户卖家所承诺的服务。这一服务要基于卖家的策略，而不是一味地满足客户的需求。最后，服务设计需要保持一致性，而一致性不能靠突发奇想。

* * *

我们历时数千小时，行程数千英里，做了数十个访谈，得出四条关于服务设计的经典原则。

- 我们相信，服务设计——应该做什么和不应该做什么，要创造什么样的体验，提供什么样的价值——应该是每一家服务企业市场战略的基本要素，从咖啡店（星巴克是服务设计的经典范例）到像新加坡航空及高盛公司这样的顶尖私人服务和专业服务提供商莫不如此。
- 我们相信卓越的服务就像产品质量一样，应该更注重内在品质，而不是外在包装。
- 我们相信卓越的服务是免费的，也和产品质量一样——设计精良的服务会体现它自身的价值，并在某种程度上节省公司和客户的时间、金钱以及纠错成本。

让顾客购买

- 我们已经了解到，而且我们也相信，卓越的服务设计及传递是让你的公司与竞争对手截然不同的最佳方式，这种方式具有可持续性，又可以反复使用，而且还可以一步步地吸引客户，打动客户，赢得客户，带来效益，更重要的是这样做为你带来的都是合适的客户。

应用 SD^2 理念，在服务中体现设计理念和有效的服务策略，可以为公司运营带来新思考、新行动、新成效。本书将通过阐释 SD^2 的概念、原因、方法、原则、效果，以及工具，来说明如何实现这一切。

我们关注的重点是大家熟知的服务行业，服务行业在经济中占有很大比重，基本上涵盖了矿业、农业和制造业以外的全部经济领域。但事实上，服务设计和服务传递对上述三个领域也有益处。经济学家喜欢把生产产品的公司和提供服务的公司区分开来，但是客户不这样认为。他们重视一个公司给他们带来的全部体验。理解服务设计可以帮助所有的公司改善与客户互动的方式，提高公司业务的价值。比如在苹果直营店，购物行为的考量及设计与苹果在手机及计算机产品上所关注的客户体验一脉相承。不管是消费者还是终端用户，都很关注体验。

有人说运气是设计的副产品。卓越的服务也是。SD^2 会在某种程度上精妙地运用设计思维。设计公司 IDEO 的总裁兼首席执行官蒂姆·布朗对设计思维的解释是："设计思维是一种以人为核心的创新理念，用设计工具来统筹人们的需求、可行的技术及商业成功的需要。"[1]使用这些工具来进行商业设计不但是为了创新，还可保障服务公司在与客户的互动中体现卓越、雅致和同理心。服务设计对每个公司都有益处，因为对于任何公司来讲，客户都很重要。

＊　＊　＊

管理人员都知道（正如彼得·德鲁克所言），他们最重要的工作就是要创造客户并且留住客户；但在服务行业以及其他行业的对外服务环节，管理科学及管理实践仍然比较落后。产业设计及产品设计的研究已有百年历史，而服务设计的历史不过几十年。产业功能方面，我们对金融、运营、技术甚至人力资源的了解远远多于我们对销售、客户服务甚至市场营销的了解。

由于设计不完善及对设计不够了解，管理人员不停地调整策略，有时用促销手段去吸引、留住客户，或者为特定客户提供额外服务，或者实施忠诚计划，或者赋予一线员工更多决策权。个别手段在个别时候或许对个别客户有效，但是公司对于这些方法产生的效果及其原因却没有什么深入的见解。

由于缺乏以设计为出发点的手段，公司会采取以客户为中心的策略，像条小狗一样迫切地想要取悦客户，却不太了解公司自身的独特地位和相对优势。没有服务设计，没有服务传递（无法制订可重复、可预测、可执行、有效力的方案，也无法执行这种方案），公司就无法确定客户期望什么，更别说去满足他们的期待了；同时也会缺乏可靠的方法来支持其战略目标，无法给股东一个确定的结果。就像新手进了赌场，偶尔会赢，但输的时候更多。

* * *

我们了解这种状况，因为我们见证过。在我们的职业生涯里，我们见证过、记载过，也分析过最佳管理状态和最差的管理状态。你也见识过，不管你是一个商务人士，还是只是在个人生活或职场中接受过服务的人。不久前，汤姆（指本书作者托马斯·斯图尔特）入住了佛罗里达州奥兰多迪士尼世界的一家宾馆，接受了一次不甚令人满意的服务。经历了长途飞行后，汤姆非常疲惫，但让他高兴的是，登记处没人排队，而且服务台的女士也非常专业，没有那种假模假式让人窘迫的热情，这一点让他感到十分放松。他拿到了钥匙，找到了通往他的"小屋"的方向，就欣喜地沿着指定的路线去找自己的房间去了。

接下来的20分钟，他一直在转圈，心里越来越慌，因为他能找到一号楼、二号楼、四号楼，就是找不到三号楼，而他的房间就在三号楼。他也没发现任何一个员工，可以帮他找到路。"请叫我路盲。"汤姆坦言道。汤姆已经习惯了曼哈顿的整齐布局，所以他在度假村环形的过道里迷失了方向。这就是汤姆的遭遇（但也可能不只是他一个人的遭遇）。

迪士尼应该提供什么样的解决方案呢？休闲度假区应该有高尔夫球车，也应该有司机，这些都应该包含在设计之内，也会包含在服务价格当中。但是，迪士尼主要为米老鼠俱乐部会员和大型会议提供服务，所以如果雇用太多工人，公司就没法盈利。随时准备几瓶香槟酒或几盒巧克力饼干来安慰坏脾气的客人，也没有任何意义，因为这些做法都不是品牌行为。

标准工具、客户服务以及客户关怀（都会归结到用钱来解决问题，通常是亡羊补牢的做法）都必不可少，但这些问题原本都可以利用服务设计及时解决——当然，需要优化路线图，多设置一些标识，还可以使用互动地图，就像大家在科技馆和巴黎地铁站看到的那样，按下目的地的按钮，就可以知晓路线。像这样的服务在经济上可以承受、体现了品牌特点（孩子会喜欢），而且很实用（即便对汤姆来讲也是）。更确切地讲，只有具备设计思维、善用设计工具、注重客户体验，才能创造出以顾客为中心的解决方案。

显而易见的是，汤姆的故事讲的并不是客户服务，本书讲的也不是客户服务。这个世界并不需要再多一本书去告诉大家客户服务有多么重要（当然客户服务确实很重要），去赞颂一线雇员多么重要（显而易见），去计算忠诚度的价值，或其他类似话题。这种关于客户服务话题的出版物已经有成千上万本了。坦白地讲，这些书中的大多数从头到尾都是训诫，却没有什么价值。在奥兰多，接待汤姆的人所提供的服务可圈可点，但汤姆仍然感到颇为失望，这是因为宾馆的服务没有经过精心设计。从汤姆的角度来看，迪士尼未能切实地站在客户的角度去思考问题。

* * *

我们之所以关注这个话题，有三个原因。

首先，服务设计本身是一个相对新鲜的理念。研究刚刚开始，大家刚刚开始接受这一理念，亟待整合，亟待行动，这也正是我们倡导的。这一方案从现今的商业现实出发，顺应技术对公司和客户互动方式的影响。这一方案融合了新奇的想法和实用的见解，用全新的视角看待旧有问题，用全新的工具去解决这些问题。"用以服务为主导的逻辑取代旧有的心态"（用两个有影响力的思想家的话来讲），[2] 就会领悟到其中的价值。

其次，这一理念很重要。SD^2 会改善你的公司和其他诸多产业，包括零售业、银行业、旅游产业、医疗卫生产业、信息技术服务产业，以及部分政府职能，比如消防、公安、公共卫生，还有一些诸如换驾照之类的大众事务。

最后，这种转变能够让公司减少浪费，同时还可以改善客户服务效果。同全面质量管理一样，SD^2 同样具有双赢的潜质。

迄今为止，大多数市场主管，以及那些头衔十分新潮的人，比如首席体验官，都接受了服务设计这一概念。市场营销会带来巨大的利益，而 SD^2 的价值会上升到战略层面，直抵公司运营的核心。SD^2 对于企业高管和一线员工同等重要，既适用于 B2B（公司对公司）业务，也适用于 B2C（企业对消费者电子商务）交易。

谈到已经开始进行服务设计的公司，我们想先和你分享一下我们的一些领悟：

- 决断时刻。任何一种业务，在某些时候都会受到客户评判——他觉得找对了人，非常放心，并给你机会去俘获他的忠诚。这一过程可能很简单，就像 800 电话号码簿可以迅速让他找到他想找的地方；也可能会很复杂，就像 B2B 模式中与客户建立信任一样。

- 踌躇时刻 ——和决断时刻既相似又相反。踌躇时，客户可能会越走越远。或许他们已经和你完成了交易，甚至可能会回头光顾，但某些地方还是产生了嫌隙。他们准备四处走走，离开你的店铺，删除在线购物车里的东西，发誓再也不和你做交易，或者到社交媒体四处散布他们的不满。但愿不会这样。
- 豁然开朗时刻。这种时刻发生在交易关系的另一方——也就是你和同事认识到客户的决断和踌躇所提供的暗示与机会。就在这一时刻，你会明白你需要做些什么（每次都目标明确）来赢得客户并保持客户的业务。豁然开朗时，要依据发现来制定策略。这时，可以动员你的组织，根据客户的提示来采取行动，利用特定的干预手段，为客户创造更多的价值。

*   *   *

作为公司战略要素之一，服务的"契合性"越来越重要，同时，契合性也是 SD^2 的核心概念。新加坡航空和美国西南航空公司在客户满意度调查中一直遥遥领先。一家以奢华著称，另一家则提供实惠、亲民的航空服务。这种对比可以说明，服务设计和业务设计一定要相互契合。

每个公司的策略都是（或应该是）独一无二的，但稍后我们会了解到，这些策略都符合某种 SD^2 模型。像沃比帕克公司 ① 这种潮流

---

① 2010 年上线的美国眼镜电商，由沃顿商学院四名在读学生边学习边创立。——译者注

型服务商的服务设计不会符合旁边的眼镜店，也不适合像珠光视觉（Pearle Vision）这样的连锁店；高盛集团的方案设计也应该与加拿大多伦多道明银行有所不同。但是不管公司采取何种策略，其服务设计都应遵循相同的原则，瞄准同样的目标：给目标客户提供可靠且愉悦的体验，在给客户带来价值的同时给公司带来效益。

自从有了市场，公司和客户的目标就未曾改变过：公司一直都想迎合客户需求，赚取利润；而客户总是希望公司能够圆满、高效地满足他们的需求。但客户对"圆满"和"高效"的定义却有所改变。这种改变部分是因为全球化及互联网提供了便利，客户在选择时不再受距离的限制，不管是买书还是寻求咨询服务。选择不再是区分公司的因素——点击几下鼠标就可以做出另一种选择。甚至价格也不再具有强烈的区分性：在低端市场（公司间相互竞争，飙出最低价），价格不再重要；在中端市场（客户可以方便地进行对比），价格不再重要；而高端市场的价格从来都不重要。那么，客户是如何做出选择的呢？

越来越多的研究表明：客户体验的根本性质是决定他们如何消费的关键因素。客户服务流程的每个环节、客户体验的方方面面都要考虑周全，一点考虑不周全，或对某些环节做出错误的决断，就会产生不良的客户体验。不良客户体验会导致口碑欠佳，这些状况会通过网络散播出去，影响的群体比以往更加宽泛。

卓越的服务体验是通往成功的大门。而 SD^2 是打开大门的钥匙。

＊　＊　＊

本书分为三个主要部分，我们希望每个部分都将成为你的发现之旅，本书后附有附录和服务设计工具。

本书的第一部分将引领你走向未来之旅。我们将讨论管理服务和客户体验与你在学校或工作中学到的管理知识有何不同。我们将从经济背景、历史背景和战略背景三个角度来分析服务设计和服务传递，帮助你理解为何它们对你来讲最有价值。我们将讨论设计良好、传递顺利的服务中最重要的因素——10个指标。你可以用这10个指标建立一个基线，来衡量你的优势和劣势，计划如何发展。

在本部分，我们还将引入"服务之旅"这个概念——这个比喻可以帮助你绘制服务设计图，帮助你管理服务传递。这个概念可以让你清楚地看到客户的旅程，看到你在幕后为客户体验所做的一切努力。然后，我们将专注于旅程中最重要的部分，即客户互动。客户互动非常关键，因为这些互动会决定你的决策是成功还是失败。

在第二部分，你可以将你所领悟到的知识运用到客户的互动之中，也可以运用到需要执行的幕后服务活动中。我们将研究五个原则，依据这些原则，可以把SD^2运用到每个公司：找到优质客户，提供让客户满意的服务，不必付出巨大努力，减少彼此的浪费，随时随地在所有平台提供一致体验，不断创新。如果不能正确理解这些原则，就无法执行策略。理解这些原则有助于厘清组织中的压力，这些压力会阻碍服务设计，影响连贯、优质的客户体验。努力解决这些紧张局势的时候，你就可以设定发展的优先次序，制订变革的方案。

在第三部分，我们会再一次拓展视角，把我们所学的知识转变成行动的框架。SD^2原理会在各种服务设计原型中体现出来。这些原型基于9个基本的价值主张（从潮流型服务商到廉价型服务商，从专家型服务商到实用型服务商），可以体现你的公司战略，也是你想提供的客户体验。这些原型让你更清楚地了解如何让策略与设计相适应。我们将讨论接触点（你与客户互动的时刻）如何汇聚成一个连续的进程、如何管理接触点，以及如何管理整个进程。

我们还会花点时间来谈谈来自客户的服务设计，尤其是如何与客户协作，共同营造客户体验，给他们提供更多的价值，给你创造顾客资本。我们还会引入企业文化这个关键话题。大多数服务都是由人来提供的，不管是一线的雇员问"要来点薯条和这个一起吃吗？"还是律师去帮助客户签订合同，都会让企业文化成为服务的重要组成部分。企业文化要与策略相适应。

附录将首先展示如何制作成绩单，来评估 SD^2 的平均分数——这是一个测量基线，这个成绩单将决定你何时开始将这些想法付诸实践。其次，本节还将介绍如何绘制服务流程图，如何创建服务蓝图，告诉你如何采用服务流程图这一概念（这一概念将会不时在本书出现），并将其应用于你的业务。有了这两个基本工具（成绩单和流程图），你就可以着手开展一系列项目，增强服务设计、传递能力。我们提出了 7 个项目，这些项目可以不断改进，反复运行。最后，本节将提供一些具体的方法，比如如何测量客户价值、如何跟踪服务创新的效果等。

* * *

在整本书中，你都会看到 SD^2 经典示例的小插图，包括实现卓越 SD^2 的五个关键原则的小插图。我们所调查、访问及研究过的公司有几十家，我们不会只关注其中的一两家，我们会使用更多的样本来展示 SD^2 的广泛影响。我们提到的既有老牌公司，也有新兴公司，有服务消费者的公司，也有和客户合作的公司，而且我们保证每个原型都可以展示出来。有些可能是家喻户晓的公司，但其他公司不是，至少现在还不是。

我们之所以挑选这些公司，并不是说它们是行业中唯一精通 SD^2 的公司，或者坦率地说，并不是因为它们所做的每件事都是正确的。这些公司和我们一样，明白卓越的 SD^2 是一个过程，是一个似乎总是遥不可及的目标。实现卓越的 SD^2 就像去抓肥皂泡，你手中的肥皂泡只停留短暂的一瞬。这并不是坏事。因为如果良好是伟大的敌人，那么自满便是卓越的敌人。

任何历程都会有磕磕绊绊、迷失方向或改弦易辙的时候。但大部分时刻，我们都会专注于成功这一目标。这并不等于描绘一个过于乐观或误导性的画面，或者假装障碍不存在。我们的目标是激励你思考：公司该如何识别客户旅程的关键时刻？如何识别服务过程的关键时刻？如何更好地吸引客户、打动客户、赢得客户？

我们写这本书，不是想虚张声势地说我们发现了火种。这本书是要提醒你火的力量，以及如何驾驭火。

第一部分

启　程

第一章

"豁然开朗"之路

一家著名的信用卡公司的口号是："会员享有其特权。"对于会员制通勤航空公司冲浪航空（Surf Air）公司的首席执行官杰夫·波特而言，这些特权就是方便、舒适、友爱、亲近。在豪华度假俱乐部独家度假村（Exclusive Resorts）担任首席执行官时，杰夫·波特就懂得了会员制的价值。"会员制从一开始就给人们带来了一些共同利益，这种利益会让人们更乐于为你的产品或服务买单。"他说。[1]

冲浪航空的会员只需支付月费（目前为 1 950 美元，加上一次性会员费），就可以在加利福尼亚州和内华达州系统内的任何城市之间无限次飞行。这对许多商业客户来说意义重大，比如每个月需要来萨克拉门托好几次的洛杉矶律师、在塔霍岛度周末的科技大亨、与分散在加利福尼亚各地的客户打交道的顾问，以及在不同城市拥有房产的餐馆老板。因为承运人对其进行了巧妙（我们不会轻易使用这个词）的服务设计，让这笔交易看起来更加划算。

冲浪航空只飞皮拉图斯 PC-12NG 机型。这种飞机可以乘坐 9 名乘客，有种私人飞机的感觉。因为交通安全管理局规定，乘坐少于 10 名乘客的飞机可以免于耗时的检查，这样一来就省去了安检及漫长的登机手续。冲浪航空采用会员制盈利模式，使用小型的地区机场，这些机场大多没有得到充分利用，所以乘客几乎不会在地面上浪费时间。这种业务的经济性非常诱人，所以航空公司在载客率达到 60%

的情况下就能盈利。即便只有一名乘客，航空公司也会按计划航线执飞。

波特曾经在边疆航空公司（Frontier Airlines）担任首席执行官，那段经历让他深入了解到困扰商业航空公司及乘客的问题，于是，在设计冲浪航空的服务时，他和搭档便探索去解决这些问题。波特回忆说："在40个行业中，航空公司在净推荐值（Net Promoter Score）①得分中排名第36，尽管美国国内旅游业在蓬勃发展。""我们看到了机会，我们要迎合频繁流动的旅客，像高铁那样：立足当地市场，瞄准那些需要经济快捷交通方式的人群。"

乘坐冲浪航空的确会提供一种不同的体验：这家航空公司实际上已经取消了机场。你只需在飞机起飞前15分钟到达；候机区有免费的小吃和饮料；不需要登机牌；没有安检；登机口不会有一群人挤来挤去；在登机前行李从你身边取走，降落后片刻就能送达。"我们的会员第一次来时感到非常困惑。"波特说。他们已经习惯了机场的广播和明亮的灯光，习惯了摩肩接踵的人群。客户行程从根本上得到简化，省去了候机的繁文缛节。冲浪航空不需要行李处理系统，也不需要乘务人员。因为它采用预订模式，不需要使用算法来设定票价，也不需要票证处理——整个IT系统要简单得多。

然而对于所有会员来讲，最重要的并不是享受冲浪航空提供的豪华便利、相对廉价的服务。"很多人说，如果乘坐商务航班，在洛

---

① 净推荐值，又称净促进者得分，亦可称口碑，是一种计量某个客户将会向其他人推荐某个企业或服务可能性的指数。——译者注

杉矶国际机场和旧金山国际机场之间（机场之间只需要飞行 90 分钟）可能要多花 3~4 个小时。原因恰恰是繁文缛节，而我们已经把这些都取消了。"波特说，"我们的调查显示，人们最看重的是时间。我们更愿意认为我们并没有节省乘客的时间，而是把时间还给了他们。"

* * *

"人们最看重的是时间。"这是冲浪航空公司客户体验的核心，也是其服务设计的关键。想一想你最近一次接受的客户满意度调查。（我们知道，不应只关心你上次乘坐航班的情况。）那个满意度调查是想了解你认为什么更重要吗？如果这份调查是从酒店寄出的，那它可能想让你对入住及退房、房间是否清洁、客房服务是否及时，以及诸如此类的项目给出评价，请你打出 1~5 分或者 1~7 分，然后问你是否还会再次入住或向其他人推荐这家酒店。

如果你和我们一样，就会觉得这个调查和你这次入住没什么关系。登记入住？当然，很好，没有问题。房间？当然，很干净，没有问题。返回？当然，那要看我下次再来亚特兰大开会的地点在哪里。但是这个调查没有抓住重点，调查应该关注你的入住体验：在这里入住的感受如何，酒店是否达到你预想的标准，是否具有独特之处。也许你认为和在另一个城市的另一家酒店的住宿体验没有什么两样——好吧，没问题。

这项调查并不能真正衡量你的满意度或入住体验。它是在衡量员工是否做了分内的事情——微笑着登记，清扫房间，按时送早餐。这项调查是总部衡量管理者及其团队遵章守纪情况的一种方式。

那些与你无关的调查却彰显了一个令人惊讶的事实：大多数公司在设计时都没有考虑到为客户服务。服务业的运营模式在很大程度上（组织结构图、服务流程图、激励机制）来源于制造业，而制造业的衡量标准注重产品的数量和质量：生产多少部件，质量缺陷控制得如何。这些模式是为生产设计的，而不是为招徕回头客设计的。

这种工业遗产带来的结果是：越来越多的公司让客户感到不适；这些公司也错过了不少商机。除了服务业，工业企业（产品制造商）也表现不佳，因为它们没有充分利用机会去创造更好的客户体验，生产绝佳的产品。服务业是整个经济中最重要的部门，是最大的雇主，也是最大的财富创造者，而服务业却大多在盲目运营，毫无章法。

现在回忆一下你上次和商家的互动，比如通过它们的网站、个人、电话，以及社交媒体进行的互动；你可能在网上买了些东西，或者尝试了一家新餐馆，或者购买了汽车服务，抑或光顾了当地的一家商店。与供应商或经销商互动，或者与广告代理商打交道，称得上是一种专业体验。

你给这次体验打多少分？很棒吗，而且你已经成为一个忠诚粉丝，或者已经开始到处推广？很糟糕吗，糟糕到你再也不会回来？或者就是一般，没多差但也没什么特色？也许最重要的是，符合你的期待吗？

现在想象一下你所在的公司的服务、产品或人员与客户的互动。客户的体验如何？他们更关注什么？你知道吗？或者你只是在想象或背诵那些毫无意义的统计，就像酒店调查表中的那样？

要想提供有意义的服务，关键在于设计——周密规划，精心部署，从容执行，营造你希望客户获得的体验，并将这种体验传递给客户，每次都要这样。从客户的角度去理解客户体验是通往"豁然开朗之路"的起点。这条路会引领你提供卓越的客户体验，甚至更远。我们相信，一旦公司应用了服务设计原则，不仅会提升客户的满意度，还会发展出战略优势：通往"豁然开朗之路"将为你占据竞争优势地位，这个地位其他公司无法比拟、无法攻击。

大多数时候，大多数公司对待大多数客户都相当不错。当然，有时候有些事情会出现严重问题，有时则出奇地妥当——通常是员工特别努力拼搏的时候。但总体来讲，这些公司只能得到一个 B 或 B- 的评级，也就是说还不够好。我们认为，应将标准定位在提供 A 级服务体验，而且我们也相信，这可以做到。那么该如何去做呢？关键要理解服务设计的原则并应用该原则，以确保持续提供可靠、可复制、灵活的优质客户体验，让你和你的客户都满意。

体验很重要，体验就是过程，过程是设计出来的。这些说法对于理解服务设计及实施服务传递具有重要意义。越来越多的管理及心理研究成果表明，与新鲜事物相比，人们会从全新的体验中获得更多幸福感，比如海滨的一天，比如某个歌剧之夜。[2] 进一步讲，新鲜事物带来的欣喜会随着时间的推移而变淡（就像孩子们得到圣诞礼物的感觉一样），而一种体验所带来的愉悦感却会与日俱增（正如每个成年人回忆温馨假日所体会到的那样）。但体验不仅关乎某一件事物，而且关乎某些时空：体验是一场旅行，无论是空间上的（比如从达拉斯到底特律的一次飞行），还是时间上的（比如和保险公司的关系），或者是智力上的（比如为期六周的咨询业务）。对于顾客而言，这些旅程包括需求、计划、预期、开始、事件本身、结束以及记忆。公司需要在旅程的每个阶段、每个接触点（触点）进行分析、设计和服务，因为每个时刻都是一个机会，要么吸引客户，要么疏远客户。

你需要从整体上构想客户的过程体验，并从整体上去营造。任何阶段出现问题，都会破坏这种体验，但仅仅完善出现问题的那一部分是不够的。[3] 这个过程不仅仅是线性的，也是一个复杂的自适应系统。整个过程的体验会影响每个阶段的体验，反之亦然。在第三阶段发生的事情不仅会影响第四阶段的体验，还会导致客户重新评估之前发生的事情。而且，由于你希望客户会再次光临，那么每个过程都会影响后续的过程。

完美地设计服务，专业地传递服务，需要你的战略目标与客户的愿望及需求、现实发生的情况之间达到高度一致。这种高度一致得益于以下 10 个因素。

- **共鸣**：要从客户的角度去开发产品、服务和体验；充分考虑客户如何使用你的服务，如何与你互动。
- **期望**：要保证客户知道在他们与你的互动中应怀有何种期望。
- **情感**：要了解客户给你们之间的关系带来什么样的情绪，并引导客户，让他体会到与你一起工作带来的满足感。
- **简洁**：要提供干净、简单、易用、完整的产品——没有多余，也没有遗漏。
- **参与**：要在每一个接触点与客户（并鼓励客户与你）沟通，以便了解客户的体验，以及如何改进这种体验。

- **执行**：要切实满足设定的所有期望。
- **工程**：要掌握卓越的技术（例如与同行相比，或与一般的商业标准相比）并杜绝浪费材料、时间和精力，不要让你和客户耗费额外的精力。
- **经济**：服务定价要合理，这样顾客就会觉得物有所值，你也会得到期望的利润。
- **实验**：在日常业务中建立一个流程，用来改进和创新服务；拓展能力，开发新产品，推出新产品。
- **对等**：管理客户、团队及合作组织，直到满意为止，不管你是销售商还是服务商。

这 10 个因素中的前 5 个强调了服务关系中的客户方，而后 5 个则主要是关于你——服务的提供者。这 10 个因素构成了 SD^2 成绩单的基础，SD^2 成绩单可以帮助你衡量公司、职能部门同客户一起创建的高级客户体验是否成功。也可以根据自己的目标和竞争对手的状况，利用 SD^2 成绩单进行基准测试，或者对公司内部的业务单元做一比较。（在附录中，我们会向你展示如何制作成绩单。）

这 10 个因素放在一起就构成了一个系统，在系统中这些因素共同起作用。其目的是什么呢？著名的萨凡纳艺术与设计学院（Savannah College of Art and Design）服务设计系主任维克托·埃尔莫里说是为了关系。埃尔莫里说："服务设计这一系统被用于开发实体（银行、律师事务所、医疗保健系统、商店、教堂）与其客户之间的关系。"[4]

在买卖双方的交易中，如果可以建立交易之外的关系，双方就会获得更大的价值，这一点很容易理解。即便是在州际公路上加一次油，也有可能带来额外的价值——决定把车停在这里（因为你喜欢太阳润滑油），还是开车去那里（因为你更喜欢壳牌），或者是买可乐、咖啡或糖果。在服务业占80%的经济体中，服务设计既是前沿，也是中心。"接触点就是产品。"埃尔莫里说。而产品销售会受到产品周边的体验和服务的严重影响，网页、信用卡支付、零售展示、售后服务，甚至是销售人员所穿的服装都会影响产品销售。

服务设计是一门学科，这门学科认为，如同产品一样，我们可以而且也需要精心地设计服务，客户和公司之间每个交互点的客户体验要考虑周全，无论交易是否会实际发生。服务设计诞生于欧洲，发祥于德国和斯堪的纳维亚半岛，正在全球的先进企业中迅速普及。

关于SD^2的话题提得非常及时，也非常重要，但迄今为止，这个话题主要是在技术或学术出版物中提到过，抑或是在有关设计思维的书中顺便提及。服务业占美国经济产出和就业的80%左右，但管理这些组织的原则却鲜为人知，研究较少，实践也比制造业少。同时，服务管理的任务也变得异常艰巨。网络和移动设备使公司和客户进行互动的通道、接触点和机会成倍增加。所有这些都意味着情况可能会更复杂、更难以控制、更有可能搞砸、竞争更激烈。然而，这一切也意味着客户有更多方式可以找到你，你也有更多办法来吸引客户、打动客户、赢得客户。

比如，零售商过去必须设计管理一种类型的客户体验，这也是唯一的客户体验：商店购物体验。去哪里购物很大程度上取决于距离和价格。后来有了邮购和电话订购方式。尽管这些方式消除了地理位置

让顾客购买

因素的影响，扩大了客户体验的范围，但是客户在发出邮购订单或拿起电话之前就已经决定在你这里购物了。

现在，同样的客户会先从 Pinterest（拼趣）、Yelp（美国最大的点评网站）、Instagram（照片墙）或其他社交媒体或者传统渠道（比如目录、口碑、面对面购物或老式广告）了解你及你的产品，然后可能通过（你的或别人的）网站订购。不仅如此，你的客户可能不是与少数朋友分享他的经验，而是在脸书和 Intagram 上与成百上千人分享。他会对你做出评价，不仅对比你和你的竞争对手，而且还把你与他光顾过的其他服务提供商相比较。如果银行客户将银行和亚马逊进行比较的话（不管公平与否），那么对于银行来讲，仅仅设计行业内最好的在线体验是不够的。[5]

优秀的 SD^2 之所以具有挑战性，还有另外一个原因。正如弗朗西斯·弗雷和安妮·莫里斯在《非凡服务》（*Uncommon Service*）[6]一书中指出的那样，在大多数服务交易中，客户都是积极的参与者。汽车装配厂是个庞大而又复杂的组织，但至少不会有客户在工厂大声发号施令，或者撒泼耍赖。而在医院，在航空公司的网站上，在餐馆里，客户就在现场，你会知道他希望从体验中得到什么。因此，不能简单地把产品设计及其设计思维的实践和教训移植到服务设计中去。

不仅如此（而且重要的是），服务设计对于制造商、政府机构以及那些业务本身不在服务部门的人来说也生死攸关。丰田公司为其高端品牌雷克萨斯开发了一套全新的经销商网络，正是为了能够设计并提供与品牌承诺相辅相成的服务水平。[7]是否可以想象一下，如果宜家家居没有现在这种零售环境的体验（包括提供瑞典肉丸的餐厅，将购买的所有商品都塞进车里的挑战），以及你回到家后组装家具时的后续经历，那将会怎样？

卓越的服务设计，如同杰出的工业设计，非常简洁，其目标是同时实现卓越和效率。服务设计认为，顾客满意和成本管理是互补的，而不是矛盾的，产品设计的方式超越了形式、功能和价格之间的权衡。作为卖家，如果没有良好的设计，你更有可能根据成本而不是价值做出决定，因为你无法分辨花钱和投资之间的差别。仅举一个例子，商业航空公司每年在信息技术上的花费超过 100 亿美元，它声称其中大部分投入都是面向客户的，比如移动应用程序及网站。[8] 但是，有哪个经常乘坐飞机的人认为航空旅行的体验有所改善吗？

本书的核心内容表明，我们认同 SD^2 的五个基本原则。这些原则源于我们与成功企业、创新的企业文化和高效领导者的合作体验以及对其特点的分析，高级领导者利用这些原则来评估服务设计计划、建议和方案，而且，最重要的是，这些原则可以使服务战略保持连贯性。

1. 客户永远是对的——只要你遇到适合的客户。

你必须做出决断，哪些是你想要的客户，哪些客户是你不想要的。如果一个客户需要某种程度的服务、某种产品或某个价格，而这些需求并非你所设计，你也不愿意提供这些服务，那么这个客户就是不合适的客户。决定与哪些客户打交道，以及你愿意为他们做些什么，是定义品牌的有力实践。并不是说你不可以细分客户——你应该细分。这不是歧视客户，歧视客户当然是非法的。细分客户是一个战略决策，决定你提供什么服务。

2. 不要先让客户大吃一惊，然后再高兴起来——直接让他们高兴就好。

可以预见，如果服务设计精良，那么服务一定会很出色。这样的服务设计能够满足客户的期望，进而满足他们的需求，最终取悦客户，不管他们的期望值是高还是低。如果客户不知道从你那里能得到什么，那么他们为什么要来你这里？如果客户的期望不能得到满足，那么他们为什么会留下来？为什么要再次光顾？

3. 卓越的服务绝不能要求服务商或客户做出巨大的牺牲。

服务设计和服务传递应该高效、实在、易于衡量，即便错误在所难免，也要具备纠错能力。这就是服务设计之所以可靠的原因，是 SD^2 原理虽然不足为奇却令人愉快之处。不应该让员工去做超级英雄，或者破坏规矩，或者走捷径去给顾客带来优质体验。由此可以得出结论：对客户和你个人来讲，节省时间和节省金钱同等重要。要知道，客户的时间和金钱与你自己的时间和金钱一样重要，这是共创伙伴关系的关键，我们将在第十章详述。

4. 服务设计必须在所有渠道和所有接触点提供一致的体验。

简单地讲，任何你想参与的地方，都必须好好参与。任何你想做的事情，都必须千方百计地做好。如果一家公司在店里提供绝佳的客户体验，但它的网站却让客户感到沮丧和懊恼，那么这家公司就会让客户困惑不解，最终失去这些客户。

这个原则的直接推理就是，提供互补服务的合作伙伴，和你自己的接触点、平台和通道一样，都是服务价值链的一部分；租车公司会受益于精心设计、运行良好的机场，相反，如果机场设计蹩脚，运营不佳，租车公司就会深受其害。客户朝你打开钱包，你就应该呈给他们一张笑脸。他们并不关心你组织内部有什么问题，也不关心你和你的伙伴之间有什么问题，而这些问题会极大地阻碍服务设计蓝图变为现实服务。

5. 永不止步：预测、创造、创新；根据需要，重复上述步骤。

在 20 世纪，人们学到了很多制造业的研究和开发方面的知识。与产品相比，服务创新还处于起步阶段，但是已经开始出现最佳实践，而且正在为相关研究提供必要的基础知识。有一个教训：与产品的生命周期一样，服务的生命周期也需要精心管理。我们所说的管理，指的是非静态地、有机地、不断地开放和改进。

从服务设计的角度来看问题，并牢记这些原则，就可以轻而易举地理解，更好的服务设计和服务传递将极大地改善各个行业。

医疗保健。美国总是号称自己提供了世界上最好的医疗保健，但实现起来可能是一场噩梦。据美国医学研究所统计，美国不必要的文书工作和行政活动的年度费用高达 1 900 亿美元，[9] 而且每年因医疗差错造成的费用（其中大部分通过良好的设计是可以避免的）达到 290 亿美元，外加 40 万个鲜活的生命。[10] 该研究所估计，总体而言，1/3

的医疗保健支出与改善健康毫无关系，这还不包括病人在医生办公室等候医护时所浪费的价值 15 亿美元的时间。[11]

医疗提供者和患者都体会到了医疗保健糟糕设计的后果。对未能达到医疗标准的医院，新的医疗保险政策正在减少补偿，同时，对病人体验评价较低的医院也减少了补偿。大多数医院发现，他们很难同时在这两个维度上做出改善，除非医院应用服务设计的原则。[12]

酒店业。它不会威胁到生命，但威胁到大量的现金流。酒店想努力吸引商务旅客，因为这个客户群体最有利可图，但好多酒店都在走钢丝般地努力寻求平衡。在这一点上，如同在任何行业一样，如果想获得客户忠诚度，或者想抬高价格，那么就需要提供差异化的产品——提供客户所推崇的服务，而这些服务又必须没有竞争对手可以相比。但是，商务旅行人士在舒适度、技术、设施甚至位置方面对酒店也有相当一致的特殊需求。

如何才能做到和而不同呢？这就是凯悦（Hyatt）、万豪（Marriott）及其他公司在服务设计方面正在面临的挑战，它们正在研究每次互动行为，以便让客人一如既往地体验到入住、居住及退房的轻松愉快。更广泛地讲，旅游业已经开始与学术界及地方旅游管理部门开展合作，一起设计行业中相互依存的参与者（如航空公司、机场、运输公司、酒店和主题公园）之间的互动。它们意识到，一个家庭去迪士尼主题公园游玩的记忆会受到从航空公司到酒店，到餐厅，再到游乐园等各个环节的强烈影响。

政府服务。很显然，早在 2013 年"平价医疗保健"（Affordable Care）网站登陆互联网之前，政府提供服务的方式常常令公民和员工感到沮丧。同样，非常明显，其问题不在于人，而在于设计（或设计不足），就像 Yelp 网站发布的一条针对纽约州机动车辆管理局办公室的评论那样（未经编辑）：

我不太清楚它的服务系统是如何运作的。按照你需要的服务，你会发现你要等很长时间。

我需要续办驾照，所以我把申请表打印出来，填好再去，这样我就不用浪费时间了。

哈哈，真可笑……

我去了问讯处，拿到了我的"号码"F661。等着叫你的号就行了。……好吧，好酷。

我看看最后一个"F"系列号码排到哪里了？F612。搞什么鬼？不可能啊。哦……只有一个人在处理"F"系列的号码，我知道我得等很长时间……两小时后……终于……

有一件事要说一下……我的号码被叫到时，接待我的那个人相当友好。

"接待我的那个人相当友好"——可是设计有问题。类似的设计缺陷妨碍了英国警察的工作，据英国皇家警察督察局的资料显示，英国警察 45% 的时间都花在填写文书上。[13] 浪费警察的时间和纳税人的钱是糟糕的服务设计导致的结果，但对于警察和其他任何服务来说，等式的价值侧比成本侧更重要。

填写表格的警察没法去追踪恶棍，也没法与他们服务的社区建立联系。1994 年，威廉·布拉顿首次担任警务专员时，纽约市开始了警务工作的改革，改革的核心便应用了早期的服务设计原则，这次改革取得了令人瞩目的成果。纽约市警察局致力于向辖区提供实时信息，让更多的警察走出警车，走上街头，这是纽约成为美国最安全的大城市的原因之一。出乎意料的巨大差异表明，问题的原因在于纽约市警察局的管理方式，而不是其他因素——与之相反，俄亥俄州哥伦布市发生的谋杀案按人口平均计算，几乎是纽约的三倍。[14]

* * *

那么这一切和作为卖方的你是如何联系在一起的呢？

想一想锤子。没有什么比锤子更实用了，但锤子也是经过刻意设计的，而且有些时候，设计得很漂亮。拿起一把锤子，或者想象有一把锤子握在手里，感受一下它的重量和平衡感，以及在手中的握持感；看看起钉器那一头的形状，看看锤头的抛光。当你看着这把锤子的时候，你会发现它的设计和它的价值是密不可分的。卖锤子的过程也一样需要经过精心设计。用户可能在亚马逊，也可能从家得宝（Home Depot）那样的大型商店、传统五金店或者沃尔格林（Walgreens）卖场的小五金区购买锤子。

根据你期望的客户购物体验，这些购物环境会设计成不同样式，而且也应该设计得不一样。经典的五金店提供各种重量的选择——羊角锤、圆头锤、木工锤；店里会提供专业的销售助理，也许商店会把所有东西放在一个感觉很阳刚的环境中，配以木制的店铺设置，还有慢慢转动的吊扇。

在网上，你会选择不同的设计方式。你也可以提供大量选择，但不会提供销售协助或漂亮的购物环境；相反，你会提供清晰实用的产品描述，方便、高效、安全的结账过程以及确保及时交付或退货的功能。如果是沃尔格林，你的顾客会希望找到一把便宜的适合日常使用的锤子，比如挂画，锤子可能和起泡包装的钉子和图片钩展示在一起；至于销售协助，除非有人叫你去第三个过道的左边货架那里看看，否则你可能什么也不会提供。

有了这些要素（商店、选择、设置、员工），作为卖家，你已经做出了设计的选择，向你的客户发出了明确的关于购买锤子的体验信息。消费者可以根据自己看重的东西做出选择，比如价格、便利性、专业协助等。

好，把锤子给我们，我们要"钉"嘱几点内容：

- 这里销售的不仅仅是产品，更是体验。由你来确定提供什么样的体验以及体验与你的价值主张之间的关系。这种体验的设计在客户走进商店或访问你的网站之前就开始了，而且还必须考虑客户离开之后可能发生的一切。体验既包含理性，也包含情感。"短暂的积极体验并不能起到什么作用，"埃尔莫里说，"但是一个瞬间的积极体验会带来情感上的联系。"这就是服务设计。

- 为了有效地设计服务并顺利传递服务，你必须对看似无限的变量进行梳理。你的买家是谁？是职业的，业余的，一个住在郊区、有自己工作台的父亲，还是在壁橱后面的纸箱里藏了几件

让顾客购买

工具的公寓住户？他是木工还是只是想挂幅画？他打算怎么付款？如果他想退货怎么办？还有什么东西你想在这次购物时一并推荐给客户？你不能只是想着客户——你必须成为客户，设身处地地为他们着想。

- 如果你没法让自己满意，你就不可能让客户满意。服务设计和服务传递的价值在于，它允许你去管理你的需求，管理客户的需求，把这两种需求当成协作，而不是冲突——做出深思熟虑的明智决定，比如在哪里投资、如何支付这笔投资；并且要当成战略，而不是一时之举。不管你是在卖锤子，销售五星级大餐，提供专业咨询，还是有能力让人进出车管局（DMV）而且不会发疯，这都无关紧要。

- 服务设计并不复杂。事实上，正好相反：如同所有优秀的设计一样，服务设计很简练，一分不多，一分不少。但是每个设计师、每个商人都知道，简约很难实现，也很难维护。简约需要远见、规矩和工具。它有许多敌人，其中大多数是善意的，比如：新市场的诱惑——虽然在你的内心中，你知道你应该抵制；有价值的老客户——他们的要求会把你从你最擅长的领域拖开；离心力——它会导致职能部门及商业部门领导者热衷于商业核心之外的能力或去追逐外部机会。

正如我们将在下一章中看到的那样，大多数服务并不是一开始就设计好的；工程师和工业设计师将他们的技能应用到工厂和产品时，服务就那么伴随着发生了。有些地方的服务经过刻意设计，但往往也会因为日常业务流程的干扰而变得混乱不堪。想想星巴克（曾是服务设计最好的公司之一），在21世纪的头10年，星巴克迷失了方向，迫不得已，其创始人霍华德·舒尔茨返回公司纠正了问题，他厘清了星巴克的产品，并再次通过设计使其盈利。

但是，无论是经营酒店还是销售投资银行业务，都可以提供和保持优秀的服务设计和服务传递。如果做得正确，你就可以吸引客户、取悦客户、赢得客户，在商业上取得成功。有很多公司觉得自己受制于技术变革，不可控因素多，经常遇到动辄争吵并利用社交媒体发泄不满的客户，这时，卓越的 SD^2 就成为创造卓越服务体验的基础。我们的工作就是帮你把它制"钉"下来。

第二章

服务设计革命

谈到颠覆性创新，通常要提到百视达和网飞的故事，迅捷的电商战胜了自满的实体店。实际上这个故事和服务设计有关。百视达和网飞两家公司提供的服务完全相同：出租录像带，供客户在家里播放。百视达的服务设计部门很卖力：把一家出租录像带的夫妻老店整饬成灯火通明、适合家庭的标准商店模式（不私藏不良影片），店铺打造得像沃尔登书店（Waldenbooks）和道尔顿书店（B. Dalton）等畅销书连锁店一样，展架上摆满时下热门的影片。这个设计条理清晰、构思巧妙，使百视达辉煌了一段时间。

但是，没有哪一个设计会永远完美，百视达存在着固有的缺陷，这些缺陷疏远了客户，也耗费了资金：

- 因为顾客只能租到近期上架的影片，所以公司就必须大量购买热门电影，尽量避免库存不足的情况（不管地区或国家的整体情况如何，在商店层面上这都是不可避免的）——执行失败。
- 当一部电影淡出视线，所有的库存几乎都变得毫无价值——在简洁和节省方面的失败。
- 为了及时把录像带收回，租给下一个客户，百视达需要对延迟返回录像带的客户加收滞纳金。这些费用占其收入的 10% 以上，每一美元滞纳金都会降低顾客的满意度——没能从客户角度着想。[1]（美国航空公司 2015 年的附加费占收入的 11.3%，高于前一年的 9.3%。这种依赖很危险。）[2]

- 因为公司扩大到了 5 000 多家零售店，每家新店都会增加固定成本，收益递减规律不可避免地开始发挥作用——这是一个经济学问题。

如果把百视达比作沃尔登书店的话，那么网飞就是亚马逊。在使用宽带媒体流之前，网飞实行邮购制。网飞创建了一个订阅模型，客户可以观看所有影片，当客户返回看完的影片时，下一部影片就会发货；因此，网飞奖励快速返回影片的客户，而不是惩罚延迟返回影片的客户。此外，它设计的"推荐引擎"还可以根据客户以往的观影选择来向客户推荐影片，这样，网飞就可以分流对热门影片的需求。如此一来，不仅减少了囤货，而且还创建了一种机制，通过该机制，网飞可以直接了解每个客户。相比之下，百视达只能了解客户的整体偏好。

此外，网飞可以在全国范围内管理库存和后台功能，享受规模经济，不必忍受收益递减。网飞利用邮政服务，不用支付租金，不用购买固定设备。当然，网飞在技术发展中选对了方向，把赌注押在 DVD（高密度数字视频光盘）而不是录像带上，定位到一个电子传送视频的时代，完全不用等待或者盘点。

所有这些差异都是网飞运营模式及服务设计选择的结果，这样，网飞公司就可以制定战略选择，寻求合适的方法来发挥设计工具的作用，改进其业务。正如他们所说，我们知道影片是怎么结束的。

但它是如何开始的呢？

设计的崛起

"设计"一词来源于拉丁语"designare"，意思是"标出来"。设计的理念随着 18 世纪及 19 世纪的工业革命进入了商业领域。在此之前，产品是在制造过程中由个体工匠或由师傅、熟练工和学徒组成的小工作室设计的。随着大规模生产的推行，出于实际需要，设计环节和制造环节分离开来。产品的尺寸、形状、外观、材料规格及生产流程必须事先标明，工具和零件要装配好，工人要经过培训，确保每件产品都与前一件下线产品相同。

没过多久，实用的必要性就呈现出美学的层面，设计师这一职业也随之声名鹊起。[3] 1901 年版奥兹莫比尔（Oldsmobile）汽车的弯曲仪表板由威廉·杜兰特设计，除了美观并没有其他用途。今天台扇的造型，与 1908 年由 AEG 公司的彼得·贝伦斯设计的经典造型相比，几乎没有变化。

贝伦斯的想法在当时非常具有革命性，他认为工业设计必须打破手工艺的桎梏，并以此为荣。他宣称："我们在生产中拒绝复制手工作品，拒绝沿袭其历史风格，或在其他方面重复过去。"伟大的工业设计师在 20 世纪上半叶紧随其后——如沃尔特·格罗皮乌斯、雷蒙德·洛伊和亨利·德莱弗斯——很容易看出他们的作品与苹果公司的史蒂夫·乔布斯和乔纳森·伊夫之间的承继关系。

管理学和设计艺术的研究同时出现。沃顿（1881）、塔克（1900）、哈佛（1908）和其他商学院的课程都是在弗雷德里克·泰勒和亨利·福特在企业管理方面做出开创性工作的时候发展起来的。可以说，经理人和商学院在学习如何分配资源和控制业务流程，而设计师们想努力点燃顾客的欲望，为那些流水线上生产的产品创造一种新的美学体验。

这种日益复杂的设计和管理思想几乎完全以产品制造为中心（商学院也研究矿业和农业），很大程度上忽视了服务业，部分原因是服务业在经济中并不那么重要。今天，服务业占所有发达经济体 GDP（国内生产总值）的 2/3 或更多。这个庞大的部门包括从理发店到投资银行，从学校到海港，从医院到宾馆等诸多服务机构；它们什么都不生产，而是倒腾东西、卖东西或提供咨询、保险或个人服务等无形资产。

在美国，4/5 的劳动者从事服务业，总数达 1.16 亿，比全国所有制造业人数多 10 倍。[4] 随着经济的发展，服务业也会发展，比如，服务业已经占中国 GDP 的 40% 以上。

一些煞有其事的人把服务业视为一种低等的经济活动。直到 1990 年，日本伟大的全球主义者大前研一认为，有必要为服务性劳动力辩护，他写道："这些人不一定只是打工仔和寄宿女仆，他们中的许多人都属于专业人士，他们挣的钱和制造业工人一样多，而且通常会更多。"[5] 同年，联邦快递成为第一家获得著名的马尔科姆·鲍德里奇国家质量奖（Malcolm Baldrige National Quality Award）的服务公司。

对服务业有一个偏见，那就是，商品在某种程度上更高级，因为它们"可以交易"，但是当年 12 月，《财富》杂志却发现娱乐行业——"米老鼠、迈克尔·杰克逊和麦当娜"已经成为美国仅次于航空航天的第二大出口产业。[6] 在美国竞争力下降的时候，服务业成为它的一个亮点。事实上，1995 年,《财富》杂志修改了美国最大企业的名单，将服务业包括在内，那时,《财富》世界 500 强公司中有 291 家服务企业，有 3 家位列前 10 名。

服务经济与服务设计的兴起

专家和学者尚未掌握经营服务业的人所了解的知识：银行、零售业及其他服务产业皆属大型重要企业，具有独特的管理方式，面临着巨大的挑战，通过与制造业类比的方式去理解或管理这些企业显然行不通。然而，工具、框架以及一个世纪以来在工业设计及管理上积累的经验法则可以提供帮助。当然，你不要把这些东西从一个领域直接搬到另一个领域使用，因为服务各不相同，至少有如下四个基本方式上的不同。

- 在服务行业，客户会参与生产活动；而在制造行业中，当产品到达发货车间时，工作即已完成。服务就像握手：行动要想奏效，双方都必须参与。因此，设计、管理及评估服务业务时，必须将服务的双方都考虑进来。想想许多呼叫中心经理所犯的经典错误，他们根据员工接到的电话数量，而不是根据他们解决问题的效率来给员工打分。
- 大多数服务都会涉及买家和卖家（通常是多个卖家）之间的许多互动。从纽约飞往芝加哥，人们会预订机票、抵达机场、通过机场安检、登机、乘坐飞机、用餐（或不用餐），也许还会办理行李托运，然后乘出租车、火车或汽车。飞行服务本身只是一个接触点。另一种旅行可能只涉及一家公司，但是买家和卖家之间要经常打交道，才能把事情做好，例如广告活动。当然也有例外：从街角商店购买一块雀巢奇巧巧克力（KitKat）算是一种简单的交易，而其回报是巨大的。

- 在服务业中，顾客很难预先知道他们在买什么。买家要买新车，可以看一看，试驾一下，测一下胎压；他们还可以阅读《消费者报告》或看一看 Edmunds.com 网站对这款新车的评论。当然，一个买家可能想要辆红色的车，而另一个买家可能想要辆白色的车；天窗对一些顾客来说可能很重要，而对其他顾客来说则无所谓。尽管这些偏好可能很主观，但即便这些偏好是基于可以限定或可以量化的客观事物（如颜色、速度、特征），也可以很好地表现出客户的购买决策。服务是无形的，通常在消费时产生。客户除了知道医师、股票经纪人或美容师有营业执照，很难获得其他有意义的信息。在 Yelp 网站上，有人认为经济型酒店很舒适，其他人则会认为这种酒店的房间狭小局促；直到登记入住，你才能验证自己的看法。这种不透明的状态既挑战着客户，也挑战着寻求业务的供应商。许多 B2B 企业都不会出现在 Yelp 或其他社交媒体上，因为出现也没有什么意义。
- 客户不是去占有某种服务，而是去体验这种服务。[7] 如果有人买了辆车，那么这辆车就成了他的财产，归他支配，不喜欢了就可以卖掉。一辆车可以用不同体验的理念来设计——小型货车和迷你库珀适用于不同的需求。但是服务就是体验本身。他不

让顾客购买

能因为道路坑坑洼洼或者孩子在后座吵闹而去责怪汽车。体验很难控制（毕竟，客户本身就是体验的一部分），体验也很难设计（因为每个客户都不一样）。对于服务，顾客不能退货，因为没有什么东西可以退，所以没有二手体验市场。你的客户拥有服务体验以及与之相关的记忆和情感，但是你（提供商）拥有服务。

服务设计革命在这种背景下应运而生：由于服务越来越重要，人们意识到不可以用管理生产的方法来管理服务；还有就是我们即将看到的，也是非常关键的，信息技术的参与。

有些想法似乎时机一到就会一股脑儿冒出来，但服务设计这一理念有个非常明确的起点：1984 年，利恩·肖斯塔克在《哈佛商业评论》上发表了一篇文章，题为《设计可以传递的服务》。[8] 肖斯塔克很早就意识到，商品和服务之间的差异具有深刻的现实含义。1977 年，在担任花旗银行市场营销主管时，她就认为服务营销必须打破过去兜售产品观念的束缚，专注于创造服务体验的有形证据。[9]

基于这种观念，我们意识到服务的根本属性（不仅仅是服务营销，还有服务本身）就是顾客在他接受服务的过程中所有体验的总和，并且服务的每个阶段都应该精准识别、精心设计、精细管理。这算不上是巨大的进步。肖斯塔克 1984 年的文章引入了"服务蓝图"这一概念，把公司与客户之间的每次互动考虑进来，包括客户看到的一切及幕后发生的一切。这一蓝图，或者我们所称的导图，就是服务设计的基础工具。

肖斯塔克的这些理念休眠了近 20 年，但对服务的思索一直没有中断。1985 年，亚利桑那州立大学商学院开设了服务业领导力中心。1994 年，赫斯凯特、琼斯、洛夫曼、小萨瑟尔和施莱辛格在《哈佛商业评论》上发表了一篇著名的文章《让服务—利润链运转起来》。文章表明，由于优质服务会产生价值，所以对一线员工的投资可能成为利润的来源，而不仅仅是成本。同年，服务设计这门课程出现在德国科隆大学的课程表上。美国的表现比较滞后：萨凡纳艺术与设计学院在 2009 年开办了第一个服务设计班；及至我写这本书时，萨凡纳艺术与设计学院是美国唯一在服务设计方面同时提供艺术学士学位和硕士学位的大学。

　　20 世纪 90 年代，人们对测量及管理顾客忠诚度产生了浓厚的兴趣，这种兴趣大部分集中在餐馆、银行和其他服务行业。[10] 90 年代晚期，随着信息技术的蓬勃发展和业务流程重组热潮的出现，人们开始热衷于规划内部流程，以不可阻挡之势回归到了肖斯塔克的设计理念，开始规划公司所做的一切及客户所看到的一切。

技术出自玻璃房子

　　简陋的提款机是服务设计革命的亮点之一。自动取款机创造了银行历史上的尖峰时刻，这时，客户可以直接与技术互动，不用银行员工参与其中。IDEO 设计公司的首席执行官蒂姆·布朗是设计思想领域的顶尖专家，他认为："之前，服务传递都是在人与人之间进行的，不只在银行业，几乎每个领域都是如此。那时技术并没有应用在客户体验中，而是用在了办公室里。"[11] 当然，以前有自动点唱机和自动售货机。但是现在，服务行业的人第一次认为"用户界面"需要精心设计，就像一个世纪前的实业家认识到产品必须要精心设计一样。布朗说："以前，服务行业的人一想到设计，想到的就是建筑设计（设计办公室或分支机构的人），他们想的是平面设计，仅此而已。"

到处都开始弹出用户界面，所有这些界面都需要设计。很多界面以往的设计令人抓狂，现在的设计仍然令人抓狂。（"请仔细听好，我们的选择菜单已经改了。"）但是，在电子高速路上，马克·安德烈森1993 年推出的马赛克网络浏览器（Mosaic Web browser）用一个吸引人的设计颠覆了难懂的传统交互界面，互联网因此得以蓬勃发展。在高速路上，加油站不再使用人工服务；因为汽车和轮胎质量越来越可靠，人们也不再关注修理店，却增加了便利店。在英国，布朗将与壳牌合作设计自助式加油泵，重新考虑加油站的布局、流量及非常节省的运作模式。

然后就是 IBM（国际商业机器公司）。在 20 世纪七八十年代，这个"蓝色巨人"一直是自动取款机行业的一大玩家，开发了用于支付和跟踪支付所必需的软件和数字管道系统。[12] 1990 年，IBM 将业务割让给迪堡公司（Diebold）和 NCR 公司（客户关系管理技术供应商）。[13] 十多年后，IBM 拿出 35 亿美元收购了普华永道拥有 3 万名员工的咨询业务。当时，会计师事务所受到监管压力，要求其裁掉咨询部门。此前，安达信会计师事务所因安然公司破产丑闻而倒闭，其他事务所也受到震动。在几大事务所中，只有德勤拒绝裁减。之后，普华永道和其他事务所又重建了咨询业务。

2003 年，随着普华永道的加入，IBM 的全球服务业务占公司 890 亿美元销售额的近一半（48%），硬件收入只占不到 1/3（软件和金融业务构成其余部分）。[14]

然而，IBM 的研究预算中的服务预算为零，85% 的预算都用在了硬件上。对时任研究主管保罗·霍恩来说，这既是一个官僚主义问题（他们担心自己的预算会削减一半），同时也是一个科学机遇：创立服务科学，就像 IBM 在二战后发明了计算机科学那样。[15] 有了严肃的研究承诺，IBM 就可以赋予自己快速增长的服务部门一直缺少的严谨和洞察力，并从科学和经济学的角度加深对服务的理解。

2004 年，在罗伯特·莫里斯和吉姆·斯波赫勒的领导下，IBM 服务科学研究中心在加利福尼亚州阿尔马登高耸入云的山麓丘陵中开张，这个地方曾经是磁盘驱动器研究人员的所在地（IBM 已经退出这一领域）。IBM 招聘了一些服务营销和服务运营方面的专门人才、学术专家，以及设计师（大部分在欧洲，主要致力于解决小范围内有限的一些问题），但是适合 IBM 对多学科思维需求的人几乎一个也没找到。

IBM 的声望（5 名员工获得过诺贝尔奖）、资金（该公司向数十所大学提供资金，资助服务科学研究）和求贤若渴的姿态，成为服务研究最大的推动力，促成了服务设计这门管理学科。当然，公司本身也认为服务科学很重要：在公司 2011 年举行的百年庆典中，"服务科学的发明"入选公司 100 个"进步标志"。[16]

IBM 的"智慧星球"宏伟愿景是服务科学的直接产物；其智能建筑物、智能城市、智能医疗保健系统等，都是大规模服务设计的典范。斯波赫勒在阿尔马登担任服务研究主管，在他担任主管的 6 年中，投资回报率增长了 8 倍，这一成就源于他专注于以下三件事。[17]

服务效能：少投入多产出是每个公司和经济体的命脉，但提高服务生产率异常困难。理发师和律师的工作效率并没比前两代人高多少；酒店可以通过增加客房的入住率兴旺起来，但是每个客房每晚也只能出租一次。（当然，也有旅馆在 12 小时内不止一次出租自己的房间，但与这类酒店相关的服务不在本书讨论范围内。）在许多服务中，例如警务服务，甚至难以衡量生产率。IBM 发现，可以利用技术和服务设计来跟踪服务，提高服务生产率。这种方式前所未有，尤其是使用自动化方式（成本低）代替人工劳动（成本高）来处理信息。

服务质量：罗伯特·莫里斯抱怨 IBM 的"服务质量通常都很糟糕"，大多数人也都这么认为。有些服务质量问题可以直截了当地解决，比如使用条形码行李标签和自动扫描，大大降低了航空公司丢失或损坏行李的比率。[18] 但服务也对质量提出了特殊的挑战。IBM 面临的一个大问题是软件开发。软件设计正在从"瀑布开发模型"转变为"敏捷开发模型"。在前者，设计团队某种程度上是在离线构建软件，在项目开始时收集规范，然后进行编码，并且交付他们的工作成果。他们希望一切可以就此结束，但是从来没有如愿过。

"敏捷软件开发"原则首次发表于 2001 年，[19] 它要求设计团队与客户持续协作——共同设计软件，并在项目的进行中传递代码给客户，并根据反馈逐步调整。莫里斯说："事实上，你希望让顾客和你坐在一起。"这在那时是一个很激进的想法。质量外延总在持续向外推进，像教育和卫生保健这些行业的服务质量已经变得非常复杂，难以衡量，而且责任难分。

服务创新：尽管我们在产品和技术方面有所创新，但还没有产生大规模的服务创新。在阿尔马登服务科学研究中心开张前一年，哈佛商学院教授斯蒂芬·托姆克写道："我们掌握了经过充分检验的科学方法，可以用来开发产品、改善产品，这些方法可以追溯到托马斯·爱迪生的工业实验室，但其中许多方法似乎并不适合服务行业。一些公司想在服务方面有所突破，但它们的努力往往不太正规、毫无章法。"[20] 在实验室条件下，很难对服务（无形、实时创建、为客户量身定做）进行研究，而对实时支付真金白银的活生生的客户进行试验是要冒风险的。

服务效能、服务质量和服务创新是服务的日常工作，也是改善服务的动力。服务的方方面面（服务本身以及服务过程中的每个步骤）都可以拿来做个相同的测试：我们能够更有效率地执行吗？我们能做得更好吗？我们可以换个方式做吗？这些问题的力量不可低估。服务研究中心成立后的三年内，IBM 的服务税前利润率是之前的两倍多，从 6.7% 提高到 14.1%。[21]

某些部分以及由部分构成的整体

商界人士自己还不知道，他们大多数人都[3]是本体论的还原论者。他们用机械主义的观点来解决问题，认为最好的方法是把一个问题分解成几个部分，把这些部分整理好，然后重新组装起来。在一定程度

让顾客购买

上，这种思维习惯来自三代管理咨询的历史。策略咨询的基本性能和价值主张是帮助公司精确地量化成本（如果你以前从未做过，任务之艰巨将令你感到十分惊讶），它把产品和生产过程分解开来，找出每一分钱成本及间接费用的价值。许多早期的顾问和战略家被培训成工程师，并非巧合。[22]

不出所料，利恩·肖斯塔克等服务设计的第一批实践者提出了创建服务蓝图的构想。服务蓝图就是一份技术图纸，列出了公司与客户之间的所有接触点，以及服务的一个阶段与另一个阶段之间的联系。肖斯塔克的蓝图看起来像路线图。她提到过"有形的服务证据"（顾客能看到或能体验到的），以及"能见度线"之下的活动（虽然客户看不到，但可以产生有形的证据）。

设计思维对这种简化、机械的商业观提出明确质疑，不管这种观点关注的是产品、服务，还是两者兼顾。设计思想家们说，如果把注意力集中在零件上，你就很可能会错过整体。戴维·斯诺登描述了繁杂问题和复杂问题的区别。复杂的问题可以逐个解决，士兵们可以把步枪拆卸、清洁、重新组装，并且确保重新组装之后步枪至少像以前一样好用。复杂的问题往往是有顺序的、线性的，它们有正确的操作顺序，就像解代数方程一样，可以预知因果关系。

繁杂问题不一样。通常，搜索解决方案的过程不是以线性方式进行的，而是可能来回多次，就像敏捷软件开发一样；它们可能产生指数回报，而不是线性回报。在事前无法明确因果关系时，只有经过反复尝试、反复失败，才能摸清局部与整体的关系。繁杂系统的各个部分不可互换：即使约翰和简在团队中扮演相同的角色，如果用简替换约翰，团队也会因此而不同。生态系统、广告宣传、足球比赛——所有这些都是繁杂的问题。大多数商业挑战也是如此。

设计思维明确地驳斥了整体主义者的简化主义方法和有机主义者的机械主义心态。设计思想家认为，要"以人为中心"，用"综合"方法来解决问题。虽然这些词语只是时髦用语，却很有意义：这些词指的是一种方法，这种方法从深入理解客户的需求和愿望开始，用适量的原型进行试验，以使下一个试验更有意义，这种方法也尝试同时解决多个问题。

因此，我们放弃了服务"蓝图"这一比喻，并用"导图"取而代之。导图中有接触点，而不是联系点，图中也包含台上或台下——幕后所发生的活动。（在附录中，我们将向你展示如何绘制你自己的服务导图。）经过精心设计，服务一旦传递，一些事情就会发生：不仅仅是理个发，而是全新的面貌；不仅仅是银行贷款，而是商业拓展的机会；不仅仅是一次旅行，而是第二次蜜月。这个过程的每个部分、每个阶段都很重要：沙龙的气氛如何，贷款文件是否易懂，机场的登机手续是否简便。精明的服务设计会检查每个接触点，使每个接触点都达到最佳状态。但是整个过程更重要，最好的服务设计将确保整个过程取得成功。体验很重要，体验就是过程，过程是设计出来的。

第三章

服务设计与公司战略

皮克斯动画工作室有一部动画片叫《机器人总动员》。在这部动画片中，随着人类文明的发展，未来的人类会变得肥胖臃肿、精神涣散，他们生活在一艘巨大的宇宙飞船上，宇宙飞船上有一个巨型公司，名字叫"Buy'n'Large"，这个公司可以满足人的各种稀奇古怪的想法。

希望地球上也能有如此好运吧。每个商人都知道，一个公司无法一边提供折扣价格、优质服务、完整生产线、尖端创新、一流工资、免费运输，一边又能同时获取丰厚的利润。要想获取丰厚的利润，就必须在其他方面有所取舍。但总体来讲，客户并不关心你有多大利润。因此，卓越服务和杰出战略之间就产生了冲突，这种冲突，被我们称为"创造性矛盾"。

"战略"这个词被用得太滥了，几乎已经失去它原有的含义。现在，你会发现人们谈到对付野餐时遇到的蚂蚁，也会用"战略"这个词。我们此处只把这个词用来指代公司做出的重大选择，以及为实现这些目标而采取的行动。战略需要你做出选择：要卖什么，不卖什么；要什么样的顾客，不要什么样的顾客；在哪块阵地上攻击，在哪块阵地上防守，把哪块阵地拱手让人。服务设计也是关于选择的问题。服务设计不是客户想要什么就给什么；正如我们在第一章中所讨论的那样，服务设计是指公司的做法可以让客户获得公司希望他们获得的体验。服务设计将战略意图和客户体验联系在一起。

服务设计还可以将公司战略武装起来，去对付公司的敌对军团。有许多支力量在发挥作用，想让企业脱离既定战略，这些力量包括热门的新趋势、试图模仿成功的竞争对手、业务单位和职能领导想扩大产品范围的自然愿望，还有（也是最危险的）取悦顾客的愿望，因为这个愿望最具诱惑力。20世纪末，互联网高度繁荣，新兴咨询公司开始收取巨额费用，为那些想要"从实体转型到网络"的公司提供帮助。这些公司中的许多客户与传统公司有着深厚的联系，并要求它们承担业务。麦肯锡咨询公司当时的一位管理合伙人对我们中的一个人说，他做过的最好的决定是，抵制了客户和一些合作伙伴的要求，没有加入那个旅鼠行列：那些网络咨询公司大部分都倒闭了。设计——深思熟虑、明确清晰的服务设计指明了路线，避免了这些冲动的误导。

公司战略与客户体验之间的联系

2013年，凯茜·卡尔霍恩被任命为万博宣伟（Weber Shandwick）新设立的客户总监一职，万博宣伟是一家全球性公关公司，隶属埃培智公司（IPG, Interpublic Group of Companies），2014年的收入超过7亿美元，是该行业的第二大玩家，仅次于埃德尔曼（Edelman）公关公司。过去的五年，卡尔霍恩一直掌管着北美业务，北美业务是公司规模最大、利润最高的业务部门。很少有人会为了一个职位而置重要的盈亏报告于不顾，即便这个职位的头衔听起来冠冕堂皇。但万博宣

让顾客购买

伟团队制订了一个雄心勃勃的计划：通过重新思考什么是"以客户为中心"来实现公司的战略目标，然后重新设计全新的、更好的客户体验。

每个专业服务公司都洋溢着客户服务的精神，但是万博宣伟团队希望对它自身和客户环境的巨大变化以及行业盈利增长的了解做出反应。万博宣伟的客户——主要是联合利华、通用汽车和威瑞森电信这样的大公司，但也有像美国邮政服务这样的政府集团和联合国基金会之类的非营利组织——需要公关顾问来处理令人困惑的宏观局面：市场全球化、媒体分崩离析、技术不断变革、客户自主权越来越大。在与客户沟通时，公司过去常常掌握大部分话语权；而现在，沟通不仅变成了一条双向通道，而且由于客户和员工会在各自的内部交流，并且还会通过社交媒体互相谈论，于是造成了全方位的混乱，就像罗马交通高峰时的环形十字路口一样。

这些趋势不仅影响了公关公司，也影响了它们的客户。客户需要这些机构做到以下四个方面：（1）成为在众多不断变化的选择世界中的体验开发者；（2）具有宽广的战略视野，可以帮助客户，避免客户在公共关系中被动地重复无意义的工作；（3）能够随时随地、毫无条件地做出即时响应；（4）具备对包括即时新闻、内容营销和社交媒体的数字化营销等在内的通信组合的专业处理能力及远见卓识。卡尔霍恩说："与客户会谈时，他们总是会说，'我们希望你了解我们的业务，而不仅仅是我们的交流方式。'我们想让你参与进来，而不仅仅提供指导。"[1] 后者要求你在不断变化的媒体和传播世界中成为真正的专家："我们需要你去打头阵。"

公共关系经济学也在演变。与此同时，公关行业也在不断整合，并催生出好多专业精品店（在社交媒体上）。随着客户需求的激增，公关行业的机会也越来越多，可以提供更多的服务，但同时也伴随着输给专业人士，或在追逐下一件大事时白白浪费资源的风险。对于像万博宣伟这样的大公司而言，努力提高客户价值比努力提高客户数量更重要。留住客户的代价已经很高，但仍在上涨。公关公司需要提供尖端服务（通过自身努力或与专业精品店协调），同时还要维持其经典的服务项目。客户增长与公司发展之间的联系变得更加紧密。

有了这些战略需求——钱包份额、客户维系、服务创新、与客户共同成长——"以客户为中心"这一模糊概念开始受到关注，并且变得越来越清晰，形成了万博宣伟的客户体验目标。

- 客户必须感觉得到了理解。
- 客户必须与整个公司打交道，而不是和几个职能部门打交道。
- 客户必须体验到公司的专长。
- 客户必须获得定制服务。
- 客户必须相信公司是合伙人，而不仅仅是推销员。

这些听起来像是陈词滥调——除非你努力提供每个接触点的执行证据。比如"某公司"的想法：一个长期大客户发起投诉，因为来自不同国家的发票格式不同、术语不同，导致客户无法完全理解，无法分析其支出。万博宣伟执行副总裁迈克尔·韦曼说："开发票的人通常不会把自己当成客户服务人员，但是现在我们是用端到端的方式考虑客户体验。"[2] 正如我们在上一章中所描述的那样，映射这些接触点，会揭示策略执行中的隐式经验性差错，而且这种差错比公司所预想的更严重。

为了在客户调查基础上获得更进一步的理解，卡尔霍恩和她的团队邀请了 52 位客户代表（来自 1 000 多位客户）加入客户体验实验室，因为他们所代表的客户群体非常重要，成长迅速，锐意创新，或者兼具以上所有特征。这些代表知道他们属于一个特殊客户群体，并且会定期见面。虽然他们被分到万博宣伟不同的利润中心，但实验人员仍然把他们作为一个整体来跟踪增长点、盈利能力以及诸如此类的信息。卡尔霍恩说："我们正在这个团队中孵化 CX（客户体验）项目，然后在整个公司实行。有些人或许会称之为厨房测试。如果有些食谱不好用，我们就放弃了。"

实验室的工作由客户的输入来推进。这个实验室至关重要，可以帮助万博宣伟理解一个特别伤脑筋的问题。这个问题和服务设计及客户体验有关：如何促进新的服务（新的服务必不可少，可以推进创新，增加市场份额），而又避免产生越线行为，不能因为一个供应商而疏离战略伙伴。不管是对于许多专业服务，还是对其他业务而言，这都是一个棘手的问题。例如，在管理咨询方面，德勤公司和博斯公司（Booz & Company，现在是普华永道的一部分，被称为思略特）都创建了数字化转型精品店（分别为数字德勤和数字博斯），这些精品店具有不同的网站、不同的标志、不同的员工、不同的定价模型，有时还和传统业务存在争议。

理论上讲，每个人都明白，对企业来说把客户放在第一位是最好的策略，但在实践中，人们各有不同的财务目标，各有真实的兴趣所在。这些人很容易像一个急切的手表推销员（卡尔霍恩描绘的生动形象）那样："要一块手表吗？不喜欢这块？我还有一块。你喜欢数字的还是模拟的？罗马数字还是阿拉伯数字？"以全球化为例。韦曼曾经提出过一个问题："如果我们想把关系发展到另一个地区，该如何引进那个地区的专业知识，以促进他们的业务而不是促进我们的业务呢？"同样，专业服务（分析、公共事务、内容营销等）不应该像兜售产品一样四处寻找机会："不要总想着出售更多的东西，要想着怎么去解决更多的问题。"

这个方法似乎对他们非常有效：据估计，万博宣伟 2014 年的营收增长了 14.7%，是整个行业其他公司的两倍还多。[3]

从价值主张到成败时刻

谈及"解决更多的问题"，万博宣伟这样定义其价值主张：万博宣伟是方案型服务商。当然万博宣伟也可以选择其他价值主张：潮流型服务商，在通信和公关领域成为最时髦的一个；专家型服务商，只专注做一个行业（就像 Sard Verbinnen 专注于金融服务行业，GSW 专注于医疗保健领域那样）；廉价型服务商，以低廉的价格提供最简单的服务，比如点菜式公关服务。实际上，万博宣伟与以上这些类型的服务商都存在竞争，甚至更多。每一个竞争对手都意味着一种客户体验和一种服务设计——我们称之为服务设计原型（我们将在第九章讨论）。每个服务原型都表达一种价值主张。

让顾客购买

再琢磨一下"价值主张"这个术语。价值主张是策略的脸面：客户可以直接看到。[客户看不到你的资本架构或价值链（你的执行）。价值链也是战略的组成部分。]一个主张就是一种服务意愿。如果一种产品设计能引起细分客户的重视，这种产品的交付就可以特别成功。几乎任何汽车都能把你从一个地方带到另一个地方[Yugos（南斯拉夫牌汽车）除外]，但沃尔沃注重安全，捷豹看重性能，丰田强调可靠性，而雷鸟关心享受。只要这些品牌能传达出主要的价值主张，它们就可以在其他方面做出让步：驾驶沃尔沃和丰田可能都很无聊，而谁又会在乎捷豹是不是太耗油？

服务也如此，不管是美发沙龙，还是股票经纪人。想一想嘉信理财（Charles Schwab）和爱德华·琼斯投资公司（Edward Jones）的价值主张，这两家经纪公司的目标类似，都只关注"大众富裕"阶层，但两家公司在其他方面却和它们的所在地（旧金山和圣路易斯）一样差异巨大。

对于贴现票据经纪行嘉信理财而言，理想的客户应该能够自我指导，具有价格意识，会使用数字设备。它推广网上交易、"广泛的投资产品选择"（本书的重点），以及全自动化咨询服务。[4]如果你想找人交流，嘉信理财会提供理财规划师，给出个性化建议（这也是本书的重点）。嘉信理财只为最大的客户投资组合提供完整的点对点服务。2000年，嘉信理财试图进入个人理财领域，但由于计划不周详，未能如愿以偿。[5]

爱德华·琼斯的价值主张与嘉信理财截然不同。嘉信理财认为"这个行业总是阻碍投资者成功"，[6]而爱德华·琼斯投资公司则相信，该公司的作用是让客户"合理投资"，客户无论大小，爱德华·琼斯都会为其配备一位个人投资顾问。该公司明确表示，它寻求的是"保守的个人投资者"，"通过一个遍布全美的财务顾问办公室网络"面对面地为客户服务。[7] 该公司共有近 2 万名客户，没有网上交易。它的网站内容都是关于投资顾问的信息，或者如何合作，以及能够从该公司获取什么。[8]

这两种价值主张没有哪一个天生就比另一个更好，因为这两家公司都是非常成功的公司。但是它们不同的策略对其服务设计的方式有着深刻影响，而服务设计和传递服务会影响它们执行战略的能力。举一个例子：两家公司都保证提供快速、安全、复杂的 IT（信息技术）系统，用以执行交易、管理账户。嘉信理财的客户自己使用和体验这个系统。但是对于爱德华·琼斯的客户来讲，IT 系统一直在幕后运行：客户会从中受益，但是除了查看评论之外，他们并不直接与系统交互。

服务策略还会使一些接触点比其他的接触点更重要，这一点因公司而异。就像安全对于沃尔沃来说至关重要、外观就不那么重要一样，每个服务公司都会面临成败在此一举的时刻。并不是说其他方面不重要，但这些关键客户互动活动会传递你的价值主张。其他接触点可能会让你失去一个客户，而这些接触点可以让你获得一个客户。

想要理解关键客户互动，仔细想想你与客户进行互动的时刻会有所帮助。这些互动时刻可以分为三类：桌面筹码（table stakes）、市场细分要素和关键客户互动（见下表）。

接触点：层次体系

	定义	实例	功用
桌面筹码	每个公司必须提供的基础服务	账单准确，遵守法规，卫生安全，营业时间适当，等等	你的"营业执照"；会因行业或地域而异
市场细分要素	市场竞争的需求，用来争取你想要的客户	美国航空，达美航空，美国联合航空：综合飞行网络；高级餐厅：好酒清单	进入特定市场的价格；与直接竞争者可能差不多
关键客户互动	成败时刻：客户选择你的理由	爱德华·琼斯：投资顾问互动；亚马逊：快速搜索，快速完成，价格低廉可靠	定义个性；价值主张核心；体现与对手的差异性。注意互动不要太多

桌面筹码是做生意的基础，适用于每个人。桌面筹码可能因地区而不同，也可能因行业而异：在曼哈顿，每个干洗店都提供送货服务；在洛杉矶，每个商店都设有停车位。这些东西没有什么战略意义，也就是说，没有什么区分度；然而，如果没有这些服务，你就不会进入客户的考虑范围，如果其中一个被你搞砸了，一个原本很开心的客户就可能会离开去其他地方。向万博宣伟投诉发票问题的客户就是在谈论桌面筹码的接触点。

市场细分要素是指需要你直接与对手竞争的产品。细分要素将一类竞争者与另一类竞争者区分开来，但不区分某一类的内部竞争对手。像万豪和喜达屋（Starwood）这样的市中心商务酒店在客房、床上用品和便利设施方面都达到了一定的标准；像莫泰6（Motel 6）或红顶客栈（Red Roof Inn）这样的旅游经济型旅馆不需要符合这些标准，但是它们也会有自己的一套市场细分要素，比如建在州际公路旁。凯悦酒店全球运营中心人才和组织发展副总裁马克·德米奇谈到细分要素时说："大多数客人并不会说万豪酒店就是因为这个而出名，凯悦酒店就是因为那个而出名，或者希尔顿以什么别的东西而出名，他们会说，'嗯，它们差不多都一样'。"

区分度来自**关键客户互动**。当客户认为你所做的事与众不同，这时就是关键时刻，这也是你价值主张的一部分。大多数成败时刻都是体验性的，而体验来自客户。产生这些体验的时刻，客户的情绪可能会非常激动。相比在保单上增加一辆新车，汽车保险公司在事故发生后对索赔的回应更为关键。这些体验具有战略意义，因为它们展示出你希望客户记住的你的某个特点，以及为什么你值得托付。

科尔尼管理咨询公司（A. T. Kearney）对其所谓"关键客户事件"的研究与我们对这些机会的看法非常一致，这些机会可以使你脱颖而出。[9]（事实上，科尔尼公司将关键的客户活动视为"设计客户体验，去打动客户的机会"。）经过观察，科尔尼的顾问注意到，公司在"修复"客户服务或强化以客户为中心的过程中出现了同样的问题。澳大利亚悉尼麦克尼尔（Mcneil）公司的一位合伙人罗伯特·布斯托斯说："公司耗费了大量的金钱和精力，而顾客却没有感受到关爱。市场营销部门会做些事情，销售部门也会做些事情，但二者却没有联系在一起。"[10]如果项目本身很成功，但总体上却没有什么效果，你就会清楚地意识到活动和策略之间的脱节。

如果想让活动和策略联系起来，需要做好以下四件事情。

- 第一，找到能够表达公司身份的互动。要记住，关键的互动是战略性的：你的互动和竞争对手的互动应该有所不同，所以这些互动应该说明你为什么与众不同。这里有个例子：维珍大西洋航空公司（Virgin Atlantic）的商务舱。对大多数国际航空公司来说，商务舱和头等舱都是和平宁静的绿洲，葡萄酒和无线网络是必需品。而对于维珍大西洋航空公司来说，这些地方成了展示其奢华、高档、尊贵的机会，这就是所谓的"会所"，会所特色鲜明，时髦酒吧里站着调酒师，水疗中心提供面部护理、发型设计、胡须修剪、指甲修整、汗蒸、按摩。[11] 是不是有点过头了？是的，但这恰恰就是重点。这些服务不宜提供太多种类，并且应该尽力使其中的每一种服务都与众不同。而在西南航空，你很可能在起飞前乘务员唠唠叨叨的讲解中听到一个笑话（通常是一个不怀好意的笑话），这种方式突显了航空公司的随意、与民同乐的姿态。
- 第二，关键的客户互动会在使用中产生差异。在产品设计的世界里，差异往往体现在产品的特征、功能和外观等方面。在服务方面，"产品"在竞争者群体中可能没有太大差异，比如商务酒店，床位和设施都很相似。服务公司要理解客户如何体验公司所提供的服务，以此来创造使用上的差异。为了寻求这些体验，你需要加速你的共鸣引擎，和你的客户共同去体验。经过对顾客的调查研究，凯悦酒店意识到，下了飞机或结束了一天的会议，顾客拿起房间钥匙，走到房间，把手提箱扔到床上，然后释然地长出一口气，关键时刻到了。为了赢得这个"兴奋时刻"，凯悦酒店仔细地留意着这个过程的每一步，从马路到床边，只有五六分钟，但这是非常关键的几分钟。使用上的差异将单个项目与更大的商机联系起来。正如科尔尼公司的顾问所指出的那样，一件事对你来说是交易，但对客户来说可能远不止这些。一个客户想要贷款，或者想找一个财务顾问，帮助他扩大业务，如果事情就是这样，你会如何设计这种互动，才可以做到不仅仅是提供一个表单，而且还可以创造一个机会来打动客户、取悦客户、赢得客户？

- 第三，客户互动很关键，可以用来消除策略与执行之间的差距。每个公司都会犯错误，但是从客户的角度来看，关键时刻的错误看起来就像是违背了承诺，甚至是背叛。在服务中，一个客户从一个部门转到另一个部门（"你先等一会，我来帮你联系……"），或者从一个公司转到其合作伙伴（例如从医院转到康复中心）时，战略与执行上的差距就很容易显现出来。

- 第四，关键时刻（moments of truth）是理解客户、影响客户的机会。记住，当服务产生并传递给客户时，客户就在你的房间里——他们是服务的共同创建者（我们将在第十章更详细地探讨这一主题）。你该如何利用这一事实呢？例如，客户需要咨询的程度及客户做出的选择可能会因时而异：选择保险单（关键的互动）的人可能需要做很多咨询和选择；同一个人如果是来提出索赔（另一个成败时刻），他可能只是希望快点完成，没有麻烦就好。

我们应该补充一点，这就是除了桌面筹码、市场细分要素和关键客户互动以外的第四种因素：分心。说实话，每家公司在意的客户要求，有一些完全没有必要，通过提供其他一些服务可以做得更好。这些诱惑都很危险，它们会诱使精心设计的服务远离盈利路线，致使一个蓬勃发展的公司走向歧路。Radio Shack（曾经是美国信誉最佳的消费电子产品专业零售商）的破产就是一个悲惨的例子，这个公司追寻太多的理念，却又无法处理好。如果你现在正在追求这些诱惑，为你自己祝福吧：这些都是不必要的活动，可以消除，省下钱来投资到那些"豁然开朗时刻"去吧。

战略设计体系

没有设计的战略就像一个放在架子上装满幻灯片的活页夹（或者更确切地讲，一样没用）。然而，公司在实施战略，或者试图缩小战略与执行的差距时，设计的作用依然很少得到重视。公司一心关注执行，它们可能会重新考虑运营模式，但通常是由内而外推进这项工作，通过自动化、裁员或重组来降低成本，想先抓住众所周知的"容易摘到的果子"，然后再去解决更大的问题。

从服务设计的视角来检验战略、执行战略，就会出现其他三个重要的选择。这三个选择很有价值，但在战略开发时常常被忽略，也经常在执行时被搞砸。

第一，你提供的服务可以在多大程度上产业化或者个性化。第二，应赋予那些直接与客户交谈的一线员工多少权力和自由裁量权，公司政策应对此做出明确规定。第三，模块化与全面性的比较。正如我们将看到的，这些就是战略选择，但它们是通过服务设计实现的（并且会因为服务设计更加丰富）。

产业化 vs 个性化。所谓产业化，我们指的是一项服务必须在多大程度上按原样购买。麦当劳汉堡是产业化的一个例子，它从品类有限的"按我们的方式享用"的菜单一直延伸到厨房（具有严格工艺规定的小型工厂）、供应链等。往前追溯两代，利恩·肖斯塔克和哈佛商学院传奇教授西奥多·莱维特都曾将麦当劳当作把服务设计和服务传递产业化的典范。尽管实践证明这一观点尚有不足之处，但莱维特指出，用"制造商低成本、可预测的裕度"来代替"手工艺者的高成本、难以预测的优雅"，是提高服务质量和效率的唯一途径。[12]

产业化并不一定意味着面向大众市场。新加坡航空公司头等舱或商务舱为精英阶层提供旅行服务，价格昂贵、高度产业化。波士顿学院卡罗尔管理学院院长安迪·博因顿指出，这种服务实际上是一种商品，而且是"非常非常好的商品"。航空公司不需要了解你的任何信息，就能为你提供很好的体验。美食美酒，种类繁多，任你挑选，提供海量电影和其他娱乐节目，还有周到体贴的一流乘务员，随叫随到，并可以叫出你的名字。

然而，翌日，2A 座位将另属他人，他也可以随便享用美酒，观看电影，也会和你一样得到悉心照顾。

与产业化相对的就是个性化——新做的汉堡，量身定制的西装，高度定制的咨询项目。通常，这些产品价格很高，但是生产者无法保证产品的一致性，也无法保证从规模经济中获利。

在产业化与个性化之间做出战略选择，并不是要么这样要么那样，这种选择应该具有连续性。戴姆勒的城市汽车共享服务"即行"（car2go）的产业化程度就很高：它只提供一种车型，即蓝白相间的奔驰 Smart Fortwo；服务价格固定；客户（必须是会员）取车交车的现场没有员工；自动计费［使用信用卡或贝宝（PayPal）支付］。"即行"服务是为住在城市的人设计的服务，适合短途市内出行，与出租车类似，按分钟付费。它的竞争对手 Zipcar［现在安飞士租车（Avis）旗下］提供类似的业务。安飞士和它的劲敌赫兹国际租车（Hertz）的产业化程度都比较低，尽管还没有人会把它们的服务称为定制：客户可以选择不同价位的车型，选择表单上的燃料和保险选项，可以选择驾车穿越全国，柜台取车，停车场交车，当然，还有各个机场所在地的出行网络，因为这些服务主要是为来自世界各地的外地游客设计的。

租车公司 Rent-A-Car 的服务更个性化：虽然该公司也为商务旅行者提供服务，但它最初的业务是市内租车服务，它有一个利润很可观的项目是把车租给自己的汽车正在店里维修的人。因此，"我们来接你"这个口号非常响亮，而且该公司同时也和机械行业打交道，这就不难理解了。

另外还有出租车公司、豪华轿车公司，以及像优步和来福车（Lyft）这样的服务商提供高度定制的租赁接送服务，价格也各有不同。

这些战略选择（不同的价值主张，不同的业务模型、业务行为、资产及业务能力）依据服务设计构建并嵌入服务设计。它们在关键客户互动中起着不同的作用。机场租车交易强调简便快捷。这类企业倾向于雇用外向、开朗的员工，它们有个非常有效的激励办法，就是让优秀员工从接送服务转到文书工作（也是提升的机会）。正如一位高管所说："我们从大学聘请员工时，选择班级人数的一半，这样就可能录用到较好的一半。我们需要健康开朗、友爱和善类型的员工，特别是联谊会主席和社交主管之类的人才。我们希望录用擅长人际交往的人。"[13] 与赫兹或安飞士的员工不一样，这类企业的员工可以赚取佣金。

严格管理 vs 自由裁量。第二种战略选择关系到授予一线员工多大权力，这个战略选择也可以通过服务设计来实现。但这只是调节手段，而不是最终决断。关于实现自上而下的控制，传奇人物、营销学教授泰德·莱维特在其著作中说道："自由裁量是秩序、标准化和质量的大敌。"大概就在泰德·莱维特写下这些话的时候（1972 年），客户和员工们都在抗议，因为他们似乎只是被当作数字对待。然而，泰德·莱维特所言还是有些道理的。银行陷入困境的原因，几乎总是因为总部对一线员工的不当行为视而不见，某些时候甚至是纵容。正是出于这些"健康"原因，才有必要实行标准化管理。

然而，大量研究表明，即使在大众市场中的零售店和便利店，[14]如果投资于一线员工、给他们自由裁量权，就能提高士气，改善客户体验，提高盈利能力。这说明，为一线员工提供增值的机会是有战略意义的，应内置于你的服务设计中。

另一方面，一些专业服务伙伴，如法律和咨询公司，则提供了决策权下放的极端例子。在一些公司中，合伙人几乎扮演着自由代理人的角色，他们始终坚持认为，客户（就他们所感知到的）的需求胜过

让顾客购买

任何公司战略，甚至胜过任何公司政策或过程。合伙人的报酬也反映了他们的这种观点。在战略咨询领域，如麦肯锡咨询公司、波士顿咨询集团、贝恩公司、科尔尼管理咨询公司和为数不多的其他公司，人们在谈论应该选择"自食其力"模式还是选择"社会主义"模式。第一种模式中，公司会保留其扣除间接费用后的大部分利润，只向合伙人支付少量的费用；在后一种情况下，可以根据企业管理层的决定分配合伙人的利润池，合伙人可以有更高的回报率。

这两类公司都会吸引热衷创业的人，但"自食其力"的机构倾向于减少对员工职能（如客户关系管理和思想领导）的投资，转而在市场中强调个人和团队的才能，而不是公司资源的广度和深度。这种模式体现在客户体验中就是：客户的辩护律师会非常热情，然而，如果需要瓜分利益，那么，这些律师与同事合作时就不再充满热情了。因此，我们也需要加入一定量的"社会主义元素"，在服务能力、人力资本和资源上进行长期投资。律师事务所会存在类似的紧张局势。

模块化 vs 整体化。有一个经典的战略选择问题，那就是走宽泛路线还是走精准路线。通过服务设计，可以为这个选择引入另外一个维度：是提供模块化服务还是提供全面服务。经理们常常被全面服务的好处诱惑——售出和包包搭配的鞋子，卖出和汉堡搭配的薯条。全面服务更显而易见，而且某种程度上给人一种会更容易赚到钱的感觉。另一种选择是将服务分解成模块和组件，即将复杂产品拆分成各个部分来销售。

服务模块化可以带来非凡的回报。这种服务可以吸引一些只想得到某项服务的客户（如加勒比海度假胜地的分时度假服务），将购买转变为租赁（软件即服务；服务即订阅），或者颠覆和改变整个行业，甚至世界经济。除了分组交换技术（互联网的基础）之外，集装箱在改变全球经济方面比其他任何创新的贡献都要大——两者都是服务模块化的例子。

服务设计在以下背景下显得尤为重要：出现了更大程度上基于服务而不是基于成品的经济模式；以服务为基础的管理实践和研究，而不是从制造业转化而来的管理实践和研究得以发展；出现了可以让客户与机器代理人互动的技术。这些变化为商界领袖提供了如下机会及义务：

- 对服务的设计及程序给予同样的关注，就像长期重视制造业一样。
- 进一步深入了解客户体验，而不是只关注客户需求。
- 以前所未有的方式将战略与体验联系起来。

作为公司的领导，你要了解公司及其战略，了解客户关心什么，了解客户服务有哪些难点，然后你就会明白什么是卓越服务，以及如何应用设计原则来确保提供卓越服务。我们下面要关注的就是这些原则。

第二部分

服务设计原则

第四章

第一条原则：客户永远是对的

"美国的一天从唐恩都乐开始。"这句话不仅仅是唐恩都乐（Dunkin' Donuts）的广告口号，也是在向唐恩都乐"每天都在忙碌"的顾客致敬。该连锁店的长期广告代理商希尔·霍利迪广告公司位于波士顿，它的内部博客里写道："唐恩都乐的顾客从不做作，都很自得其乐，喜欢喝咖啡，非常客气。这些人都很忙碌，要用康恩都乐来为工作或娱乐加油。他们没有时间逗留，因为他们有事要做。但是这些人确实很喜欢享受。这个品牌属于他们。"

邓肯甜甜圈是唐恩都乐的知名度最高的品牌之一［另一个是 31 冰激凌店（Baskin-Robbins）］，它的定位在许多方面都与星巴克截然相反。邓肯承诺，咖啡无论大号、中号还是小号，都可以带走；而星巴克则会邀请你坐下来休息一下，叫上一杯咖啡，中杯、大杯，或者超大杯。这种随点随走的品牌是邓肯服务设计背后的驱动力。"我坚信，任何触及消费者的东西都会影响你的品牌，比如你所提供的产品、你的店铺设计、店铺所处的位置、员工与客户互动的方式。"邓肯全球营销及创新总裁约翰·科斯特罗说，"我们有个 360 度的服务设计方案。"

邓肯最初与那些非常了解市场、社区和客户的特许经销商建立合作伙伴关系。但还有一点也很重要，作为一家公司，邓肯了解客户，能够带着使命和动机去确定目标市场。"从很多方面来讲，我们的核心产品——咖啡，还有我们主打的日常早餐服务，大家都很喜欢。"科斯特罗说。但邓肯的客户更多的是就个人需求而言，而不是由人口统计学来定义的。

为了留住公司的客户，邓肯推出新品时会（根据良好的服务设计要求）精挑细选，不管是在实体店还是在网上。这就意味着确定菜单项目时，要想尽办法提供快捷方便、简单易用的食品，比如打包好的芒奇金甜甜圈（Munchkin）和薯饼，正好可以放在汽车的杯架里。有很多竞争对手都在销售咖啡和早餐，不管是街角熟食店还是星巴克，或者麦当劳。邓肯全球消费者管理副总裁斯科特·哈德勒说，在这个拥挤的市场里，"速度是我们的品牌差异之一"。[1]

邓肯为快餐顾客提供了手机应用程序，虽然它并不是第一个这样做的，但它的应用很有特色，提供店铺定位，并与位智（Waze）合作。位智是一款导航应用程序，这款程序可以利用社交资源告诉驾车者如何避免交通拥堵。邓肯把这些特色直接应用于品牌。

美国人显然很乐意继续享用邓肯：根据美国顾客满意度指数（American Customer Satisfaction Index）发布的 2015 年餐厅报告，邓肯的顾客满意度指数达到 78，比上年增加了 4%。[2]

为什么客户不一定总是对的……

"客户永远是对的"不是一种战略，而是一部在 20 世纪上半叶由店铺管理礼仪衍生出来的喜剧（而且演得有点过火了）。大家通常认为这个说法是哈里·塞尔福里奇（来自英国的塞尔福里奇百货公司）

提出来的，但实际上这句话可能起源于他的前雇主，芝加哥百货连锁店的马歇尔·菲尔德。不管起源如何，在 20 世纪初期，[3] 这句话就已经成了老生常谈，而且早已不受欢迎了。

如果客户不理解你的价值主张，或者不关心你这家公司所独有的承诺和服务，那这个客户对你而言就是不适合的客户。服务设计可以帮助你定义什么是适合的客户，然后安排价值链的链接，来赢得并支持你想要的客户，同时排除一些客户，因为你无法从这些客户身上获利或无法提供良好服务。邓肯不想要那些在星巴克坐下来用笔记本电脑工作的人，而星巴克也不是特别擅长应对那些行色匆匆、买了快餐就走的客户。

确定哪些客户不值得追求或挽留，不仅很合理，而且也很有必要。然而，不适合你的客户可能依然会到你这里来消费，所以如果他们无意去别的地方的话，那么你就必须做出让步，尽管你并不需要花钱来专门为他们设计某种体验，但至少还是要在商言商。当然，在你的客户群中，可能存在一些细分群体，你会依据不同的价格及不同的地域为他们设计不同的客户体验。但首先要分析的是，你想要哪些客户，以及哪些客户能够让你获利。

到目前为止，我们一直在写关于客户的事，好像所有客户都如出一辙似的。当然，事实并非如此。客户在人口统计学上有所不同。他们的期望值不同。他们各有不同的使命、不同的动机。最重要的是，他们对你的价值以及你对他们的价值也是不一样的。在本章中，我们将探讨如何定义客户，如何设计产品迎合你想要的客户，研究一下不同类型的客户，以及应该为每种类型的客户付出多少精力。

制造商制造不同规格、不同价格的产品，通过适当的营销手段及广告将产品送入分销渠道，让客户自己进行分类，以此来应对客户差异。这就是 20 世纪 30 年代由阿尔弗雷德·斯隆推出的通用汽车的经典市场细分策略——雪佛兰面向不太富有的客户，凯迪拉克面向高端客户，奥兹莫比尔和别克则介于两者之间。

服务提供商也需要细分。不管是拥有不同品牌的酒店集团（万豪提供 16 个品牌，从廉价别致的 Moxy 酒店到奢华安逸的丽思卡尔顿酒店），还是拥有铜牌、银牌和金牌保险项目的健康保险公司，抑或订购服务功能越来越复杂的网络安全供应商，它们都会把价格与产品匹配好，这是一个关键的战略决策。

商品和服务的主要区别在于它们的属性。商品是固定不变的，顾客可以确切地知道他们花钱买了什么东西。而服务是体验性的，因此，服务提供商必须与那些想要物超所值，或者想要得到特别服务的客户进行周旋：让喝啤酒的人喝出香槟的味道。你必须仔细考虑提供给不同客户的不同产品，设计适当的服务体验，在满足他们的期望的同时给自己带来利润。事实上，细分客户的过程应该从对你有利的方面（以及你所擅长的）开始，从中定义出正确的客户。服务设计可以帮助你规范自己以及客户，确保客户能感受到公平对待，也要让你提供的所有服务都有回报。

做这些选择是很复杂的一件事，因为企业长期以来一直遵循"客户永远是对的"这句格言。客户永远是对的吗？只有当他是适合你的客户，而且只有当你仔细地拿出让你们彼此适合的设计时，客户才有可能永远是对的。

服务设计应该从自己开始，从对你有利的方面开始。但我们并不是说你要放弃与客户的共鸣，不再从客户的角度理解他们的需求。设计当然要以理解客户为出发点，但是在理解客户的需求之前，你需要先弄清谁是你的客户，谁不是你的客户。

谁是合适的客户？

合适的客户，你会心甘情愿为之服务。合适的客户应该是你想要赢得的群体，而不是你想要抛弃的群体。你具备服务能力，你理解客户的需求，你会积极为这些客户设计你的产品，你与客户的交易能够让你盈利——也就是说，要赢得客户、提供服务、赚取利润。

"设计关乎决策和取舍，因此凡事都需要设计，只是大多数东西通常设计得不够好。"波士顿 Continuum 设计公司的客户体验和创新能力副总裁乔恩·坎贝尔说，"定位是牺牲的艺术，它既可用于选择客户，也可用于定义品牌。"就像很多其他事务一样，选择客户既是一门艺术，也是一门科学。定义客户体验（你希望客户拥有的那种体验）比定义客户更容易，因为很可能适合你的客户不止一种。

定义不合适的客户比定义合适的客户更容易：根据定义，你没有设计好要去服务的客户或者无法从他们身上获利的客户就是不合适的客户。我们将在本章的稍后部分更深入地研究不合适的客户，以及如何处理这些客户。

有一种方法可以确定正确的客户，那就是仔细核查一下最有价值的客户。关于获客成本，数据各不相同。研究显示，获客成本是留住现有客户成本的 5~25 倍。留住客户需要的成本更低，这合乎逻辑：你不必再花费时间和资源去找寻他们，去赢取他们，只需要让他们继续开心就好。如果你不相信留住客户有这么大的价值，那么琢磨一下贝恩咨询公司的弗雷德里克·瑞奇赫德——网络推广者评分（Net Promoter Score）的发明者——所做的研究。该研究显示，多留住 5% 的客户能提高 25%~95% 的利润。[4]

关于留住客户的数据很有说服力。很明显，留住客户很重要。但是这些数据背后隐藏着一个前提，而且这个前提可能并不正确，这个前提就是：所有客户都同样值得挽留。统计数据没有对不同客户所代表的价值加以区分。最有价值的客户是那些忠诚的客户，他们的每笔交易消费越高，你从这些客户那里赚取的利润就越丰厚。有的客户每天都来你餐馆喝一碗汤、一杯茶，这样的客户应该同样得到尊重，但他远不如那些每月只来一次，而每次都带来一群饥渴难耐的人的客户有价值。并不是说前者不重要，但这个区别很关键。你和第一位客户或许产生了大量的客户资本，但你却不太可能从中获得太多价值。

沃顿商学院市场营销学教授彼得·法德认为，公司往往过于关注如何留住客户，而不去关注从合适的客户那里获得最大价值。"了解谁是有价值客户真的很重要，要找到提高他们价值的方法，为你的股东赚取价值，然后再找到更多这样的客户。"他说，"有了这笔神奇的额外收入，我会把它用于获得优秀客户（合适的客户），并让这些客户开心。改变客户总是比找到与现有顶级买家相似的新客户更难。"[5]

对于不合适的客户，如果仍然有利可图，那就让他们高兴，但是不要把精力集中在他们身上。把注意力集中在甜蜜点（你和客户群彼此契合）上和追求增长之间有一种天然的矛盾。关注具有重复购买行为和大型平均交易潜力最大的客户，把营销和客户服务力量（及成本）分配到他们最在意的地方。有些公司只想通过建立更大的客户基础来达成增长，这个战略可能是错误的。对于像《波士顿环球报》这样的媒体来讲，新客户和既有读者都很重要；但是，对于许多企业来讲，重点应该放在收入的质量上，而不是新客户的数量上。

合适的客户可能不只属于一个纯粹的人口统计类别，或者很容易细分。如果是这样的话，你需要找到一个共性的元素，围绕这个元素来构建客户体验。Bonefish Grill 是美国餐饮连锁公司 Bloomin'Brands 旗下的一家休闲餐厅，它最初的想法是给顾客提供以新鲜鱼类为主打菜品的相对高档的体验。Bonefish Grill 的前任总裁约翰·库珀说："在寻找专注做鱼的餐厅的食客中，我们意识到，有些人希望超级性价比，有些人只图方便，还有一些吃货，多花点钱也无所谓。虽然我们不可能赢得每个客户，但所有客户都希望得到一种体验，这种体验要符合他们积极的生活方式。"理解到了这一点，Bonefish Grill 餐厅决定迎合那些期望高端餐饮体验的客户，他们的想法是，如果能够取悦那些期望值较高的客户，那些期望值较低的客户自然也会满意。库珀说："不管你怎么理解'失误'这个词，如果你未能达到预期，每个人都会不高兴，从低端客户到高端客户都会不高兴。"

Stitch Fix 是一家在线服装订购及造型服务商，其目标是尽力服务广大女性，不管客户是曼哈顿的尖端客户，还是蒙大拿的家居妈妈。"我们觉得没有哪家公司能像我们这样，我们有能力为许许多多的客户提供各种各样的服务。"创始人卡特里娜·莱克说。她的造型每周至少要变五次。"有一个客户是大学生，19岁，而另一个客户65岁，她们看中的东西大相径庭，但她们的要求我们都可以满足。"尽管 Stitch Fix 面向广大客户，但莱克依然知道 Stitch Fix 不适合什么样的客户："每周都逛'永远二十一'（Forever 21，最受美国年轻人欢迎的大众时尚品牌）和海恩斯–莫里斯专卖店（H&M）的18岁年轻小姑娘就不适合我们。"她说。

合适的客户不仅仅适合你一家公司……

"适合"你的客户不止一个，同样的道理，你也不是客户的唯一选择。价格、便利、热情、必要性，你无法满足客户的所有需求（或者客户不愿意只从一个提供商那里获取服务，这个消费习惯通常很不错），这就意味着你不仅要努力争取客户的业务，还要被客户拿来与其他服务提供商做比较，这也许不太公平。

看一看以下示例：Restoration Hardware（简称 RH）和宜家都是著名的家具零售商，但它们之间的相似之处并不多。宜家以其实惠价格和仓卖方式（很多卖场都配有瑞典肉丸店和儿童看护设施）而闻名，其家具风格时尚典雅，但按照装配说明把所有配件组合起来却没那么容易，这一点也是众所周知的。

而 RH 已经从提供主要高端家居配件（古董门把手、灯具，诸如此类）的销售商转型为一个生活消费品牌，不但销售家具，而且还提供家居服务。RH 店的超大卖场面积达 60 000 平方英尺（约 5 400 平方米），堪称巨大的"画廊"，精心策划的卖场里面摆放着"布宜诺斯艾

让顾客购买

利斯别墅"（Buenos Aries Villa）或"安特卫普运河之家"（Antwerp Canal House）的所有东西。英俊美丽的销售人员手持 iPad 四处走动，可以随时向客户提供信息，不管是关于木材的来源还是装修服务。

这两种服务设计风格迥异，客户体验也截然不同，但客户却不一定是不同的两个人。这两家零售商的客户可能是同一个人，但同一个客户对每个零售商的期望却大不相同。

例子有很多：比如开市客和韦格曼斯超市（Wegmans）之间的对决。两者的粉丝像尊崇某种文化一样尊崇这两家超市。

开市客批量销售日常必需品，比如每罐 64 盎司（约 1893 毫升）的牛至、每包 48 卷的卫生纸、每袋 5 磅（约 2.27 公斤）的鸡胸肉（也有相当份额的高档食品，比如龙虾尾），顾客必须自己带袋子或盒子（或者在离开时顺手拿一些旧盒子，或者购买开市客超大、超结实的袋子），自己打包。店里干净整洁，提供食品样品，会省很多钱。但是如果开市客的剃须刀没有你喜欢的牌子，或者卫生巾的大小没有适合你的，那你就太不走运了。尽管如此，各种收入水平的顾客还是想在这里捞点便宜货。

韦格曼斯超市是位于纽约州北部的一家连锁超市，商铺布置精心、灯光舒适、服务非常体贴周到，很受高档客户青睐。超市内小食品店林林总总，你可以像在开市客那样，一边逛商店，一边吃零食。韦格曼斯超市的购物者不会购买大宗商品，也不在意超低价格，他们在意的是开市客没有的质量、花样以及见识。而且他们一点也不用操心买来的东西要自己打包！

这些双重性格的客户会给你带来两个潜在的问题。一个问题就是会搞错竞争对手是谁。比起和价值城家具（Value City Furniture）这样的折扣家具公司之间的关系，宜家和 RH 之间的客户群重叠的可能性更大，因而它们之间的竞争也更激烈。

第二个问题，也是更危险的一个问题：有时我们会过分卖力地去满足一些客户的需求，而这些客户根本无利可图，或者根本就不适合你。还有比失去客户更糟糕的事情，那就是不遗余力地留住一个让你赔钱的客户。任何服务设计都需要一定程度的灵活性——毕竟，完美的客户各有各的不同。但是，一旦你开始为了不想让客户失望而做一些与品牌、战略以及设计好的服务相冲突的事情，那就意味着你必将让自己失望。

干脆的拒绝……

有些顾客你必须拒绝，这些客户想要的服务并不是你准备提供的服务。并不是说你不能提供这种服务，而是你不想提供。这与我们在第二条原则中建议你反对的英雄主义的做法无关。能不能是能力问题，而想不想是战略问题。

大多数情况下，拒绝潜在客户比和当前客户说再见更容易，因为在某些时候，当前客户就是合适的客户。当前客户常常就像斗牛士不停挥舞的红布一样在你眼前上下翻飞，无法视而不见。你也会遇到莫名其妙的潜在客户，提出的要求很荒谬，表明他们没有理解你的价值主张，事实也的确如此。"有时候人们比从后视镜里看到的样子还要笨。"一位首席执行官告诉我们，"你一看就知道他们很难打交道。"

我们采访过的一家公司就遇到过斗牛士的那块红布——潜在客户对公司内部员工的欺辱行为；另一家公司遇到的一个潜在客户还想同时做公司的服务提供商，这样一来，他所扮演的角色就会模糊客户与销售团队之间的界限。

"很有诱惑力，因为如果这项业务进展顺利，公司的业务前景将会更好，从长远来看，貌似非常有利可图。"合伙人回忆后一个例子时说道，"但这会造成混乱，让其他员工感到困惑不解，同时也会向外部利益相关者发出混乱的信号。这种做法是一次性的行为吗？我们在改变与客户打交道的方式吗？最终的答案给出的是，这种做法'不适合我们'。"

决定与当前客户分道扬镳，就是要承认一些事情已经发生改变：或者是他们的需求，或者是你的策略，或者是相关团队之间的关系发生了改变。服务的性质越个性化，你和客户之间的互动越直接，与客户分开就越困难，因为这种做法给人一种非常私人化的感觉，而事实也确实如此。

当你要拒绝当前客户的时候，想一想原因：

- 是因为这件事你没有做过或不想做，你才要拒绝的吗？
- 如果你还没有做，为什么不去做一做？是你拒绝改变，还是说确实是战略问题？
- 是不是这件事你做得不够好？如果通过培训、实践、提高能力或增加员工是不是可以做得更好些？

有些时候，你认为不适合你的客户其实适合你

有时候，客户会要求你做些能力以外的事，但也许你应该做。如果你收到请求，要求提供类似的服务，或者你的大多数竞争对手都提供这种服务，那也许你应该有所警醒了。诺德斯特龙提供上门裁剪服务（只有部分服务是免费的，但不管免费与否，还是很方便的）；而长期以来，梅西百货一直让大多数顾客自己去处理需要修改的衣服，后来，梅西百货与泰勒美合作，为顾客省去了找人修改衣服的麻烦。

我们中有个人曾与一家战略通信公司合作，越来越多的客户要求该公司使用社交媒体，因为社交媒体发展很快，正日益成为一种重要的品牌推广方式，但这家公司几乎从不涉足社交媒体领域。它只能眼睁睁地看着老客户和潜在客户的业务从手头溜走。尽管公司最终在服务产品中增加了社交和内容管理服务，但大家早已知道，这家公司"守旧""古板"，还有最糟糕的，"早已落伍"。

你会超越客户，客户也会超越你。我们熟悉的一家中等规模制造商与一家服务了数十年的当地银行终止了关系，因为该银行已经无法支持这家制造商日益增长的国际业务。一旦你无法再满足客户的需求，无法再让客户获利，客户就不再适合你，或者说，你也不再适合这些客户了。如果你能先认识到这一点最好，因为这样就不必改变自己的设计去努力适应客户需要了。

公司和客户之间必须保持一致。如果客户想要的服务你没有承诺、没有准备或者没有设计好，那你们就需要分道扬镳。在市场经济中，客户和公司都可以找到适合自己的对象。服务设计会帮助你提高

找到适合自己对象的概率，而且让找到你的客户恰好也是你想要的客户。一旦知道了合适的客户是谁，你就可以设计客户体验，来满足这些客户或者客户细分群体的期望，同时这种客户体验也会加强客户与你的（有益的）联系。

B2B 还是 B2C？

在本书的大部分内容中，我们都不太强调 B2B 和 B2C 的实践之间有什么区别，SD^2 的原则在这两个领域以及各个行业之间都适用。但是在定义和理解客户时，有一些区别值得引起注意。B2B 领域的关系比 B2C 领域的关系更持久、更复杂、更亲密。在某些方面，市场细分也变得更加简单。可能你有很多 B2B 客户信息，但比起在 B2C 领域，你拥有的客户信息要少得多，而且很可能需要有专人管理你的 B2B 账户服务。在 B2B 领域，你追求的目标是更大的客户，你追求的是一条大白鲨而不是一群小鱼。

B2B 客户对服务设计人士发出了两个特殊的挑战。首先，B2B 的客户群体庞大而且复杂，这一事实可能会让你忽视创建客户通用体验和服务能力的重要性。你可能会过于关注每个客户，忽略自己的定位，错过规模经济的机会。其次，失去某个大客户会严重冲击你的绩效指标，这种想法会诱使你不遗余力地去取悦那个客户。

在 B2C 领域，你的网里需要很多鱼——再次强调一下，这些鱼必须是你想要的鱼。有时你可能会受到诱惑，去追求数量而不是价值。有一点很令人沮丧，你不知道是什么原因驱使客户来接受你的服务。

客户越来越愿意去关注与他们自己相关的问题，但是只有当问题本身正确时，他们的回答才有意义。一个商务旅行人士每个月要有10个晚上离家在外，明白这一点是一回事；而这位商务人士每年的120个晚上有多少个是住在你的连锁酒店，为什么会这样？明白这些问题则是另外一回事。

所以我们认为，要把客户归入不同类型，因为这种做法可以揭示客户的动机，了解他们为什么愿意和你做生意，或者为什么不愿意和你做生意，搞清楚如何才能让他们频繁光顾或者大笔消费。这些信息可能并不总是显而易见的，因此应该考虑重新规划客户调查，考虑如何挖掘客户数据。回头想想我们刚开始使用过的一个例子，顾客满意度调查通常是询问你的员工表现如何。这些调查通常不是为了深入了解客户体验、客户动机、客户期望以及匹配程度。

客户寓言

忠诚客户 / 社交媒体福音传道者

某些客户喜欢你提供的服务，乐于讲述你的故事——尤其是向潜在客户讲，而且会在社交媒体上产生巨大影响，至少在客户层面会有一种情感纽带。试着去理解，为什么你的客户有这么强烈的感情，这种做法很有意义。是他们的父辈和你的公司有过业务往来吗？是不是他们觉得公司某个员工很特别？公司在关键时刻表现很出色？还是公司的服务契合了他们的某种强烈愿望？

这些客户会比其他人对你更宽容，但反过来，作为回报，他们也会期待，甚至可能觉得更有资格得到关爱。如果你不把他们当回事，他们会感觉到。他们也可能会诱使你去做一些对你来说没有意义的事情，那么"仅此一次"。要认清这些东西——很可能要你做出牺牲，而且，其结局很可能是一段关系的终结，这种关系即便算不上美丽的友谊，至少也是有利可图的。

努力的价值：很高，但要控制在你可提供服务的范围内。

没有选择权的客户

有些客户和你有反复的业务往来，但他们未必对你忠诚，也未必对你的服务一直满意。由于医疗保险计划的限制，有些客户可能迫不得已，只能接受你提供的医疗保健服务，或只能在你的连锁店开处方拿药；公司旅行部门可能要求客户住在你的酒店或搭乘你的航空公司的航班；带有折扣和奖励的忠诚度计划可能会促使客户不断和你有业务往来，但他们不情不愿，带着抱怨情绪——直到最后，他们把你一脚踢开，离你而去。

虽然手机业务和宽带等服务提供商的合同比以前更加自由，但这些公司更多是依靠折扣来锁定客户。没有选择权的客户并不觉得公司在努力取悦他们，不管这个说法是否公平。强迫客户是有风险的，因为这种关系随时会破裂。你可能很幸运，会拥有一些没有选择权的客户，比如许多公用事业公司，但是这些公司经营状况也是让人焦头烂额。例如，在日益激烈的竞争威胁下，有线电视公司现在承诺准时电话服务，缩短服务等待时间，并且还会在旅途中提供电话服务。

努力的价值：中等。这个客户某一天或许会做出选择，那为什么

不去努力赢得他的业务呢？

善变的客户

某些客户的动机很难辨识，他们也很少表现出任何忠诚，但这并不意味这些客户很难取悦，或者不满意你提供的服务。与忠诚客户相反，善变的客户不会努力去找寻你，也不会努力留在你身边。

在 B2C 领域，多样性及丰富的选择或许会让客户开心。在 B2B 领域，公司与客户的关系可能更多由合同来控制，但是善变的客户不会因为离开你而感到难过，如果他们觉得有"更好"的选择，他们会毫不犹豫地转向别处。

努力的价值：中等。这些客户并非难以取悦，而是难以理解、难以留住。

淘便宜货的客户

注重价格的客户对自己愿意支付的价格所能换取的回报有不切实际的期望。这种客户有时会搞不清价格与价值的关系，会不太公平地拿你去和其他公司比较。"拿着有效处方，准备 95 美元的人并不一定都是适合我们的客户，"眼镜电商沃比帕克的联合创始人兼首席执行官尼尔·布卢门撒尔（Neil Blumenthal）说，"太关心价格的客户群体不会忠诚于品牌。他们会经常更换品牌，这就意味着他们会随时来，也会随时走。这些客户的价值较低。"

努力的价值：通常很低。正如在沃尔玛和开市客表现出来的那样，为淘便宜货的客户提供服务切实可行、有利可图。但这可不是业

余爱好者的游戏。**如果你真正的价值主张并不包括做最低价的供应商，那么就不要去讨好这些淘便宜货的客户。**

狙击手型客户

狙击手型客户想从你这里要一件东西，而且只想要一件。可能是缘于他们想让某个特定雇员为他们服务，也可能是因为你在某个特定的事情上比其他所有服务商做得更好，而这个客户对这件事又特别在意（"某某是最好的 ＿＿＿"）。对付狙击手型客户的窍门是，要知道他们为什么会来找你，除了你这里，他们还会在哪里消费。不仅要分析他们的个人数据，还要考查商品或服务类别的数据。如果你发现他们的需求很大，那么你要么想想如何提高能力来满足这个需求，要么就去弄清楚你提供的其他产品的质量有什么不足。

努力价值：中等偏高。可以将这些客户转化为大众客户。

野心家型客户

想象一下，这些客户就像小孩子透过糖果店的橱窗往里看。他们看到什么就喜欢什么；只是无法拥有这一切——至少不经常拥有，或者难以大量拥有。梅西百货的顾客想在巴尼百货公司（Barneys）购物；假日酒店的客户希望能住在丽思卡尔顿酒店；西南航空的乘客渴望乘坐维珍航空的豪华航班。

他们的个人资料或信用卡信息告诉你的是他们实际上接受你服务的频度，而不是他们想接受你服务的频度。野心家型客户和善变的客户也许很难区分，因为你很可能见不到他们，不会与他们互动，或者很难了解他们，很难知道他们的动机是什么。如果你对待他们太随意，你就可能会失去这些潜在的客户。

努力价值：高。在大多数情况下，服务环境已经决定了你不会有过度服务的风险。这通常是一种明确的互动。

在某些服务环境中，客户细分因素比其他因素更重要。作为资产管理人、MSD 酒店餐饮经理、加州圣莫尼卡费尔蒙·美丽华酒店的总经理，埃利斯·奥康纳了解他的酒店，知道酒店的荣誉餐厅菲格餐厅有无数常客，并且认识这些客户中的许多人。但是对于那些只在这里逗留一晚或用上一餐的顾客来说，埃利斯·奥康纳同样会为他们提供卓越的服务，就像对待常客一样。"这对年轻夫妇庆祝结婚一周年，理应和我们的任何长期客户一样，得到特殊对待。"他热情地说，"客户接受我们的服务时，我们要为他们提供众所周知的卓越服务，无论我们是否熟悉这些客户。"

有两个教训：第一，在证明客户不适合你之前，应该先假定他们适合你。我们有现成的证据，可以说明"正确"与否某种程度上取决于服务环境。做出决定时，要看客户的表现，而不是客户的说法。第二，主动权掌握在你的手里。当顾客在接受你的服务时，不管是在酒店住宿、在餐厅吃饭、坐飞机旅行、在你店里试穿衣服、在你的网站上浏览、与客户服务代表交谈，你都可以表达同意或者不同意，帮助这个客户确定你们是否真的能够相互满足需求，或者将来有没有可能互相满足需求。

即使大家公认你的公司在所在领域做得最出色（这确实表明你

不只是做对了几件事情，而是做对了很多事情），但对某些客户来说，你仍然可能是他们错误的选择。2002 年 8 月，威肯尼尼许酒店（Wickaninnish Inn，简称"威克"）的老板查尔斯·麦克迪米德收获了一份惊喜，他的酒店被评为北美第一大酒店、世界第三大酒店。对于这个位于加拿大偏远的温哥华岛的酒店来说，这算得上是个不小的成就。

一些人慕名而来，他们想要吹嘘自己在世界顶级酒店里住过，但这些人却不知道该酒店的位置不在城里。"有人问我，'古驰店在哪里？'"麦克迪米德还记得当时的情形，"我们无法让这些人满意，一些人就提前退房了。我的经验是，我们并不适合所有人。但是，对于那些适合的客户，我们真的是正确的选择。"

麦克迪米德不得不承认，有些客户，你希望与他们建立一种关系，比泛泛之交更亲密一些；而有些客户，你则希望与他们建立一种特殊的关系，不仅为他们提供优惠或者特权（比如高端信用卡客户、高净值个人客户、高消费的 B2B 客户），也直接或间接地了解客户的需求和想法，因为你们彼此之间相互信任，相处融洽。这也是这些客户适合你的部分原因。

这种交往令人愉悦，可以带来丰厚的利润，会在你和客户之间建立起一种关系，而这种关系会让你们共同参与，顺利地完成对客户的服务，并且还会产生客户资本。客户资本等概念我们将在下一章中探讨。

第五章

第二条原则：不要让客户又惊又喜，让他们开心就好

2012 年，美国罕见病药物（也称"孤儿药"）研制企业 NPS 制药公司（现在在希尔生物制药公司旗下）获得了美国食品药品监督管理局（FDA）的批准，生产替度鲁肽（Gattex），该药品用于治疗短肠综合征。短肠综合征是一种慢性疾病，在美国，患这种疾病的人不超过 5 000 人。但是这家制药公司意识到，公司治病救人的工作才刚刚开始。NPS 制药公司专门商业推广治疗复杂疾病及罕见疾病的药品。这类药品的开发成本很高，原因是只能针对一小部分患者群体进行研究，并且只能从这个群体中收回成本。

据 NPS 制药公司前首席执行官弗朗索瓦·纳德透露，每名患者每年使用替度鲁肽的成本约为 30 万美元，这一数字与罕见病用药的使用成本如出一辙。[1] 在美国和欧洲已经有相关立法，授予此类药物特殊地位。此外，孤儿药的指定许可制造商不仅可以与医生和保险公司打交道，还可以直接与患者合作，这种做法在通常情况下是被禁止的。

然而，FDA 的许可并不等于将该药品自动纳入保险范围。所以，必须培训保险公司，并说服保险公司，让它们相信支付如此高昂的费用购买这种药品是个明智之举。"我们决定，购买我们药品的病人，自己每月至多只需支付 10 美元。"纳德说。要做到这一点，医生和保

险公司不仅要相信药品的效用，还要相信它能够改变病人的生活。当然，药品的效用只有在患者服用后才可以得到证明。

这件事还遇到许多障碍，比如药品的成本问题、患者和医疗界对药品尚缺乏了解，以及患者的情况——严重的患者通常无法工作。NPS制药公司的解决方案是，设计一个多功能的项目，对医生、保险公司和患者进行教育。另外，该设计方案还包括提供礼宾服务，在生活的各个方面帮助患者适应该药品。

"既然我们已经就支付问题做出了决定，这就意味着作为一家公司，我们必须对整个过程负责。"纳德说，"这些病人根本没有能力与保险公司打交道。"公司的解决方案是，提供一项设计完善的服务，该服务从病人第一次服药时开始，直到病人感觉身体状况良好，可以在不需要额外帮助的情况下处理事情时结束。患者一拿到处方，公司就会指派一名护理协调员，负责将注射用药物纳入他们生活的方方面面——包括与保险公司打交道。

这种服务模式与传统制药公司的服务模式大不相同。这种模式会涉及患者各个方面的体验，并且要确保每个环节都要考虑周全，不能遗漏。护理协调员在患者家里对患者进行培训，教会他们如何使用该药品，告诉患者该药品会有什么样的副作用，以及如何处理报销事宜。一天24小时中，患者有7个小时可以通过电话联系协调员。鉴于这是该公司的一种新方法，该项目一次只服务一名患者。而且，NPS制药公司承担护理协调员的所有费用。

"我们的目标是让病人开心，因为他们一直对我们有所期待。"纳德说，"我们不只提供方案，我们提供的是恰到好处的方案。"保险公司也这么认为。据纳德讲，该国的每个纳税人最终都要为这种药品买单。"我们能够证明其价值，因为我们的病人现在的生活质量截然不同，病人更健康了，所以这种做法最终会节省（医疗）市场的资金。"

所有相关人士都会从中受益，因为 NPS 制药公司的成功源于同理心，从患者的角度看待当前的状况，保证每个患者都能在医生、保险公司、药店和 NPS 制药公司自身之间做出有效、可靠的选择。NPS 制药公司的成功还得益于对替度鲁肽药品自身功效的工程设计，以及公司精心设计的患者体验，这种设计满足了所有相关方——公司（会得到报酬）、患者（价格可以承受）和保险公司（证明投入有价值）——的经济需求。然而，最重要的是为替度鲁肽药品所设计的服务，其宗旨是设计一个可以信赖的方案，对方案进行管理，并将该方案交付给患者、医生和保险公司。

如何定义喜悦

"惊喜"（surprise and delight）一直是客户体验的一大口号，但我们认为这是一种错误的做法。不要再去让客户"惊喜"，只让他们"喜悦"（delight）就好。我们知道这样说有点违背直觉。事实上，维基百科对客户满意度的定义是"超越客户的期望，从而产生积极的情绪反应，让客户感到意外"。但是，我们不明白，为什么做得很好会让人感到意外呢？

就一些普通的事情而言——比如迅速端来一杯上好的咖啡，或者帮助危重患者将急需的药物纳入日常，进而改变病人的生活——"喜悦"似乎是一个奇怪的用语。在前一种情况下（咖啡），说是喜悦，似乎有点夸张，而在第二种情况下（药物），用喜悦来形容，则明显不足。然而，比较词义并不是真正的重点：公司的工作重点是按照自己的条件来设计和提供愉悦体验，去满足客户的全部期望，就像读《哈利·波特与魔法石》令人喜悦，而读《哈姆雷特》也会让人喜悦一样。

要设计一种服务并传递这种服务，该服务需要取悦客户，吸引客户，赢得客户，而且这种服务还应该容易掌控，可以推广，值得信赖，成本不高，始终如一。这已经很难了，但这只是让客户喜悦的必备基础。如果还有惊喜，就像在枕头上放一块巧克力薄荷糖，也不错。但让客户喜悦的核心是把事情做对，把事情做好。

服务设计可以帮助我们明确哪里有让客户喜悦的机会，哪里没有机会；服务设计还可以创造条件，让我们来充分利用这些机会。像审计财务报表这样复杂的服务通常比简单的交易涉及更多的接触点；你可以把更多的事情做对，但也可能做错更多；通常这类服务的时间周期更长，比如几周、几个月，甚至几年，而不是像饭店的一顿饭菜那样，几分钟或几小时。尽管情况可能不同，但服务的原则是一样的：不要让客户惊讶，只需让他们喜悦就好。

喜悦是一种产品，来自客户体验及你所提供的卓越服务，这两者中的每一个都是卓越服务设计元素的效果，我们在第一章中已经展示过（见下图）。

喜悦	=	客户体验	×	卓越技术

客户方：
体验的良好程度

期望：设定期望、满足期望
同理心：从客户的角度思考
情感：会决定客户的感受
简洁：吸引客户而且简便易用
倾情：每个接触点都要成功

公司方：
服务的完美程度

执行：坚持履行诺言
设计：展示技术素质，可靠性
经济：获利，增长
实验：在各个接触点保持创新
一致性：成功管理客户历程

卓越服务和客户体验都可以帮助公司提供与众不同的服务，两者对于服务而言都很重要，但并不一定同等重要。在危急情况下，大多数人都能容忍医生的粗鲁和专横，如果这个医生也像电视剧中虚构的豪斯医生那样，是个天才医生。但是，如果给年迈的父母选择长期护理，只要服务的技术能力还过得去就好（当然，如果妈妈需要的话，可以去豪斯医生那里），而你可能会更重视体验。Continuum 设计公司的乔恩·坎贝尔说："在服务从一个步骤过渡到另一个步骤、从一个接触点过渡到另一个接触点的时候，要想得到良好的客户体验，首先要为客户设定正确的期望。"[2]

惊喜的元素

惊喜是个陷阱，它可能会破坏你的专注度。如果你所做的事情不符合你的价值主张，或者超出了你为服务设定的期望值，你会让客户感到困惑，还要去重新设定期望值；员工对界限的理解也会变得模糊，进而无法提供一致的服务。消除惊喜并不等于要让客户体验变得单调乏味，或者缺乏接触感——比如为一个重要客户最喜欢的慈善机构做公益。但是，提供额外服务的能力必须同时包含在服务模型和经济模型中，并且这些额外服务必须在有意义的地方实施。

客户在一开始可能会感到惊喜，如果你提供的服务比其他地方的服务更优秀，客户会格外惊喜。但你要让惊喜尽快消失，并且用你精心设计的可靠性和预见性取而代之。连续性和一致性会吸引大家一直关注你的品牌和信息。汽车资源网站 Edmunds.com 的业务分析执行总监米歇尔·肖茨表示："始终如一才能赢得人们的忠诚。"[3]

试图给人惊喜会分散注意力。"我坐飞机的时候不在乎有没有免费的小吃，我只想准时登机。"威克酒店总经理查尔斯·麦克迪米德说。超豪华酒店威克成功的关键是：把基本的服务做好，从一开始就让客户快乐起来。"就像一座金字塔，它的基础是每次都做好基本服务。只有把基本服务做好，你才有机会用一种好的方式为客户带来惊喜。"[4]

与喜悦相反的便是失望，从你自身的经历中，你会发现失望几乎总是在你没能兑现承诺，或者客户不知道该期待什么的时候出现。这两种情况都源于服务设计的失败。

让顾客失望会有什么后果？

- 虽然 96% 失望的客户不会投诉，但 91% 失望的客户会弃你而去，永远不再光顾。[5]
- 不满意的客户会将其不满意的个人体验告诉 9~15 人，大约 13%

的不满意客户会告诉 20 多个人。[6]

• 弥补一次消极体验，需要 12 次积极体验。[7]

为什么取悦客户很重要

显然，取悦客户是件好事，这样做可以为你带来四大好处。

取悦客户会让你和客户之间产生好感。我们也把这种好感称为客户资本（我们将在第十章中详细介绍）。萨凡纳艺术与设计学院的维克托·埃尔莫里说："做好服务设计可以加强客户与相关实体之间的关系，从而改变客户在交易之后的感受。"[8]

取悦客户可以提高客户忠诚度及客户价值。在麦肯锡咨询公司研究的一家银行中，一次积极体验后，85% 以上的客户购买了更多的产品或投资了更多的资产，增加了银行的客户价值。[9]

取悦客户能带来良好的口碑。开心的客户队伍会无偿地拥护你，免费为你推销服务。据 Stich Fix 创始人卡特里娜·莱克称，有证据证明，口碑是这个在线造型平台成长的主要驱动力。"在最初的两年里，有好多人在排队等候我们的服务，这些人都是通过口口相传的方式获得我们的服务信息的。"莱克说，"我不太确定如果不通过口碑传播，是不是还有其他方式。但即使到现在，我们的绝大多数客户依然是通过朋友了解我们的。"[10]

取悦客户能给你一个喘息的机会。正如我们所定义的那样，让客户开心就是要满足客户的期望，提供稳定可靠、始终如一的服务。所以，如果你搞砸了，或者在改进服务设计的过程中需要一段时间，取悦客户可以为你赢得第二次机会。这种好处虽然无法量化，但同等重要。"如果你能赢得人们的信任，就能赢得人们的宽恕。"存储服务公司 Mobile Mini 的首席执行官埃里克·奥尔森说，"我们有一个领域做得很糟糕，就是有时我们会把存储设备留在客户那里，等待下一位客户想要租用存储设备时我们再把设备送到新客户那里，这种做法确实有点自私。但人们非常喜欢我们，也喜欢我们的产品，我认为这种做法不会给我们带来损失，但这个做法确实很糟糕。"[11]

设计愉悦体验

取悦客户的能力始于客户体验。你需要先知道客户在意什么，而不是你认为他们在意什么，这样才能取悦客户。这就意味着要了解他们遇到了什么挑战，他们需要解决什么问题，以及他们正在努力实现什么目标。

因此，同理心及体验是设计客户满意度的第一步。你的目标是了解客户的目的，然后设计一个符合需求的体验。财捷集团（Intuit）创始人斯科特·库克和哈佛商学院教授克莱顿·克里斯坦森讲过一个著名的故事，这个故事是关于一家快餐公司的，这家快餐公司曾投入重金研究人们对奶昔的口味偏好、价格点等，但这番努力却毫无用处。[12]事实证明，人们购买奶昔时不太在意奶昔的口味，他们只是图方便，只是想在开车通勤时找点东西打发时间，让自己舒服和充实。认识到了这一点，该公司重新设计了奶昔的销售方式（购买更便捷），重新调整了配方（让奶昔可以吃得更久），结果，奶昔销量猛增。[13]

实地调查——真正去观察客户的行为，这才是同理心的关键，而不是躲在镜子后面，只听焦点小组的声音。一些高管总是很自以为是，他们认为产品的新特征和新功能会带来更大的销量。正如克里斯坦森和库克所说："虽然我们把有些事情变得更容易、更便宜，但如果这些事客户根本不在意，那么我们也不太可能取得成功。"

来自 Continuum 设计公司的一个团队与一家家居安保公司合作，展示了进行实地调查的好处。Continuum 负责人托比·博托夫回忆说，当他们和这家家居安保公司拜访客户时，得知这家家居安保公司的某个核心产品正朝着错误的方向发展。博托夫回忆说："我们发现了人们想要从家居安保系统中获取的东西，那就是简化生活，而不是什么超级强大而又复杂的东西。"也就是说，公司一直在追求卓越的技术，却牺牲了客户真正想要的体验。Continuum 公司的研究不仅帮助该家居安保公司重新设计了系统的功能，还重新设计了系统的外观和用户界面。反之，如果客户需要大量的特色、功能和选项的话，公司采用的方法也会大不相同。

同理心是一个非常强大的工具，它可以帮助你了解客户最在意什么。试着自己做一次自己的客户：浏览一下自己的网站；试试能不能通过客服找到你想要找的人；尝试着订购一下产品；预订航班和舱位；试试没有地图能不能找到酒店的房间；在自己的商店购一次物。然而，站在客户的立场想问题时，有一点很重要，不要用你的直觉来代替对客户的直接观察。冲浪航空公司的杰夫·波特说："我们认为，对大多数会员来说，很多事情都很重要，但我怀疑，这些事情实际上并不重要。"

举个例子：飞机上的 Wi-Fi（无线局域网）。对波特来说，Wi-Fi 似乎是必要的，但他惊讶地发现，对于这件事，大家的态度几乎一分为二。事实上，研究表明，个人的同理心实际上会蒙蔽你的双眼，让你无法看到客户真正在想什么（参见专栏"同理心实验"）。同样的道理，传统的市场调查可以证实你从观察中获得的见解，但不能替代观察本身。哈佛商学院教授莱恩·施莱辛格说："做市场调查，做焦点小组研究时，你所得到的信息往往是客户想让你听到的信息，但他们并不会像他们所说的那样去做。"[14] 数据是答案的一部分，但永远不要忘记从人类学角度去观察，去询问，去关注社交媒体，去看看成功的竞争对手和同行都在做什么，大家对他们怎么评价，你就会知道客户实际上在做些什么了。

同理心实验

在服务设计中，同理心不是个人心理的问题。具有讽刺意味的是，伦敦帝国理工学院的约翰内斯·哈图拉及其合作研究者沃尔特·赫尔佐格、达伦·达尔和斯文·莱因克所做的研究表明，具有高度同理心的人有时无法区分自己的情感和他人的情感。[15] 他们采访了一些营销经理，了解他们对某种特定产品或服务的偏好。然后，研究人员鼓励一些经理描述典型客户对该产品或服务的想法和反应。

"我们要求所有的经理都去预测客户的想法，并对这些经理进行了一项同理心水平的评估。管理者的同理心越强，就越'以自我为中心'；也就是说，他们越可能认为客户的偏好和他们自己的一样。"哈图拉在接受《哈佛商业评论》采访时说，"经理越富有同理心，就越可能利用个人偏好来预测客户的需求。另一个发现也很关键，也应该引起人们的注意，那就是，经理们越有同理心，就越忽视我们给他们提供的对客户的市场调查。"

同理心可以帮助你专心设计客户想要的体验，而且同理心能做的不止于此，它还能帮助你理解客户自己不知道或无法表达的需求和目的。同理心有时会让你领先你的客户一步，麦克迪米德说："如果我能让你对一件事情非常满意，而这件事情你自己都没想过，如果我做对了，你就会想，'啊哈，这么完美。你怎么知道的？'"

据营销和广告代理公司利平科特公司（Lippincott）的高级合伙人西蒙·格林说，维珍大西洋航空公司决定在头等舱设立一个酒吧就是这样一个例子。他在在线出版物《营销日报》（*Marketing Daily*）上写道："（维珍大西洋）之所以设立这个酒吧，是因为该公司努力打造了一支优秀的乘务员队伍，可是公司后来意识到，客户没有机会与这支队伍交流，所以公司决定设立一个酒吧。"[16]

不可控因素

尽管可靠性是取悦客户的关键，但在某些情况下，即使是最细致的服务设计也无法预测结果——有些事情会超出控制范围，或者有些客户会带有强烈的情绪。

如果管道爆裂致使唐恩都乐停业一两天，它的常客可能会有些生气，但如果唐恩都乐公司提供的食品制作起来很麻烦，早晨排队购餐变得很慢，即使是最忠实的客户也会失去耐心。简单快捷的需求影响了唐恩都乐的店面设计、菜单设计和设备设计方式。麦当劳也做出了类似的"快捷餐饮"的承诺，要求重新布置商店，重新设计菜单，那些制作时间过长的产品，都被排除在核心产品之外，这一做法让一些客户和店主都感到十分懊恼。[17]

情绪：尽管公司提供的服务始终表里如一，但顾客接受服务时的情绪状态却会影响他们对服务的感知。虽然我们无法控制客户的情绪，但我们通常可以很好地预测一下客户的情绪，并设计相应的服务，指导员工如何提供服务，通过提供适当的自然环境和视觉环境来更好地为客户服务。殡仪馆可以假定客户都很悲伤，这样做基本不会有错，所以殡仪馆的墙壁上没有现代艺术装饰，殡仪馆里也没有油头粉面的员工。

你也不需要受顾客情绪的支配。芝加哥的舍普夫–韦斯（Schoepf & Weiss）律师事务所是一家精品律所，该律所阁楼式的办公室非常现代化，但在取证室附近的一个角落里，有一堆软垫沙发和椅子，客户在庭审前后都可以坐在这里放松减压。

客户的情绪很强烈时，你最起码不要让事情变得更糟。在医生的办公室里，简洁的支付程序可能没有多大作用，不会在多大程度生缓解一个带着病娃的妈妈的焦虑情绪，但如果支付程序很麻烦，则可能会把她气炸。在这种情况下，你可能无法给客户带来惊喜，但是缺乏可靠性和预见性会导致消极体验（关于如何在服务设计中认识客户的情绪，更多信息请参见附录中的"改进管理客户情绪的方式"）。小型企业在线信贷机构 Creditly 的格伦·戈德曼说，解决方案还应包括一定程度的主动性，而不仅仅是被动响应。

他说："让客户觉得出乎意料，觉得高兴，并不只靠带给他们惊喜，公司要有前瞻性，而且还要兼顾左右。"举个例子：Credibly 了解到，随时需要资本信贷的小企业大约只占 20%，但几乎所有的小企业都在不断寻求帮助，想要更好地管理业务、发展业务。鉴于此，Credibly 建立了一个博客，博客的名字是 InCredibly，内容由小企业主和专家撰写，每日更新。自 InCredibly 博客推出以来，Creditly 信贷机构的净推荐值得分翻了一番，公司的收入增长率已飙升至三位数，而且 Creditly 的回头客数量也创历史新高。

用新的方式去解决问题，或者指出问题并提供即时解决方案，这些机会都可以取悦客户。举个例子：每家酒店可能都有一两个这样的房间，里面放着床垫或其他库存，以便办公桌、椅子等可以随时更换。那些房间由于不能住客人，给酒店造成损失。存储服务公司 Mobile Mini 的罗布·洛伊说："我们建议他们把这些东西装到集装箱里，放在停车场。他们只需支付每月 125 美元的费用，而如果那间房子不能出租，他们每晚都会损失 125 美元。"[18]

让客户开心的第一步

无论面向客户的员工赚多少钱、做什么职位或负什么样的责任，他们都可能是你取悦客户的最大资源。他们在服务过程中的关键时刻与客户会面（无论是通过电话还是亲自会面），因此他们将对客户体验的分数产生巨大影响。即使每个人都有责任让客户满意（无论是一线员工还是后台人员），而你也认为公司是一个以客户为中心的组织，但真正影响客户对公司服务看法的却是一线员工的所作所为。

一线员工之所以很关键，不仅在于他们所做的事情，还在于他们所了解的事情。他们会听到客户兴奋的反馈，他们也会听到客户不以为然的评价。他们了解客户的真实感受。

这就是我们强烈建议赋予一线员工尽可能多权力的原因。一些公司在服务设计方面表现很出色，这些公司不仅采用了这种做法，而且十分清晰地理解这种做法的期望和界限。"每个人都知道他们有责任去解决客户的问题，无论工作职责是什么。你要做好你必须做的事情，然后再去请求原谅。"诺德斯特龙公司战略与发展执行副总裁肯尼斯·沃泽尔说。[19]

在麦克迪米德的酒店，员工每两年就要接受一次严格的培训。培训的主题是："你就是客户体验。"这种培训不是规则手册演练。"关于员工可以为客人做什么，我们有标准，但没有相关政策。"麦克迪米德说，"这个做法就是尽可能地不设限制。但如果你要为客户租一架私人飞机，你最好有一个很好的理由。虽然事后看来，我们可能会意识到还可以做更好的决定，但我们绝不会因为你主动照顾客户而惩罚你。"他的理由是："如果一个客人不开心地离开，等到我知道了这个情况再去解决这个问题，可能需要十倍的努力。"

赋予一线员工权力，关键是要赋予他们自由裁量权。Continuum 设计公司的乔恩·坎贝尔说："你必须给他们空间，以便他们运用自己的判断力。"

"公司无法预见可能会遇到的各种状况，因此不要给每件事都制定一个严格、明确的程序。否则，当某些状况偏离了既定的规则时，就会有服务失败的风险。"因为就像我们强调的那样，有些状况之所以会偏离预期，是因为服务的本质就是：客户是活跃的，而且很可能是独特的价值创造的参与者。

这看上去似乎自相矛盾，但自动化是一个很好的方法，可以赋予一线员工更多自主权。诺德斯特龙公司的手持计算机提高了店铺人员的工作效率，缩短了客户排队等待的时间。RH 家具店使用自动化服务方式，强化了高档家具零售商的亲民性，强化了该公司"一路引导客户消费"的价值主张。

有效果吗？

到目前为止，我们一直在讨论等式的"体验"一端。现在，让我们切换到另一端——技术优势方面。如果你无法信守承诺，世界上任何同理心和期望都不会有什么效果。

要想了解客户想要什么，有很多方法，同样，要想知道公司是否满足了客户的需求，也有多种方法。在你的品牌上花了大价钱的客户会更倾向于给你有益的建设性反馈。唐恩都乐有一项计划，其全球营销和创新总裁约翰·科斯特洛将该计划称为"非常复杂的客户满意度计划"，该计划每年产生超过 100 万个客户反馈数据点。该公司还持续跟踪消费者，以便衡量公司履行品牌承诺的表现。[20]

"我们问客户一些问题，这些问题最终都是为了让客户告诉我们，我们该如何去创造卓越的客户体验。"万博宣伟公共关系咨询公司的凯茜·卡尔霍恩说，"我们不想每年只收到一次客户反馈，而希望随时得到客户的反馈，但我希望每年都能够系统地收集一次客户反馈。"[21]

麦克迪米德指出，要分清什么是主观的想法，什么是真正的趋势，这一点十分必要。他回忆说，威克酒店在2012年进行了一次彻底的装修，当时，新做的床架都棱角分明。这些床架在一栋楼首次使用后，工作人员接到了一两次投诉，客人说床架的棱角会磕到腿，当时酒店没怎么在意这些投诉。"四五年后我们才意识到自己的问题——不是我们的客人笨拙或者粗心。"结果是：该酒店重新制作了这栋楼所有的床架，其余建筑的床架也都采用了新的设计。他说："顺应趋势，得出合乎逻辑的结论，你就会知道该怎么做。"（有关构建增强反馈系统的更多信息，请参阅第十章。）

萨凡纳艺术与设计学院的埃尔莫里指出：如果一个组织想要衡量服务设计的结果，不仅可以通过传统的方法来衡量，比如收入增加、客户忠诚度提高，而且还可以通过其他方法，比如有些客户会非常激进，这些人会主动和别人积极地评价该组织的服务。[22]"服务设计人员就是要设计一个系统，开发服务实体和服务对象之间的关系。"他说，"如果人们谈论起你的公司时，表现出非常想与公司产生联系的态度，这个时候，你就知道，你成功了。"

掌握了这类真实信息，明确是否真正理解客户需求，满足客户需求，就可以去迅速解决"技术卓越"方面的所有要素了。执行方面的问题（比如未能履行承诺服务、订单丢失或订单不完整、发票不准确）通常可以通过标准的卓越运营工具（如全面质量管理、精益管理原则和六西格玛管理技术）来解决；关键是，要使用客户数据来定义及确定行动的优先级。

客户提出的一些问题反映出工程方面的失败；如果结果证明你在技术上落后了，那么这些问题可能会很有挑战性。2012 年，美国电话电报公司（AT&T）的首席执行官兰德尔·斯蒂芬森邀请技术专家塞巴斯蒂安·特伦来讨论在线学习，结果发现自己公司的网络不够成熟，速度也不够快，无法运行产品演示，这一发现促使美国电话电报公司耗资数十亿美元进行了技术升级。[23] 你会发现，解决了等式的一个要素可以帮助你去解决其他要素。例如，你会发现，每次客户投诉你浪费了他的时间或给他带来了不便，几乎都是因为你的流程出现了问题，如果将这个问题纠正，效率就会提高。

并非一成不变

让客户开心并不是一劳永逸、一成不变的事情。客户的需求会改变，他们对优质服务的期望也会改变。你的能力和经济状况也会改变。你的竞争对手会不断改进，技术革新也会迫使你们双方都做出改变（我们将在第八章回归到创新这一主题）。你从未做过服务设计，这既是福气也是负担。说是福气，是因为尽管我们相信从一开始就应该在产品中包含卓越的服务设计及传递，但事实是，什么时候开始都不会太晚。因为卓越是一个不断前进的目标，你有机会跟着它一起前进，要么赶上你的竞争对手，要么超越你的竞争对手。

存储服务公司 Mobile Mini 的奥尔森说："我们很幸运，我们的竞争对手（在我们真正让客户失望的领域）没有比我们做得更好，因此服务给了我们机会，也体现出我们的与众不同之处。"[24] 冲浪航空公司的首席执行官杰夫·波特说："你在比赛中一圈一圈地跑，却没有人在你面前设定终点线，所以你永远也到不了终点。"这种想法认为服务设计和传递看起来像是个负担。[25]

服务设计也不是静态的，因为客户是服务过程的一部分——也正是出于这一原因，公司要引导一线工作人员、授权一线工作人员，而不是试图控制一线人员。Continuum 设计公司的博托夫曾断言："使用机器人会产生穷人，但人们会制造可怕的机器人。"同样，那些试图提供服务的人和接受服务的人也是如此："理念和意图的一致性将在实践和服务过程中给你提供指导。对标准要严格要求，而不是对行为严格要求。"

在下一章中，我们将探讨如何设计服务，才能既提供愉快的客户体验，又不让员工和客户为此殚精竭虑。

第六章

第三条原则：卓越的服务不需要供应商或客户做出英勇牺牲

　　如果公司能够真正了解自己的情况，这实在是最令人满意不过的一件事了。把工作做好，客户和公司都会获益，比如一次电话沟通、一个逻辑清晰的用户界面、一次简单的接触、一次完美的服务。永远高效，永远可靠。厨房里一片忙乱，员工们热火朝天，做出的饭菜很丰盛，这或许会给《唐顿庄园》带来喜剧般的效果，但依靠英雄主义做法的商业运作模式却不堪一击。不管是一个大庄园，还是一个大企业，服务设计都必须具有弹性，可以让客户开心，却不会让客户惊讶，这些我们在前一章中已经描述过。

　　想想一个伟大的钢琴家，他可以轻而易举地演奏一首复杂的奏鸣曲。在实践、准备和设计的基础上，你应该可以同样熟练、自信地提供服务。想要以这种方式提供服务，你的组织必须训练有素、行动敏捷、得心应手。客户不应该看到你汗流浃背的样子，因为你没必要出汗。

　　精心设计服务，用心传递服务，不会浪费你的时间或金钱，也不会浪费客户的时间或金钱。这是我们在服务设计和传递服务方面的第三个卓越原则：卓越的服务不需要供应商或客户的英勇牺牲。卓越的服务是效率和简洁的结合，没有遗漏，也没有多余。效率和简洁这两个要素应该相互强化。然而，事实往往恰恰相反，它们常常相互矛盾。

试想一下，如果没有出色的服务设计，而公司又想在这种情况下提供出色的服务，也就是说，公司将客户体验的负担全部施加在员工身上，却不给他们提供必要的管理体系和工具，那么会发生什么状况。在整个商业世界，公司都在褒扬"客服英雄"，这些员工不遗余力地交付订单、解决问题。如果公司需要这样英勇的牺牲，就表明公司需要重新设计工作，那样不需要具有超能力，也能提供卓越的服务。正如哈佛商学院教授弗朗西斯·弗雷和《超凡服务》的作者安妮·莫里斯所说的那样，对英雄主义的依赖"就其定义而言，意味着我们的（强调"我们的"）卓越服务只能是偶发性的。"[1]几十年以来，顶级的法律和咨询公司以及投资银行的初级员工都忙得不可开交，在个别情况下甚至搞得精疲力竭，而公司却总是用以客户为中心的神圣法衣来掩饰这种做法。直到最近，一些咨询公司才开始质疑，让团队一周四天都忙于客户的业务，似乎有所不妥，然后，公司开始投资视频会议和云安全技术，这样一来，既可以提供同样的服务，又可以让员工有喘息之机。

在医疗保健领域，流程效率低下，规章制度棘手，数千名员工的生活异常悲惨。有时，这种痛苦不仅仅是精神上的。值得注意的是，医院护理人员的工伤率与消防队员一样高，之所以会这样，往往是因为他们缺乏适当的设备，没有足够的辅助手段，却要在这种情况下去抬沉重的患者。[2]据估计，美国医疗保健行业每年造成的浪费价值高达7 500亿美元，这个数字非常惊人，相当于《财富》世界500强企业利润的80%。"医疗保健领域的头号浪费是等待，第二就是缺陷。"

ThedaCare 医疗价值研究中心的主任、医学博士约翰·图森特说，"每79秒，美国就会有一个病人因为医疗失误而死亡。"[3]

从另一方面再来考虑一下：也有在效率的祭坛上牺牲客户体验的例子。公司常常要求运营团队（很少直接与客户打交道）达到特定的成本目标，同时还不甚清晰地提醒他们不要损害客户体验。我们知道这是怎么回事。成本很容易计量，可以清楚地说明成本是某个特定的活动产生的，利润也可以很快登记下来，然而，改进后的客户体验的价值却很难量化或追溯到某个特定的计划，这一价值通常来自不同群体的共同行动，不一定有助于制定今年的预算。如果你通过后台操作来节省时间和金钱，让客户的日子不好过，虽然你在本季度可能会有所收获，但你还是会输掉整盘棋。

现在思考一下，把卓越的效率和卓越的体验结合在一起会怎么样。现今，美国的医院正面临这一机遇。我们之所以用"面临"这个词，是因为联邦政府的医疗保健和医疗补助服务中心（Centers for Medicare & Medicaid Services）对它们施加了压力，该中心希望改善医疗保健过程（即以证据为卓越的标准）和患者满意度，在这两个方面都没有改进的医院，可能会被扣除高达 2% 的医疗保险报销。对于一家普通的医院来讲，这一政策是一根价值数百万美元的指挥棒。

事实证明，改善患者体验并不是把医院装修得更漂亮，也不是订购质量更好的床单。俄亥俄州立大学菲舍尔商学院的阿拉文·钱德拉塞卡兰说，改善患者体验需要重新设计护士和医生（尤其是医生）在患者住院期间及出院时与患者的沟通方式和沟通频率。钱德拉塞卡兰和杜兰弗里曼商学院（Tulane's Freeman School of Business）的克莱尔·塞诺的研究表明，同时改善沟通和护理流程可以将患者再入院率降低 5 个百分点，这个数字相当于老年患者再入院率的 1/4 左右。[4]

首席痛点官

Mobile Mini 存储服务公司是全世界最大的移动存储设备供应商，拥有超过 20 万个金属集装箱，租赁给美国和英国的客户。这家公司的总部位于亚利桑那州坦佩市，2015 年的销售额为 5.301 亿美元，比上年增长了 15% 以上。这些销售额中的近一半来自建筑商，它们在施工期间用集装箱来储存设备和材料，或用作现场办公室。但 Mobile Mini 公司的客户也包括零售商，这些零售商可能会在停车场放置一个集装箱，作为小型仓库，或为商店的季节性商品腾出空间；一些学校，包括大学也会使用集装箱来存放乐队制服和乐器，还有一些不应季的设备，比如足球对抗赛的人偶等。（Mobile Mini 公司还租赁专用集装箱，用于安全存储石油和工业产品，但它的主营业务是出租大型钢铁集装箱。）

Mobile Mini 存储服务公司的首席执行官埃里克·奥尔森说，公司有个大胆的想法，想成为该领域的佼佼者，成为"存储业的梅赛德斯"。[5] 在 Mobile Mini 存储服务公司，这句话的意思就是：Mobile Mini 存储服务公司可以提供高级存储设备（尺寸合适、干干净净、无破损、无生锈，有很多独特之处，比如，一只手就可以打开存储器的门，拥有专利技术的三凸轮锁，等等），使用这些存储设备，可以让企业更容易开展业务。Mobile Mini 公司是净推荐值的众多信徒之一。净推荐值是由弗莱德·赖克霍德开发的客户忠诚度评级系统。弗莱德·赖克霍德在发表于2003年12月的《哈佛商业评论》的文章《增长需要的一个数据》中对净推荐值进行了描述。净推荐值是根据一个问题的答案计算得出的数值，这个问题是"您将（×公司）推荐给朋友或同事的可能性有多大？"问题的得分为0~10分。净推荐值等于支持者的百分比减去不支持者的百分比。

Mobile Mini 存储服务公司不但使用净推荐值，还增加了另一个数字评级：客户精力分值（Customer Effort Score，也称"客户费力度"）。这个衡量标准改编自公司执行董事会所做的工作。这个评级方法非常简单，只需要问客户一个问题："您认为和我们做生意容易吗？从1到5分，您给我们打几分？"[6]

通过客户精力分值评级数据，Mobile Mini 存储服务公司的首席运营官凯利·威廉姆斯对公司的服务有了深刻的理解，他称自己为"首席痛点官"。[7]这些痛点包含诸多业务，从管理集装箱的库存到客户用完后立即收回集装箱；正如威廉姆斯所说："我们的价值主张是，与我们开展业务合作很容易。这种便利大部分是通过物流实现的。"

实际情况也不尽如此。"有两件事会让客户很不爽。"奥尔森说，"第一是你的产品有问题——某个集装箱顶部生锈了，或者类似的情况。第二个是交货和提货——你说今天要提货，却没有提。"奥尔森在2013年成为首席执行官的时候，延迟提货（把集装箱留在客户那边，直到另一个客户要用时再提走）的情况在当时犹如家常便饭。这是非常普遍的行业惯例，好像没有人知道这种做法会让客户多么恼火。

信息管理和实际客户服务有助于消除这种症结。如何平衡集中和分权，这是服务设计的一个巨大挑战。作为行业的最大参与者，Mobile Mini 存储服务公司具有规模优势，但在差异客户组合中用一种一刀切的方式处理业务，存在着风险。例如，公司 2009 年决定建立一个全国呼叫中心，结果却不尽如人意。诚然，像沃尔玛和塔吉特这样的大客户需要管理全国账户、集中订购和开具发票。现在有了单独的门户网站，这些服务 Mobile Mini 都能够提供，这样一来，像沃尔玛和塔吉特这样的公司就可以直接管理它们的一些业务了。

但是，如果不是本地业务，公司的大部分业务都算不上什么业务，包括那些大客户的业务。威廉姆斯说："我们期待着回归，这样一来所有的接触点就都是本地的了。所以，如果有客户打电话找苏西，而比尔接了电话，他就会说，'是的，苏西就在我旁边，弗兰克，等一下。实际上，吉姆，你认识的，吉姆，我们的司机，他 5 分钟后就到。'客户很喜欢这种沟通方式。但我们建立呼叫中心后，这种方式就不存在了。"

为了给客户提供更好的产品，同时减少客户的麻烦，Mobile Mini 的服务设计力求将复杂的后台服务、物流和车队管理与高度本地化的销售、服务和交付相结合。因此，Mobile Mini 的价格比竞争对手的价格高出 20%。换句话说，节省客户的时间，你就能赚取更大的利润。

精益生产 + 精益消费

对公司来讲，客户的时间和金钱与公司的时间和金钱同等重要，这一想法源自詹姆斯·沃马克和丹尼尔·琼斯所称的"精益消费"（lean consumption），这和需求侧的精益生产相类似。用沃马克和琼斯的话来说，"精益消费并不是减少客户的购买量或减少他们带来的业务。相反，精益消费是要以最大的效率和最少的麻烦，为客户提供他们所需要的商品和服务的全部价值"。[8] 汤姆非常烦躁，他很想知道，为什么旅程网（Orbitz）非要在三个不同的页面上为他提供酒店、汽车和飞行保险，才能让他支付机票费用，然后再继续浏览呢？沃马克和琼斯写道，为什么 1/5 的客户在寻找一双鞋的时候找不到现货，而整个行业的货架上却还有 40% 的库存？你可以通过特殊的订单来解决这个问题（公司做出牺牲），或者任由客户去其他地方寻找（客户做出牺牲）。

时间就是金钱，客户和公司一样看重时间。亚马逊为其一键订购过程申请专利（费了好大的周折）[9] 还是有原因的。将客户的资源视为与自己的资源同等重要，对于共建合作关系至关重要。共建合作关系这一话题，我们会在第十章讨论。事实上，如果你的服务设计可以节省客户的时间，你就有权获得一些你所创造的价值。以美国前进保险公司（Progressive Insurance）为例，1994 年，前进保险公司决定即时结算汽车事故索赔（如果可能的话，甚至在事故现场结算），减少客户汽车事故索赔的麻烦。快速、简洁的流程（还有现在的立即赔付方法）显示出诸多益处：客户很高兴，而且前进保险公司也发现，由于客户很少对结算金额有争议，整体索赔成本下降，而争议过程的成本原本可能会很高。

此外，前进保险公司就像个朋友一样，几乎每次业务的处理都充满感情，让客户感觉非常放松。（客户刚刚撞车，可能有人受伤，他们的车坏了，他们的计划被打乱了……）该公司是否愿意支付超出实际应赔付的费用，或去赔付一个调查之后可以拒绝赔付的业务？当然愿意。因为与所获得的价值相比，这种风险显得微不足道。

相比之下，联合航空公司在努力弥补公司给客户带来的不便时，也给客户带来了好多麻烦。2015 年 5 月，联合航空公司一架飞机因机械故障必须中途返航，我们中的一个人经历了一次地狱般的旅行。作为补偿，联合航空公司立即给乘客们发了一封电子邮件，指导他们到一个网站索取折扣券或额外的常客飞行里程：到目前为止，处理得还不错。但是一旦登录网站，乘客们必须经过一系列复杂的程序来证明他们的身份，然后才能要求赔偿——尽管是联合航空公司给乘客发邮件引导他们登录网址的，而且联合航空公司早已清楚乘客的身份。前进保险公司的服务设计节省了客户的时间，让客户感受到了关爱；而联合航空公司的设计浪费了客户的时间，表明公司不信任客户。

医生现在会来看你吗？

每两周，就会有大约 100 名医生、护士和医疗管理人员来到威斯康星州的阿普尔顿，这座城市有 75 000 人，位于距格林湾（Green Bay）30 英里的福克斯河上游。每年约有来自 500 家医疗保健机构的 2 700 名高管来到这里，参加在 ThedaCare 医疗价值中心举办的研讨会，该中心是 ThedaCare 医疗社区的一个教育分支机构，该社区在威斯康星州经营着 7 家医院和 35 家诊所。他们之所以来这里开会，是因为这家研究中心通过应用精益管理原则，已转型为美国最好的医疗保健机构之一，[10] 是美国质量最高、成本最低的责任医疗组织，在各项专业排名中名列前茅。

ThedaCare 始建于 2003 年，当时由医学博士约翰·图森特担任首席执行官，后来在继任者迪恩·格鲁纳博士的领导下继续发展。ThedaCare 是第一批将精益生产的原则及实践以及丰田生产体系应用于医疗保健的机构之一。另外，弗吉尼亚·梅森医疗中心（Virginia Mason）和西雅图儿童医院也采取了类似的做法。装配线上的汽车与患者不同，汽车不独特，不会说话，也没有家人，但丰田生产体系的核心原则适用于这个最复杂的服务环境：将力所能及的事情标准化，避免浪费和缺陷，持续改进，把系统作为一个整体进行管理，而不仅仅是管理系统的部件。

ThedaCare 医疗社区之所以转型是因为想要同时追求效率和简洁，即稳步改进运营以减少浪费和失误，同时将客户置于服务设计的中心。

ThedaCare 医疗社区在服务中使用客户的名字，记住客户的面孔——她是洛丽——而不是把客户统称为患者。其理由是，"患者"这种称呼意味着客户是一个被动的护理对象，而不是系统中的积极合作伙伴。

安排服务时要以患者为中心，这一做法使 ThedaCare 医疗社区的服务设计发生了重大变化。在医院的协作护理模式中，由一个团队为患者提供服务，该团队包括医生、护士、药剂师和病例经理，另外还有所需的专家或治疗师。整个小组每天至少在病人床边碰头一次。因此，信息从一个人传递到另一个人，并直接传递给洛丽或其家人。如果有问题，当场解答。

医院还调整了病房的布局，在病人床边放置更多的医护设施及电子记录系统，以便实时记录情况。护士用于记录的时间减少了一半，花在病人身上的时间增加了70%。每个房间的白板上列出所有护理团队成员的姓名，描述护理计划，并张贴预计出院日期。患者满意度从68%提高到了85%。[11]

要想办法节省员工和患者的时间，这种探寻永无止境。在大多数医院里，外科医生在手术室里布置工具时都有自己的方法，而且通常也很独特。在 ThedaCare 医疗社区就不是这样，这里采用标准设置，这些标准是经过仔细的工效研究之后而设置的，这些研究显示了如何减少不必要的步骤，让病人尽快离开手术室。当然，也有些外科医生对此不太赞同，他们现在都已经离开了。

外科医生的英勇形象和儿科医生的善良形象，同样深深地植根于医疗保健界的传说之中，但 ThedaCare 医疗社区却在寻找别样的形象：一个组织良好的团队，为患者提供一流的医疗保健，围绕患者的需要配置团队，尊重客户的时间，也尊重自己的时间。"重点是要消除救火行动"。需要'救火'是因为程序遭到了破坏，或者要求大家做的事情太多。"图森特说，"如果想当英雄，那你去别的地方当吧。"

如何为你和客户节省时间

服务设计提供了最佳方式，可以帮你寻找、发现并消除需要你和客户做出英勇努力的场合。首先，本质上讲，想要主动解决这些问题，需要跨越职能部门，因此需要一种方法来连接各个部门，尤其是后台和前台。其次，要跟踪客户服务整个过程中的工作量和客户的付出，这一点非常重要。如果只是把工作推到下游或者从一个部门推到另一个部门，或者把工作从自身推卸给客户，那么你什么都没有做成。下面有三种方法可以同时提高效率和简洁度。

消除接触点。重新设计服务可以在效率和简洁度上带来收获，消除客户服务过程中非常复杂或令人生厌的阶段。航空旅行中最糟糕的部分往往不是飞行过程，而是机场。正如我们在第一章看到的那样，冲浪航空几乎完全消除了这一障碍。

不是每个公司都能如此彻底地重新设计，但几乎任何公司都可以在这里或那里消除或简化接触点。其他航空公司也试图改进一些方式，比如设置了用帘子隔开的值机柜台、特殊休息室（包括一些在登机前一直照顾乘客的休息室），这样至少让他们的精英客户减少了等待的烦恼。排队购买商品是一个典型的接触点的例子，在大多数情况下，无论是买方还是卖方都无法从排队中获得价值；不管是高档的苹果直营店还是诺德斯特龙折扣店，其供货商都为店员配置了苹果手机或其他手持结算设备，消除或减轻了这种影响，这样，客户可以立即结账或者不用排那么长的队。

通过重新调整操作实现并行处理。有时可以按不同的顺序来做事，这样就不必忙乱，也不必等待。忙乱和等待会让买卖双方都感到很沮丧。ThedaCare 医疗社区的医师服务部负责初级保健诊所，每年服务的患者约有 45 万人。[12] 通常，来检查的患者都需要进行血液检测或其他实验室检测。医院重新安排了病人的就医程序，病人到达指定诊室就可以抽血检测，不用等医生，这样做的目的是让病人在看病结束前就可以拿到检测结果。

内科服务的首席运营官珍妮·雷德曼·谢尔解释说："我们希望实验室的工作能够调整一下，这样当医生和病人谈话时，他们就可以讨论实验室的化验结果，以及在药品、剂量、专家等方面需要做什么样的调整。"[13] 这样一来，医患互动效果更好，患者遵循医生指示的可能性更大，而且还减少了诊所和患者的后续付出。这样，在拿到测试结果后，医生就不用再打电话找患者或者担心联系不上患者了。因为 ThedaCare 医疗社区有自己的实验室，能够完成这项工作，不会让病人久等。事实上，重新设计临床护理服务的"净"效果就是缩短了就诊时间。

模块化和集成化。不必要的复杂性会浪费服务商和客户的资源。想一想美国邮政服务的包裹运输服务，费率统一，高效而又简洁。客户知道他们要花多少钱，所以不会一看价格吓一跳；更重要的是，包裹不用称重，也不用贴标签，可以节省客户和邮政员工的时间和精力。

　　　　　　　　　　　　　　　　　让顾客购买

第七章

第四条原则：服务设计必须在所有渠道和接触点提供一致的体验

无论你选择在哪里做，无论你选择怎样做，都必须做好。提供绝佳店内体验的零售商，同样需要一个绝好的网站。如果客人在房间里落了什么东西，那么酒店应当及时联系客人归还，与他们入住期间一样。如果广告公司的数字团队与印刷团队的工作不同步，会导致业务的失败（反之亦然）。一家以简单高效自称的公司不应该强迫客户浏览冗长的电话单，而同时录音的语音还向客户保证："您的电话对我们非常重要。"像美国运通（American Express）这样的高端品牌早就采用了这一原则，而且这一原则适用于所有企业。一家设计良好的公司里，客户不应该经历认知失调，而这种事情却一直在发生。

不断进步的沃比帕克眼镜店

眼镜电商沃比帕克公司就是渠道不可知论公司的一个很好的例子。沃比帕克公司是由宾夕法尼亚大学沃顿商学院的四名学生构想出来的，成立于2010年，2015年就成为一家独角兽企业，公司估值超过10亿美元。沃比帕克最初是一个处方眼镜的网上销售商，它成功地实现了客户体验的帽子戏法：（1）成为一个时髦品牌、城市千禧一代的宠儿；（2）构建了颠覆性的低价商业模式（95美元一副，不到其他商家眼镜价格的一半）；（3）实现了良好的社会效益（客户每购买一副眼镜，公司就会通过"买一送一"项目向有需要的人送出一副眼镜）。

创始人的意图是在网上开始，并一直在网上销售。联合首席执行官尼尔·布卢门撒尔表示："我们想要卖的眼镜品牌没人听说过，也没有人在互联网上买过眼镜，而且我们开出的价格只是人们过去买眼镜花费的一小部分，因此自然会引起怀疑。"沃比帕克以各种可能的方式与怀疑展开了斗争：当然，首先要有必要的许可证，同时还拥有简洁的设计、方便的用户界面，采用免费送货退货策略，每个订单他们都会发 5 个样品眼镜给客户试用，运费由公司承担。

沃比帕克公司能在电商界立足，可能只是侥幸，但这种方式迅速火爆起来，公司的库存很快耗尽。公司的在家试戴项目有 2 万多名客户在排队等候，因此创始人开始邀请附近的客户到他们的公寓来试戴眼镜。沃比帕克有了真正的办公室以后，一些空间被辟出来用作陈列室。客户可以到陈列室来看看，试戴一下眼镜，然后用展厅中的苹果电脑在网络上下单。"来办公室的人太多了，真是太疯狂了。"布卢门撒尔回忆说，"所以我们开了一家快闪店。后来我们买了一辆黄色旧校车，把它变成了一个移动商店，并且还去了 15 个不同的城市。"截至 2016 年 5 月，沃比帕克在 23 个城市经营着 30 家零售店。

人们如何从沃比帕克购买眼镜呢？让我们来说一说方法。比如有人在杂志的文章中读到了沃比帕克公司的情况（这种文章有好多）。联合首席执行官戴夫·吉尔博亚说："这些人就会立刻在手机上打开我们的网站，浏览几副眼镜，然后他们回到办公桌工作时，会多花一点时间在网站上阅读我们的信息。然后，他们就会走进商店，试戴几副眼镜。他们想听听丈夫或妻子的意见，所以我们的零售顾问会拍下他们戴着眼镜的照片，这些眼镜就是他们正在关注的那些，然后给他们发一封电子邮件。然后他们回家去和他们信任的人商量（通常还包括脸书和照片墙上的朋友），然后他们就准备结账了。"吉尔博亚说，这种情况非常典型，绝大多数客户都有多个接触点。

公司的创始人意识到，沃比帕克公司的核心是直接面向消费者的服务模式，而不是在线销售这种方式。由于没有中间商，沃比帕克可以提供高质量的产品，价格只是竞争对手的一半，而这些经济模式在实体店和网店同样适用。"我们的客户不会觉得他们是通过不同的渠道与我们接触，只会觉得是在与沃比帕克眼镜店接触，而不会在意究竟是在网上、手机上还是在零售店。"吉尔博亚说。

这些不停转换的接触方式带来了一个意想不到的快乐的副产品，那就是口碑：一般来讲，沃比帕克公司的客户会戴上他们想买的眼镜，然后问 5 个人他们戴着眼镜看起来怎样。此外，由于是一个靠技术支持的品牌，沃比帕克公司从一开始就构建了强大而灵活的 IT 系统。该公司已经找到了许多方法来强化公司的形象，这些方法既聪明，又适合公司的品牌。公司开始开设零售店时，还增加了照相亭，鼓励人们拍摄发送自己试戴眼镜时的照片。尽管几乎所有的客户都有智能手机，但照相亭却强化了公司的观念，即眼镜本身以及购买眼镜都是很有趣的。[你可别指望在布克兄弟（Brooks Brothers，美国知名男士服饰品牌）也能找到照相亭。]

这种模式也要承担重要的义务。一种是售后服务：要在 6 秒钟内接听电话，接听的人应该是有权采取行动的现场人员，在纽约或者在纳什维尔。布卢门撒尔说："许许多多公司认为，客户服务是个花钱的地方，应该外包，应该尽可能缩小。"沃比帕克公司却将客户服务设计为其品牌战略的核心部分，将其视为一种建立长期关系的方式，甚至是一种获得新客户的方式。

需要的元素：和谐、融合、精益求精

想要在所有渠道和接触点提供一致的体验，服务设计必须满足三个要求：

- **和谐**：无论通过何种方式与客户打交道（会议室、电话、应用程序、广告以及品牌推广），都应该让客户感觉到一切尽在你的掌控之中，他们在每种渠道中感受到的体验是一样的，和你的感觉一样。
- **融合**：为了客户的利益，所有部门都应该密切合作，让客户能够在各个渠道间自由往来。
- **精益求精**：从客户体验的开始到结束，以及在此期间的每一个接触点，必须始终如一，提供高质量的服务。

在本章中，我们将探讨为什么要将客户纳入整体服务设计，为什么这种方式很重要，以及公司如何使用服务设计来满足这三个要求。我们还将研究这个原则的两个必然结果。一个必然结果就是，组织中的强大部分无法弥补薄弱环节：如果你的分支机构支离破碎，出纳员脾气暴躁，免费支票也无法帮你摆脱困境。第二个必然结果是，服务设计得再仔细，也有可能被无法控制的合作伙伴毁掉。举个明显的例子，客户对航班的满意程度受机场管理、联邦航空管理局（FAA）和联邦运输安全管理局（TSA）、地面交通，当然还有天气的影响，所以，明智的服务设计师会尽可能地考虑到整个公司生态系统的影响。

为什么体验要有一致性？

一致性这个问题看起来极其简单，但很值得研究，因为细节会让我们有所领悟，让我们知道如何把事情做对。

这个问题的第一点是，客户会在许多地方与你接触，有时同时在许多地方与你接触。他们在网上浏览，然后在商店里购买。他们会去银行营业厅，使用自动柜员机、网站和应用程序。2015年第四季度，15%的美国银行存款业务都是通过移动设备完成的。[1] 学生可以在教室，也可以在实验室或者网上学习课程。每一次咨询都是一次多平台的体验，比如通过电子邮件、思科网讯（WebEx）在线会议，或者电话会议、在虚拟的团队会议室中的面对面交流。不要把客户分成网络客户、移动客户和实体店客户。他们就是客户。

第二，跨平台客户往往特别有价值。据技术研究公司国际数据公司（International Data Corporation）称，"全渠道消费者"的终身价值比单渠道消费者高出30%。[2] 2014年第四季度，美林证券通过其旗下的美国银行内部的跨平台关系，引进了 13 亿美元的需要管理的新资产，[3] 而这不过是九牛一毛，美国银行估计，其客户在其他金融机构有 18 万亿美元的资产。[4] 在太阳信托（SunTrust）银行，典型客户使用移动应用程序的次数是访问营业厅次数的 10~20 倍。[5]

第三，如果你失败了，就会受到惩罚。切换平台增加了客户关系中失望的潜在可能性！每个平台，以及从一个平台到另一个平台的交接过程，都有可能会激怒客户。（试着通过邮件让布鲁明戴尔百货公司给你调换一下在商店里买的礼物。）你也可以从不同的平台上学习很多东西，这些东西从单一的平台上是学不到的。我们知道的一家健康保险公司研究了其呼叫中心的电话记录，并利用这些电话记录来提高书面交流的准确度。[6]

第四，无论在时间上还是在空间上，一致性都很有价值，因为客户在接受你服务的过程中会发生变化。想一想为家族企业服务的商业银行。当公司还年轻的时候，银行只提供一个支票账户就够了。随着公司的发展壮大，它将需要更多服务：商业服务，如信用卡支付处理；金融、投资、退休或经济咨询或规划服务；投资银行、证券经纪、证券交易和证券承销服务；财政服务，如支付和收据管理；国际银行服务；还有更多服务。

这个私人银行的业务需求也会增长，包括财富管理、信托服务和房地产管理服务。银行需要协调这些服务，更重要的是，这个家族企业和银行的管理层需要知道他们是相互协调的。这个家族企业的创始人 / 首席执行官刚开始时只与银行分行的平台主管打交道，但随着公司的壮大，当他走进银行总部的行政办公室时，接待人员最好主动帮他拿好外套。

连贯一致的服务依赖于对客户的一致的评判标准，并向客户展示始终如一的态度。一致的评判标准意味着完全理解客户在所有交互点上是如何与你互动的，以及客户之间是如何互动的（如果你允许他们之间互动的话）。第二，对客户始终如一的态度，这就要解决如何识别影响各个业务部门协作的内部障碍，并将之清除。

对于客户来说，从一个渠道切换到另一个渠道应该是轻而易举的，就像在一条模型铁路上扳动一个开关，然后把列车送入另一条轨道。可是在有些时候（不久前），这几乎是不可能做到的。在数字化之前，客户记录保存在某个职员的档案或分类账簿中，很难与大厅里的同事共享，更不用说与其他部门共享了。银行的计算机系统经过几十年的集成，才能够让它们看到支票账户客户是否也有抵押贷款。可是问题仍然很棘手：每个给信用卡公司打过电话的人都很讨厌在同一次通话中多次重复自己的账号。

解决了信息问题并不代表你已经解决了行为问题：如果一家公司的部门之间互相扯皮，遭罪的就会是客户。因此，跨平台的简洁方案不仅仅是要优化每个渠道及其之间的连接；这种方案从体验开始，反过来对渠道产生影响。同样的道理，客户从销售部门转移到服务部门时，也不应该让他们感到有什么不同。

这样做的目标是要让渠道和部门畅通，让客户无须多虑。但这并不意味着你可以不用在意渠道和部门，相反，你在实现一致性的过程中需要高度关注渠道和部门。不过，渠道只是达到目的的一种手段，当你实现了一致时，顾客只会回忆起他们的体验，而不是渠道。这超出了全渠道领域的范畴，我们权且称之为非渠道领域吧。在这样一个领域里，公司和客户都会把客户体验放在第一位，而渠道的选择则变得无关紧要了。

让客户来推进

以前，公司更容易让客户按照他们设计的流程来接受服务。就像导游团的组织者一样（"如果是星期二，就一定要去比利时……"），公司通过营销漏斗将客户转移到实际提供的服务中，然后再转移到售后服务和新的销售周期这个售后市场中，对他们的控制能力充满信心。

营销漏斗（其起源可追溯到 1898 年费城的一位名叫圣埃尔莫·刘易斯的广告人）向公司展示了从认知到考虑再到购买整个诱导消费的过程；虽然它只是一个示意图，但它与现实非常接近，足以发挥作用。一家公司可以在全国媒体上宣传其产品美观耐用，以提高消费者对其产品的认知；在当地的销售点，强调的是价格和库存，让感兴趣的客户更想购买；最后是交易达成。口碑很重要（每个人都知道），但口碑主要是通过朋友告诉朋友，这种口口相传发生在卖家无法触及的地方。

如今，经典的营销漏斗既可以让你栽跟头，也可以帮你摆脱困境。现在，客户的控制力比以前更大。你把广告投放在电视上，他们可以浏览视频；他们可以在谷歌上搜索、登录你的网站、在玻璃门招聘网（Glassdoor）或拼趣社区去了解你。你可能会打出一个推广价，可是，在你的广告还在滚动播放时，他们已经掏出手机，开始货比三家。

波士顿希尔·霍利迪广告公司的首席执行官卡伦·卡普兰表示，这些变化直接影响到了广告机构。"过去的广告或信息都是人们在电视、广告牌、杂志上看到的东西。"她说，"现在，你不仅要设计能够看到的东西，还要设计一些方法，让人们能够根据所看到的东西采取行动。广告本身必须有价值，否则人们会选择不去理会，在过去，人们选择的余地很小，只能在插播广告时才站起来吃口零食或喝口啤酒。"[7] 换句话说，过去只在营销漏斗顶部进行的营销活动现在也必须在其他任何地方进行，直至触及"购买"按钮。弗雷斯特研究公司（Forrester Research）发现，在 B2B 的世界中，潜在客户会从每一个供应商身上接触到这个供应商的三个方面或更多的信息。[8]

因此，发展影响者与吸引客户同等重要。无论是买家还是影响者，都会去参与活动，与销售人员交流，与同行协商，或者去阅读领英上的个人简历。总之，去设计一个独特的过程，让这个过程看起来一点也不像营销漏斗。相反，由于其曲折性和购买途径的多样性，它看起来更像是一个疯狂的铜管乐器设计师的手工作品。这些变化影响到服务设计和价值创造的各个方面，而不仅仅是营销。客户有能力、有愿望，也有动机成为更积极的参与者，来共同创造他们的体验。对于广告商来说，这意味着将渴望变成服务这一过程变得非常容易、非常有吸引力。对于其他服务提供商来说，要重新考虑接触点的问题：他们是否赋予了客户能力，让客户去体验他想要的服务？

如何实现和谐

和谐原则包含两个要素：客户接受服务过程中各种接触点之间的和谐，以及公司提供的不同品牌或服务之间的和谐。首先，和谐很重要，因为正如我们所讨论的那样，客户会在多个地方与你进行互动。加拿大多伦多道明银行是加拿大第二大银行、美国十大银行之一，在其前首席执行官埃德·克拉克的带领下，利用跨接触点之间的和谐，发起了对美国的强势入侵。各种收购推进了银行的扩张进程，但它的成功更得益于持续关注客户服务，尤其是为了方便客户而更改了分支机构的营业时间。这种做法吸引客户走进营业厅（忽略了自动取款机），为客户与员工的互动创造了条件。（这是克拉克首次担任加拿大信托公司首席执行官时的策略，该公司于 2000 年被多伦多道明银行收购；2002 年，克拉克成为多伦多道明银行的首席执行官。）

克拉克的总体目标是让顾客离开时说："哇，那种体验真的与众不同！"这是他在 2014 年在加拿大广播公司新闻中提到的。他的工具之一是针对客户的银行体验调查，包括对四个城市的深入调查，还有一项调查专门用来了解拉美裔客户的体验。值得注意的是，该银行将调查结果完全公之于众。[9]

一个品牌的不同部分之间的和谐也很重要，但不同部分的服务也会有所不同，因为服务的细分要与价格保持一致，否则为什么还会有人要花 95 美元买美国运通的绿卡，花 195 美元买黄金卡，花 450 美元买白金卡呢？在专为富有、时尚的客户而设计的凯悦安达仕酒店（Hyatt's Andaz Hotel），大堂通常灯光昏暗，外观高贵而简约，服务生用 iPad 帮助客人办理登记入住；在奢华的凯悦连锁酒店，大堂往往金碧辉煌，前台总是一成不变：漂亮的服务台后面随时有人为客户服务；成本较低的凯悦嘉轩休闲酒店，大厅的中央有个小亭子，那就是前台，大厅里还会有个陈列柜，里面装着小吃和饮料。

每个子品牌都需要在自己的平台上保持一致，凯悦嘉轩酒店的网站风格与其内部环境十分协调，很受经常出行的客户青睐；安达仕酒店的网站与其外观相匹配，吸引着有钱有闲的客户。但某些体验需要分享。哪些呢？主要是公信力方面的。客户很理解美国运通为白金卡持卡人设计了精美的礼宾服务，而大众客户无法享受这些服务。但欺诈保护和补救服务呢？这些服务以及类似的服务和功能不能因人而异。

渠道整合的挑战

正确地进行整合（有可能就像将条形图标签转移到表单中那样简单）在一定程度上是后台功能和信息系统的问题。缺乏跨部门跨平台的信息交流技术，这是许多公司一直存在的问题，但随着原有系统的更换，以及新公司取代旧公司，这一问题（也）正在慢慢消失。

即使技术不会出错，人员和流程也可能会成为障碍。Continuum 设计公司的乔恩·坎贝尔说："当流程或系统出现故障时，我们会说'软件正在后台运行'。"一个典型的例子是：公司派出许多销售人员去拜访同一个客户，每一个销售人员代表一个不同的损益表。之所以会有后台服务，是因为当你试图触发一致的观点、呈现一致的面孔时，你也在管理这种关系的经济性，努力鼓励客户以对你最有利的方式行事，而且这种数据只在内部累积。

评估机制之所以成为一个战场，是因为：首先，它会影响预算、目标和奖金；其次，因为给一个或另一个单位分配盈利目标并不是一个简单的客观事实。哈佛商学院的某位院长曾经说过："如果我能控制成本和管理费用的分配方式，我就能随心所欲地设定盈利目标。"[10]尽管客户对你的奖金毫不关心，但在像 IBM 这样的公司里存在一种内部争议，即谁为跨平台客户的销售做的贡献更大。这种内部争议一直是渠道整合的绊脚石，而且普遍存在。

因此，跨平台整合非常困难，要重新设计内部的会计流程，以避免浪费客户的时间（见第六章）。更具挑战性的是，跨平台整合意味着改变激励机制，使激励机制与客户体验紧密相连，而不是与单个部门或服务预算有关。反过来讲，跨平台整合要建立在克服零和思维模式的基础上。零和思维模式认为客户收入是一张需要划分的饼，而不是一个需要改善的领域。

关于跨平台销售，我们所了解的大部分信息是，跨平台销售要对增值有利，而不是自相残杀；也就是说，客户在多个平台上与公司接触，公司的总价值会增长。根据杰西潘尼百货公司（JCPenney，创立于 1902 年，在全美设有 1 200 多家大型服装商场）的首席执行官马尔文·埃利森的说法，全渠道客户的购物频率是只在商店购物的客户的购物频率的 2.5 倍，而且他认为杰西潘尼参与市场有些晚了。[11]诺德斯特龙百货公司从多渠道客户那里赚取的收益是那些单一购物方式客户的三四倍，它的廉价店新增了 100 万新客户，而且没有丝毫迹象表明这些客户会影响诺德斯特龙百货公司旗舰店的全价销售。[12]

诺德斯特龙的多渠道销售能力

当然，这可不是什么意外之财。因为客户将业务从购物中心转移到了云端，零售商、媒体公司和其他公司都承受了巨大的痛苦。2016年2月，一份商业出版物的头条写道："零售业最热的春天来了？商店关门。"[13]报纸和杂志的广告收入大幅下降，原因是"一块钱的纸质媒介变成了一毛钱的数字媒介"，而且大部分广告商利用网络直接吸引消费者，不再需要纸质媒体这一中介。

就像卡努特大帝（King Canute）①无法阻止时代洪流一样，服务设计也无法阻止大趋势的发展。但服务设计可以做三件事。第一，它可以将对话从内部冲突转变为客户体验，这是可以控制的。第二，它可以帮助你设计和管理退出战略。第三，建立防御措施。《纽约时报》

---

① 卡努特大帝，勤政爱民，在位期间采取了很多比较柔性的政策，成功统治英格兰近20年。——译者注

和《华尔街日报》的付费专区都向消费者提供了价值主张（仅提供数字形式或印刷数字组合）、新型故事（视频、虚拟现实）和新型服务（葡萄酒俱乐部、新闻通讯）。《波士顿环球报》展示了区域性报纸是如何能做到这一点的，某种程度上是因为它比其他报纸更好地经受住了媒体风暴的洗礼。同样地，杂志出版商也没有放弃印刷及订阅收入，而去盲目追求永远无法"货币化"的数字"眼球"。

始终保持简洁

我们是从市场营销开始本次讨论的，让我们来总结一下，看一下销售之后会发生什么。我们来关注一下零售业的退货问题。每个零售商都会遇到退货问题。对于什么样的退货可以接受，大多数零售商都有非常相似的规则。但根据我们的观察，有两个零售商将退货转化成了卖点：那就是里昂比恩服饰（L. L. Bean）和诺德斯特龙百货店。

退货就意味着某些地方出了问题。对于在线订购，可能是客户或公司的失误，或因为收到的商品不如页面图片中的商品好而感到失望。在一家店里给孙子买的礼物，横跨全国邮寄到孙子那里，可能尺寸不对，或者礼物完全不对。退货也很复杂。孙子也可能不想让他奶奶知道。客户可能想把网上买的东西退回商店，或者至少办一张可以放心使用的会员卡。店里可能开具收据，也可能不开具收据。有多种可能性，但几乎可以肯定的一点是：客户不太高兴，需要帮助。

诺德斯特龙百货店的肯·沃泽尔说："人们对我们的退货政策给予了很大的信任，但我们并没有退货政策。我们拥有的是一种理念，那就是赋予一线员工自由裁量权。"首先要认识到客户的情绪状态（某种程度的焦虑），而且，这个理念有一个简单的基础：如果你知道你要接受退货，就让退货这件事成为一种愉快的体验。如果你明知谈话将如何结束，那为什么还要让没带收据的客户焦急等待呢？沃泽尔强调："我们想要和客户建立一种关系。"

鉴于此，你会设计什么样的退货流程？诺德斯特龙的在线退货简单易行（而且通常是免费的），但它更喜欢客户将商品退回商店，即使是（或者特别是）在线购买的商品。为什么？因为这样做促进了商店和客户之间的联系。如果客户感到焦虑或非常生气，"销售人员会以友好的态度让他们平心静气"。现在，诺德斯特龙网站上60%多的退货服务都是在实体店完成的，其低价海淘商品70%多的退货都是在商店完成的。[14]

里昂比恩服饰的方法有些类似：他们会把客户交给公司的一个相关员工。网站解释说："当你通过电话、聊天工具或电子邮件联系我们时，你将与缅因州的一位友好客户代表建立联系。为什么？因为对我们来说，缅因州不仅仅是一个地址，也是我们的一部分。这里有你在其他地方找不到的凛冽寒冬、美国佬的创造力和独特的性格。"

将渠道内和跨渠道的价值最大化，这是选择这些服务设计的基础。它们为什么会起作用呢？首先，因为公司内部人士（接电话的人或柜台上的人）比客户更熟悉公司的体系。他们会节省客户的时间，而且可能比客户自己来做效率更高。第二，因为工作人员可以积极地帮助客户解决问题，不必等到客户陷入困境，再来纠正问题，这样可以纠正公司和客户的关系。第三，因为这些机会可以促成新的交易或者达成新的销售，因此可以促进公司与客户关系的发展。服务一端的简洁提供了基础，服务另一端的简洁便由此而生。

对《波士顿环球报》而言，这是一个新世界

对于《波士顿环球报》的首席执行官迈克·希恩来说，致力于取得全渠道成功的过程，也给了他重新定义报纸使命的机会。希恩说："我的使命就是把它从旧波士顿的支柱上拉下来，转变成社区的支柱，报道那里正在发生的事情，成为社区的一个催化剂。"[15]

要想全渠道为读者服务，《波士顿环球报》必须首先要管理好产品本身（讲什么故事，用什么节奏讲故事）；其次，明确传播新闻的方式，是在线、在报摊上，还是在家门口。《波士顿环球报》已经解决了前一个问题，但一直在后一个问题上纠结不已（见第十二章）。一个方面：要认识到《波士顿环球报》服务的社区可能在地理上比较分散，但从根本上来讲，仍然是以本地为主。2016 年冬季，《波士顿环球报》将一份当地印刷的报纸的发行范围从佛罗里达州西南部扩展到佛罗里达州东海岸。

《波士顿环球报》雪鸟版（和在波士顿销售的产品完全相同，只是去除了当地广告商的广告）在迈尔斯堡印刷，并发往全国各地，现在是一个有利可图的计划。"除了盈利，这一做法还帮助我们留住了订阅客户，"希恩说，"客户的订阅不会取消，也不会重新启动，而是跟随客户的足迹。"

该报纸提供的雪鸟版服务并不只是简单地对读者进行分类。他

说："这不是'老年版读物'那种老套的做法。"他将许多读者定义为"组合读者"，这些人可以在家里阅读报纸的纸质版，在 iPad 上查看相同的电子版，在电脑上查看报纸的网络版新闻。为了满足读者的需要，《波士顿环球报》网站的更新比以往更加频繁。

"不仅要认识到刚好适合某个分类的读者不存在，"希恩说，"还要知道，对于读者来说，没有哪两天是一样的，所以必须想办法让读者更容易获取信息。"

将新渠道视为机遇而不是威胁，这是《波士顿环球报》成功的秘诀之一。除了付费专区，它还有自己的免费网站（Boston.com），为许多终端用户提供入口。视频是《波士顿环球报》全新体验的重要组成部分。它还有一些商业网站，包括一个新的有广告商支持的房地产网站。希恩说："因为我们渠道很多，所以我们会有一些垂直业务。"

它们确实有些交易。截至 2016 年 5 月，《波士顿环球报》数字用户的数量仅次于《纽约时报》和《华盛顿邮报》。"我们比整个论坛组织的数字用户都多，"他平静而又自豪地说，"这是因为从早期纸质的收费专区开始，我们不断地完善产品，从免费视频的数量到介绍性的产品都在不断完善。我们不断地开发出更好的与创意有关的数字产品。我们擅长将我们的内容集中在某些领域，并销售相关的广告、推广内容、募集赞助。"

生态体系

成熟的服务设计师会从生态体系角度去看待客户体验，所以，公司应该尽其所能来选择和管理合作伙伴（原始设备制造商、分销商、代理商），并尽可能影响公司无法控制的业务，因为公司要依赖这些合作伙伴的行为。有四种类型的合作伙伴：因为**邻接关系**而依赖的合作伙伴，为公司的服务提供**接入合作**的合作伙伴，为公司的服务提供**基本要素**的合作伙伴，以及那些处在同一**生态体系**中但不一定与你直接合作的合作伙伴。

- **邻接关系**：梅西百货公司与泰勒美有合作关系，泰勒美提供随叫随到的裁缝服务，可以去客户家中或办公室提供服饰修改服务。像所有优秀的邻接关系一样，泰勒美提供梅西百货不想提供的服务，在服务价格相似的情况下，泰勒美提供的客户体验可以和在梅西百货购物的客户体验相提并论。

- **接入合作**：在 Edmunds.com 网站上注册的经销商（见第八章）有机会将自己的名字和库存摆在数百万活跃购车者面前。（反之亦然：对于购物者来说，Edmunds 就成了经销商的黄页。）重要的是，接入合作伙伴之间要保持类似的高标准，正如你希望你的医生只推荐你去找一位声誉良好的专家一样。

- **基本要素**：数十万公司依靠合作伙伴来提供运输、保险和呼叫中心支持等服务。一家名为 Invaluable 的运营平台，能够实时在线竞标全球数千家拍卖行。这使得规模较小的拍卖商能够（这些拍卖行自己是无法负担这种规模的拍卖的）与佳士得和苏富比这样的拍卖巨头竞争，也为全世界的爱好者提供了参与拍卖的机会（Invaluable 通过这样的服务提供了接入合作）。这些公司通常都是外包合作伙伴，可以让你不用花心思去构建非核心功能。然而，有时将这些要素（功能）引入内部是有意义的。当 RH 公司管理层意识到它所合作的外包公司不再适合其品牌，妨碍了公司提供全程的简洁服务时，RH 取消了外包的送货服务，重新设计了其购物体验：建造了 6 万平方英尺的画廊来展示其商品，提供店内设计服务，投资新的 IT 基础设施。哈佛商学院教授、RH 公司董事会成员莱恩·施莱辛格说："以前送货外包的结果往往是两个邋邋遢遢的家伙把你买的东西往你家里一扔，也不管你买的是什么东西。"

- **生态体系**：奥兰多的游客有可能会去迪士尼世界、海洋世界、环球影城或乐高主题乐园游玩。他们还会去机场或高速公路，住酒店，吃东西。各种服务提供商共存共生，一个服务提供商的行为可以帮助其他所有服务提供商，也可能损害其他所有提供商，即使它们之间没有互动。从度假者的角度来看，总体体验就是旅行。因此，生态系统合作伙伴共同改善这种体验，对大家都有益处。

在所有类似情况下，合作伙伴的执行能力都是服务的一部分，这部分你无法控制。你应该尽你所能让合作伙伴的执行能力达到你的标准；如果你做不到，就离他们远一点。设想一下一个癌症患者在 ThedaCare 医院接受服务的流程图（见下图）。在为她提供护理的过程中，洛丽及其家人将接触多达 24 个相互不联系的不同服务提供商，其中只有少数提供商受到医院的等级控制。护士及护工一般都是在职工作人员；一些肿瘤学家不在职，但享有医院的特权，这是一种特殊的关系；药剂师、顾问、神职人员、理疗师和职业治疗师，甚至当地的健身房，都有可能为患者提供部分护理服务。

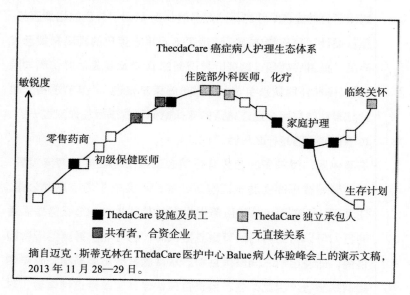

摘自迈克·斯蒂克林在ThedaCare医护中心Balue病人体验峰会上的演示文稿，2013年11月28—29日。

　　首先，设计服务合作伙伴关系对为相同客户提供服务的所有公司（例如航空公司、机场和度假村，在线零售商和送货服务商，医生和药店）都很重要。全系统范围的客户历程观念非常有价值。首先，它可以帮助你识别执行偏差，弥补执行偏差，尽管这些偏差不是你自己造成的，也会对客户造成影响，比如货运代理和海关处理。服务设计师会仔细挑选供应商、分销商和其他合作伙伴；共同设计交接手续；编写包含客户体验规范的服务级别协议。

　　其次，他们还会确定一些方式，通过这些方式，公司与商业伙伴

让顾客购买

及竞争对手都会在生态体系范围内获得利益，这是全生态视角的第二个好处。为你及你的合作伙伴创造机会，可以增加你为客户所做工作的总价值。对于像奥兰多和拉斯维加斯这样的城市，行业及公司之间是否能够高效合作可能会决定其成败。

最后，从机会主义角度来看，这也是一个很好的方法，可以在价值链的上上下下查找那些其他公司获利的地方，这些地方你也可以获利，或者也可以外包那些你做不好或不盈利的活动。正如我们将在第十一章中看到的那样，有时，这种机会出现在为产品提供服务的制造商身上，但也可能出现在一些额外的服务上。一个常见的例子是：租车公司可以通过销售保险、汽油、导航等方式赚取额外的利润。这些机会可能很微妙。Continuum 设计公司与假日酒店注意到有很多人把比萨带入酒店，有些人会让前台告诉他们到附近的快餐店怎么走，于是它们合作制订了一个计划，重新设计假日酒店大厅的外观和服务，鼓励商务旅客在那里花更多的时间（和金钱）——买点吃的或者饮料，聊天或在笔记本电脑上工作。

第八章

第五条原则：永远不要停息

重申服务，创建服务，预测服务，创新服务，
并根据需要重复所有步骤。

随便走进一家维多利亚的秘密内衣店（Victoria's Secret），你都会确认一件事，这就是 Limited Brands（维秘的母公司）的掌门人、79岁天才莱斯·韦克斯纳说的："一家商店10年内就会被淘汰，我们的任何设计意图都会过时。毫无疑问，这家商店位置可能会有问题，设计可能会出错，而且看起来就像是为了配合某种产品类型而设计的，我们知道这种产品类型会出差错。"

在2015年召开的年度投资者大会上，韦克斯纳继续说："如果你走进一家购物中心，你说这家商店的设计和搭配10年来没有变化过，那么这家商店很可能已经死翘翘了。"[1] 韦克斯纳清楚他在说什么：他的 Limited Brands 为股东所创造的价值，比21世纪任何其他零售运营商都多。

企业需要不断自我更新，这毫无疑问。服务行业的许多公司都没能采用系统的方法来思考创新，无论是新产品、新流程、新形式的客户体验，还是新的业务模式，都缺乏创新，这令人非常吃惊。平心而论，生产企业在创新方面占有先机。第一家企业研发机构——托马斯·爱迪生的门洛帕克实验室于1876年开业，位于新泽西州。直到

2004 年，IBM 才建立了世界上第一个服务科学研究中心。在研究、实验和科学进步方面，服务业还有很多事情要做。

即使是在服务中进行实验和创新的这种想法，对许多服务公司来说也是新想法，更不用说开发一个可靠、有效的过程来实现这一想法了。他们认为自己是制造商研发的下游接受者和受益者。俄亥俄州有一家卡车经销商，这个家族企业的经营历史长达半个多世纪，经营着价值数百万美元的卡车，它的首席执行官告诉我们说："人们可能会认为创新是制造商的事，但我逐渐意识到，创新对于我们经销商而言也很重要，我们经销商也可以创新，也可以规划更好的方案来服务客户。"[2]

试想一下，在这个年轻的时代，服务创新正在爆炸式增长，这种增长很大程度上是由越来越快、越来越便宜、越来越灵活的信息技术引发的。创新颠覆了金融服务业，无论是简单的交易（自 2000 年以来，银行出纳员数量下降了 13% 以上，因为消费者更多选择在自动提款机和在线上完成银行业务），还是最复杂的金融衍生产品（有些人认为金融衍生品非常危险）都受到了影响。虽然衍生产品可以追溯到前罗马时代，但这些新"产品"的创新已经为 21 世纪衍生产品市场做出了贡献，增长达 7 倍之多。与世纪之交的银行分支机构相比，如今的银行分支机构看起来大为不同，维多利亚秘密商店的分支机构也是如此。[3]

以通信为例：现在，50 岁的人的工作场所是这样的，在那里，人们通过邮件、电话和传真进行交流，还在语音邮件上留言。美国人每天打 30 亿个电话，但短信的数字是电话的 5 倍，电子邮件的发送量达到将近 2 000 亿份；普通邮件的数量已经从 2001 年的最高峰下降了近 40%；独立的传真机现在既能复印又能扫描，可以将文件发送到电子邮件，也可以把文件发到某个电话号码；而且，越来越多的公司，包括摩根大通，都已经取消了语音邮件，只有直接处理客户业务的员工才会使用。[4]

这就是说（而且也很可能就是这个样子），各个公司设计及发明新服务产品的能力还欠发达。服务滞后的部分原因就像前面那位卡车经销商所说的那样：人们主要是从新产品的角度来看待创新，却没有认识到沿着价值链进行创新改进的机会（或者，就像我们所说的那样，在每一个接触点、台上和台下的创新改进机会）。例如，Limited Brands 从改造投资中获得超过 16% 的回报。韦克斯纳告诉投资者，2015 年，该公司对其 Bath & Body Works（沐浴类畅销品牌）商店进行了重新设计测试，获得了超过 25% 的回报，这一惊人回报来自其核心店铺，这些店铺的店内业务"远远超过了互联网"。

韦克斯纳强调实体设计和商店重新设计，体现出三个深刻的洞见。第一，在服务中，"新品"和"改进品"之间的区别，要么是毫无意义，要么可能会产生误导。改进客户体验可以创造与新服务一样多的价值。（在本章的大部分内容中，我们将使用"创新"这一术语来涵盖"改进客户体验"和"新服务"两者。）第二，服务创新很少只涉及一件事；比如 Limited Brands，服务创新涉及商品组合、摆放位置、固定装置、照明设置，以及服务渠道。服务创新涉及体验，而体验会同时触及所有感官。第三，设计是开启服务创新与服务更新的关键。不要将生产开发的模式导入服务环境，这是不可取的。

Edmunds.com：同理心及分析

"我们想不断提出新想法、新工具。这是个生存问题。如果你不这样做，别人会这样做的，你也就没有机会再这样做了。"Edmunds.com 网站的首席执行官阿维·斯泰因劳夫说。[5] Edmunds 公司成立于 1966 年，出版在报摊销售的平装本季刊，发布二手车信息。现在，该公司是一个多平台的在线信息服务提供商，号称"汽车业的彭博社"。

Edmunds 公司对新车和二手车发表评价，发布有关质量、技术和行业趋势的研究，并将消费者与当地经销商联系起来。平装本早就不见了。现在每月有 1 900 多万人访问 Edmunds 网站，60% 的美国人在挑选汽车时都会向该网站咨询，40% 的美国新车特许经销商都会在该网站刊登付费信息。作为一个家族企业，Edmunds 网站并未公布财务数据，但斯泰因劳夫表示，该网站年收入"高达 9 位数"。[6] Edmunds 网站不仅是一家数据和信息提供商，更重要的是，该网站已成为一名向导、导师和介绍人。

Edmunds 扩大了网站在客户体验中的作用，自身也得以成长。当业务从纸面转向网上时，Edmunds 网站增加了经销商目录，促进了卖家和潜在买家之间的沟通，并提供了大量以前不可能提供的数据，稳步引领客户达成实际购买目标，增加了与客户接洽的时间和频率。

现今，Edmunds 网站一直在积极促进买卖双方的交易。通过 2013 年推出的价格承诺计划，客户可以在 Edmunds 网站上搜索汽车类产品，比较各个经销商的报价，并锁定价格，这样可以消除每个客户的麻烦。"我们都是为了节省时间，"斯泰因劳夫说，"某种程度上说，我们就是润滑系统的润滑油，有助于减少摩擦，节省时间，对消费者和经销商双方都有利。"

Edmunds 网站明确地使用了设计思维，快速改进服务，促进了新服务的开发。设计思维强调同理心，通过加深对客户的理解，帮助员工创造更好的服务产品。

换位思考也很重要，因为汽车是大多数人购买的第二昂贵的商品，凝聚着买家的情感和期待，甚至焦虑；对车主来说，则意味着驾车的乐趣和自豪感。从定义上讲，客户之所以使用 Edmunds 网站，是因为他们想做些调查，但这一行为对不同的购物者有不同的意义。Edmunds 网站认识到，一些客户可能希望掌握尽可能多的数据，于是在 2011 年推出了首次购车者指南；同年，一个多渠道咨询热线，Edmunds Live，也应运而生。

同理心让员工更加敬业，对改进产品更有热情，不再等着经理提出要求。为了让创新深入人心，公司需要一种分享文化，Edmunds 网站也通过设计鼓励这种文化。公司有一个巨大的开放式楼梯，是个可以"偶遇"的地方，连接着 Edmunds 网站位于加利福尼亚州圣莫尼卡总部的楼层，这里有 600 名员工。（该办公室由 Studios Architecture 公司设计，该公司设计的项目包括尼克国际儿童频道电视网的"儿童友好型"总部。）每周五，员工们都会在宽敞的空间里搞一个聚会，聚在一个 60 英尺（约 18 米）长的吧台喝咖啡，为全公司加油。

如果说同理心是 Edmunds 网站的心脏的话，那么分析就是它的大脑。"我们有一个客户体验数据中心。"负责分析部门的首席技术官帕迪·汉农说，"人们在想要买辆车和真的买辆车之间会做出一些举动。

我们需要了解人们会选择哪条路线，还有他们为什么会停下来。"网站每个月有 1 900 多万的访问者和 2.5 亿的页面浏览量，需要做大量分析。"我们可以试验一下，如何才能让我们多卖几辆车，是给他们一张加油卡，还是 500 美元的折扣？人们会在网站上看看 SUV，他们会在这里买吗，为什么？"同理心赋予 Edmunds 网站以灵感，因此该网站制定了价格承诺；分析数据让团队理解到，客户看到有三个或五个选择，而不只是一个选择时，会做出更好的反应。

现在，Edmunds 公司正在为其创新方法添加另一个工具：这是一个他们称为"黑客促"（Hackomotive）的开放式创新活动。这些活动最初是为了解决公司问题的内部竞赛，或者是为了发明可能最终会进入市场的酷炫玩意。活动非常成功，所以，2014 年公司采取了下一步行动——向外界开放"黑客促"活动，颁发了 2 万美元的最佳创意奖。获胜团队得到的回报比任何人预期的都要高：Edmunds 公司很喜欢他们的创意——一款叫作"车代码"（CarCode）的应用程序，可以帮助经销商管理来自客户的短信，所以后来 Edmunds 买下了开发这款程序的公司。这是 Edmunds 的首次收购行为，有力地肯定了开放服务设计的价值。

重新设计、更新设计

创新的价值来源于三个方面：创意过程——构思出大量高质量的创意；遴选过程——遴选最佳创意是一门艺术，也是一门科学；执行过程——执行所选创意并使之进入市场。正如我们将会了解到的那样，在服务设计中，这些过程之间的界限很模糊，但是单独研究每一个过程都会十分受益。

因为各个组织都会有眼睛向内和官僚主义的倾向，它们对客户的理解通常都很肤浅，只会围绕着该组织认为重要的东西去推动创新。波士顿大学的安迪·博因顿表示："想要创造价值，必须了解客户的生活，无论是 B2B 客户还是 B2C 客户。"[7]要做到这一点，需要设计一种方法，将客户融入每个创新领域。

创意过程。思维能力与创意能力不同。尽管头脑风暴很有趣，但是它混淆了这两者的关系，因此不会带来任何结果。如附录中详细描述的那样，服务流程图是一款强大的工具，可以提高创意的数量和质量。流程图提醒我们，有价值的创意会出现在价值链的任何接触点、任何地方。你的服务流程图就变成了一个一览表：在流程的这个阶段，我们可以把什么做得更新、更好？哪些新技术可以改变我们在那里所做的工作？要考虑质量，因为质量能帮助你发现机会，以提高或拓展价值主张。可以做些什么新的事情来给客户带来欣喜？如何加强关键客户互动？会在哪里出现差错，从而耗费客户精力，或者造成不良后果？

此外，服务流程图还可以让你跳到局外，来审视一下服务流程。换句话说，你不仅可以思考一下你所知道的良好或不良后果，还可以思考一下这些后果会是什么样子。一家连锁酒店与萨凡纳艺术与设计学院服务设计系主任维克托·埃尔莫里接洽，商讨重新设计酒店大堂的事宜。埃尔莫里问道："但是从哪里开始算是大堂呢？"（这是一个非常现实的问题。）"酒店的首席执行官说，'从开门的地方算起'。酒店的服务副总裁说，'从门童迎接客人的地方算起'。还有人说，'从服务生打开出租车车门的地方算起'。或许，应该从一个街区之外，我第一次看到酒店标志的地方算起？"[8]

20世纪90年代末，美国国家铁路客运公司（Amtrak）要求 IDEO 设计公司为即将推出的高速阿西乐（Acela）特快列车设计座位。当时，IDEO 公司主要以产品设计而闻名，但这项任务开始引发他们的思考。IDEO 首席执行官蒂姆·布朗回忆道："我们意识到（并告诉他们说），'没错，我们可以设计座位，但是你们真正销售的却是旅行'。" IDEO 团队制定了一个整体服务流程，该流程共分九个步骤，从客户有乘车的想法，直到客户走下列车。[9]

遴选过程。 服务设计极大地改进了创意选择，因为设计思维从同理心开始，设身处地地为客户着想，去了解客户的想法和需求，尤其是那些客户无法表达的想法和需求。"消费者并没有义务知道自己想要什么。"这是史蒂夫·乔布斯的名言，他说，"必须从客户体验出发，然后再回归到技术问题上来。"[10] 思略特公司历时十年的一项研究证明了乔布斯的说法：探索尚无法满足的客户需求，并率先采取行动解决这些问题的创新公司，会比那些主要依赖新技术或单纯去适应趋势的公司做得更好。

根据思略特公司的说法，这些"需求探索者会鼓励其客户、供应商、竞争对手和其他行业来探讨新理念，并优先考虑直接来自消费者/客户的见解，优先尝试在企业范围内发布这些主张"。[11] 这样一来，公司不必全力以赴地进行开放式创新，就可以收获很多好处。在中等市场，有些公司将创新限制在一个封闭、专注的团队中，限制新想法的流动，这些公司的表现明显不如另外一些公司，因为后者鼓励广泛的内部参与，也欢迎来自市场及客户的见解。[12]

执行过程。创新理念的商业化程度在不同的服务公司有所差异。这是因为价值链的任何环节都可以产生服务创新；销售人员的新工具和万维网上的新门户网站会和新服务产品一样强大。在管理创新项目时，熟悉的阶段关卡流程可能会毫无意义。在制造业中运作良好的财务测试（投资回报率、实物期权价值等）在资本成本很低（无须重新建设工厂）以及除了编写、测试和上传新代码之外无须其他生产成本的情况下可能毫无意义，尽管某些服务重新设计的资本高度密集。

一般来讲，改进服务设计会非常简单，就像更改电话系统上的自动提示一样简单。这是个好消息；但坏消息是，每个职能部门的主管和每个业务部门都可能会急于创新，从而使一致性变得更加重要，也更加难以实现。

全力以赴，立即执行

创意过程、遴选过程和执行过程会在服务设计过程中相互渗透。有个很好的例子，美国银行有一款聪明的"免找零"（Keep the Change）产品，这是一款帮助客户储蓄的程序，该程序自动将购买的商品四舍五入到临近的整数，并将差额存入储蓄账户。"免找零"程序是在 IDEO 设计公司的帮助下开发的，该程序为银行带来了 1 200 多万个新客户，创造了超过 31 亿美元的客户储蓄（存款及资产）。[13]

如果可行的话，应该"在自然状态下"对服务改革进行测试——让真实的客户对花钱的方式做出真实的选择。15 年前，美国银行开始了一项正式试验项目，选择亚特兰大的一些分支机构作为"实验室"。（百思买集团也在旗下一些商店中做过类似的试验。）哈佛商学院教授斯蒂芬·托姆克在对银行进行研究后，解释了"活体"实验室的基本原理："因为服务是无形的，通常只在为客户进行服务时存在，很难将服务在传统实验室中分离出来。而且，由于许多服务都是为个别买家量身定做的，因此无法对其进行大样本测试。因此，对从事真实交易的真实客户进行现场试验，对新服务的试验最为有用。"[14]

通过使用服务设计工具、高性能分析"自然状态下"的测试技术，一些先进的公司正在从根本上改变创新过程。当创意过程、遴选过程和执行过程三个阶段合而为一时，就会发生这种情况。Continuum 设计公司的托比·博托夫说："服务不是在原型中创造出来的。服务设计的独特之处在于，服务原型具有可执行性——需要你来激活它。你不能只是坐在那里看着。"[15] 相反，服务设计从一个构想和观察客户的过程开始（一边观察客户，一边想象着可能发生的事情），然后直接进入现场试验。其服务创新的结果将发生巨大变化。

如果想要给创新设计把把脉的话，可以考虑一下财捷集团，财捷集团提供 Quicken、Turbotax、Mint 及其他金融软件和服务。大约十年前，财捷集团的增长开始放缓，集团引入思维设计方式，不只让少数研究人员，而是让整个公司都来参与创新，这种做法提高了集团执行新想法的能力。财捷集团的"愉悦设计"流程从现场研究开始，发现客户的痛点，然后使用快速原型和试验来缩短创意过程和执行过程之间的周期。罗杰·马丁是多伦多大学罗特曼管理学院的前任院长（同时也是财捷集团的顾问），他深信设计思维的魅力，他报告说，Turbotax 团队 2006 年只进行了一次现场客户试验，而到了 2010 年，现场客户试验多达 600 次。在 2012 年的所得税季，财捷集团每周分批进行试验，将每周的试验结果纳入下周的试验，总共进行了 140 次不同的试验。[16]

创新接二连三地发挥了作用，其中的一个原因是，与小型试点项目或仅在受控条件下进行的研究相比，实地研究更可验证，可以使决策更容易得到广泛执行。波士顿大学的安迪·博因顿说："如果你不想下太大的赌注，那最好多一些测试，看看哪些测试真正有效，而不是只在某些测试上下大赌注，希望这些测试能发挥作用。"财捷集团首席执行官布拉德·史密斯说，他们公司的许多试验都是为了找到方法来节省客户的时间，例如，把不经常改变的数据（地址、家庭成员的情况等）从前一年的纳税申报表复制到下一年的纳税申报表，或者突出显示今年的新情况，这样就节省了想要纳税的配偶准备纳税申报表的时间。

IT 服务设计的经验对于其他行业的适用情况如何？软件是独一无二的，或者说几乎是独一无二的，因为几乎所有的软件成本都发生在构思、编写和测试过程中；软件后期的"制造"和发售成本几乎为零。即便如此，软件行业四个以设计为导向的原则同样适用于所有服务类型。

• 假设你的工作永远不会完结。我们喜欢软件行业发行连续版本编号（1.0、1.1、1.2）的惯例，因为它隐含着一种承诺，会增加软件特色及功能、纠正错误。正如 Continuum 设计公司的博托夫所说，"永远都是测试版"。[17]

- 设定一个节奏，并保持这一节奏。设定新产品及改进品的节奏对公司内部而言特别有价值，因为待交付的产品及最后期限最能让人集中精力。这样做可以确保公司拥有一个创新平台、创新流程、创新文化及创新动机。用特殊活动、"黑客活动"、客户活动和贸易展览、限时产品等来强调节奏，会收到更好的效果。

- 实地工作。当然，在公开场合失败之前（然而，发生这种情况的概率比你的律师想象的要小），你可能有理由对事情保密，但请记住：服务就是握手，你总要有手可握才好。

- 更新一下业务模型，衡量一下客户从中获得的价值以及他们对这个业务模型所做的贡献。这样就会产生一个良性循环：客户的经验可以推动你努力工作去改善客户体验，客户反馈就变成客户的前馈，你既可以衡量输入，又可以衡量输出。

　　想一想这些原则是如何应用于快餐业的，快餐业可能是你能想到的离软件业最远的行业了。这些餐厅需要平衡两个相互冲突的必要条件：熟悉度［当你想吃巨无霸（Big Mac）时］和新颖性（把老牌子更新一下；刺激一下疲乏的胃口；吸引新客户）。温迪公司的已故创始人戴夫·托马斯描述了该公司的操作方法，该公司没有付费让研究公司去为他们的玉米饼沙拉做市场测试，而是买了三个长柄勺，还有可以吃三个星期的玉米饼沙拉，并设立了一个体验站，让客户告诉总部他们是否喜欢这些玉米饼沙拉[18]（客户确实喜欢）。

如今，"限时优惠"活动成了快餐行业的现场实验室。温迪公司已经用这个活动测试了价格的上限（用汉堡和椒盐卷饼面包吸引快餐狂热者）和下限（用"4美元4份"的促销活动引发了一场价格战）。[19] Noodle & Company连锁面条公司位于科罗拉多州布鲁姆菲尔德，该公司精心规划了一份新品菜单，这个菜单以6个月为周期：经过一轮开发，一轮测试，第三轮上市。"我们不想太超越趋势。我们更希望能跟上潮流。"执行厨师尼克·格拉夫对国家中端市场中心的格雷琴·戈夫说。[20]

创新可以发挥不同的作用，这取决于一个行业（或者一个公司或一款产品）在产品生命周期与服务等效物相比所处的位置。这种理论认为，各种产品（及产业）都会经历四个阶段：发展阶段、增长阶段、成熟阶段和衰退阶段，每一个阶段都会创造不同的机会，提出新的要求。[21] 在快餐等成熟产业中，企业不是在开辟新的领域，而是在所从事的领域想方设法招徕客户。用西奥多·莱维特的话说，[22] 在从生产产品转向提供服务的过程中，处于成熟阶段的公司需要学会创新：

- 让当前用户更频繁地购买该服务。
- 在当前用户中开发出更多不同类型的消费。
- 通过开拓市场来开发新客户。
- 为基本服务开发新功能。

但请注意这一点：相同的目标只能以相反的顺序应用于产品生命

周期的增长阶段和市场发展阶段。在年轻的行业，要把创新议程集中在寻找新用途和新客户上。

以设计为导向的创新平台

对于服务性公司而言，它们需要将创新作为一个平台——一个企业范围的、以设计为基础的能力。这种说法很正确，有三个原因可以证明。第一，正如我们所讨论的，创新可以发生，而且应该发生，在价值链的任何一个环节及所有环节上都会发生，将创新视为实验室中少数人的责任的这种看法是错误的。需要从端到端的角度看待服务流程；能够在流程图上的每个点绘制新的（或可能成为新的）内容；然后，能够查看并测量一个接触点的变化，看看这些变化给上游或下游带来了什么问题（或者机遇）。就像《减法法则》（*The Laws of Substaction*）一书的作者马修·梅说的那样："将创新与实物产品联系在一起，这种心态实际上会妨碍你实现目标，也就是说，每个人每天都要上班，要寻找一种更好的方法，想想今天该如何做，才能比昨天做得更好。"[23]

第二，开展服务创新通常需要员工改变行为方式。对于新产品，尤其是知识密集型产品，有时会是这样。例如：销售代表和医生需要接受培训，学习如何使用新的医疗设备；电子产品销售人员必须学会演示新的设备。但事实上，新服务却很少需要员工改变他们的行为方式。通常情况下，新服务需要更多的内部变革和培训，尤其是在服务一线。实际上，创新应该是行为方式的变化。例如，加州 Kaiser

Permanente 医疗集团将护理人员的换班时间从 40 分钟缩短到 12 分钟，让护士和从业者参与设计思维练习和原型的现场测试。[24] 两位欧洲学者总结说，在广泛研究服务创新之后，"负责销售和负责服务的人员（可能是受过高度培训的会计专业人员、最低工资的餐馆工作人员或两者之间的所有人员）通常在体现新服务、将新服务与竞争性服务区分开来、帮助客户做出决策转换等方面发挥着至关重要的作用"。[25]

第三，虽然服务设计中的一些变化可以通过专利、版权或商标加以保护，但也有一些变化得不到保护。换言之，培训和文化变革是一个重要组成部分，可以增大抄袭的难度。例如，Limited Brands 强调店内体验，要求积极向客户推销产品，与客户交谈，提出建议，进而促使公司提高工资、增加培训、改变激励措施，减少兼职员工。

有了创新平台，就可以使用快速原型模型来为没有巨大后端投资的客户提供高保真的前端体验。可以测试什么有效，什么无效，包括测试信息流和物流的变化；可以制定出你需要的系统和奖励政策，使创新人性化运作。而且，在很大程度上，你可以在实验的基础上完成所有这些工作，不需要投入公司的全部资源，直到结果让你充满信心为止。

第三部分

服务设计实践

反洗钱十讲

第九章

服务设计原型

　　每个行业至少都有一个重要的参与者，这个参与者以价格为基础与同行竞争。比如零售业的沃尔玛超市、航空运输业的精神（Spirit）航空公司，这些公司建立了一套完整的商业模式以及服务设计，以便保持其低成本和低价格。同样，几乎每个行业都有一个潮流引领者，这些公司有着敏锐的触角，善于筹划未来的大事，并建立了适当的运营模式来充分发挥这种能力。大多数产业都有一些奢侈品企业，以及一些老式的、中档的公司——不时髦，不便宜，只是很稳定。

　　我们将这些不同的方案称为"服务设计原型"，服务设计原型是服务走向市场的方式，不管所处行业如何，这些方式都有一些共同的特点。我们将列举其中的九种——九种参与市场的通用方式，这九种服务设计原型会体现不同的价值主张，并给出不同的服务设计及传递的方法：这九种服务设计原型是聚合型（aggregator）、廉价型（bargain）、经典型（classic）、老牌型（old shoe）、安全型（safe choice）、方案型（solution）、专家型（specialist）、潮流型（trendsetter）和实用型（utility）。这些原型中的每一个类型都存在于大多数行业。（有一个例外：实用型，实用型很常见，但不总是很规范。）每个服务设计原型都可以非常成功。它们就像粉笔和奶酪一样，各不相同。新加坡航空公司（经典型）所提供的客户互动非常重要、因人而异，与瑞安航空公司（廉价型）的客户互动显然有所不同；梅西百货（安全型）就不应该想着超越亚马逊（聚合型）。

　　服务设计原型有两个方面的价值。首先，服务设计原型可以帮助你评估各种选择，比如想提供哪种服务、应该设定什么样的预期、希望客户拥有哪些体验，以及哪些服务、期望和体验恰好"不是我们想要的"。了解原型可以帮你确定如何将公司战略融入与客户接触的每一个交互点，如何将战略融入后台服务，如何保持一致性。"我们是专家型。"你可能会说，"如何确保我们在自己的专业做得最好？如何避免分散注意力？如果客户需要的服务我们没有，那么如何帮助这些客户，如何确保他们在需要我们时还愿意回来找我们？"战略的本质不是打败其他人，而是尽可能成为最好的自己，让自己在设计的领域内取得成功。

　　服务设计原型的第二个用途是提供新的灵感。在服务设计和服务传递过程中，许多最有价值的见解不是来自直接竞争对手，而是来自截然不同的行业中的同类公司。苹果直营店的天才吧（Genius Bar）是仿照四季连锁酒店的礼宾台设计的。冲浪航空提供的"随心飞"（fly-all-you-want）机票订购服务，部分灵感来自网飞的"随心看"（watch-all-you-want）视频租赁模式。Edmunds 社区高级经理马克·霍尔托夫告诉我们："我不会把竞争对手作为基准。我的主要产品是消费者生成的内容。我查看了 Yelp、猫途鹰、亚马逊，并尝试将它们应用到自动体验中。"[1] 在下面的讨论中，我们提供了一些公司名称来代表每个原型，你也可以添加自己的示例。研究它们的服务设计选择极有可能会启发一些新思路，而在你的行业中，这些新思路很可能还没有人尝试过。

服务设计原型不是紧身衣，所以，很少有公司能精确地符合原型。大多数公司可能包含各种服务设计原型。不要把这些服务设计原型作为你必须依据的标准，只用作参考就可以。

- 要认识到，这些服务原型之一就是你价值主张的本质。
- 把注意力集中在这里。确保你在每个接触点以及每次为客户设定期望时都表达出这一本质。
- 尽你所能补充这一本质，剔除任何与本质冲突或矛盾的东西。
- 在整个执行团队中讨论这一特征；确保每个参与或管理预算的人都能知道这一特征，理解这一特征；让一线员工了解这一特征，以便清楚该如何与客户互动。如果一个组织能够与原型保持一致，那么就可以在所有层面做出更好的决策。
- 然后愉快地执行吧。

聚合型服务商

- 我们这里能满足你所有的需求。
- 我们这里应有尽有。
- 如果有什么东西我们这里没有，那就是这个东西不存在。
- "我们是 ＿＿＿＿ 业界的亚马逊。"

"一站式购物……一个地方搞定一切。省时，省钱。"[2] 这一说法来自一则 1930 年内布拉斯加州林肯市汽车修理公司约翰·布雷斯伦公司（John Bracelen Company）的广告。这则广告是最早使用"一站式购物"这一短语的记录之一，但对于我们称之为聚合型服务商的服务设计原型来讲，它绝对不是最后一个示例。顾名思义，聚合型服务商通过将大量的产品或服务集合在一起来吸引客户。"同一屋檐下"这个短语可能有点过时；更好的说法是，聚合型服务商将许多供应商聚集在一起，形成一种共同的体验，因为聚合型服务商是一种特别适合电子商务的服务设计。[3] 事实上，互联网几乎从一开始就催生了诸多聚合型服务商，包括（仅在汽车行业）印第安纳州一家卖各种

> **典型的聚合型服务商**
> 阿里巴巴
> 亚马逊
> Axial（在线资本平台）
> 彭博社
> 克雷格列表
> 易贝
> Edmunds
> 农贸市场（Farmers' markets）
> Invaluable（在线拍卖市场）
> iTunes（苹果音乐播放器）
> 客涯
> 麦克森公司
> 纽约证券交易所
> Open Table（网上订餐平台）
> Range（英国家居用品零售商）
> Seamless（网上订餐平台）
> 固安捷公司

轮毂罩的公司，也包括一家为二手车销售商在国内在线拍卖提供服务的日本网站，当然，还有美国的 Edmunds 网站。

聚合型服务商是传统卖家强大的竞争对手。西蒙地产集团（Simon Property Group）和通用成长房地产（General Growth Properties）等聚合型购物中心击垮了聚集在主要街道上的不少商店。在网上，像克雷格列表（Craigslist）、庞物网（Monster.com）和 Edmunds 汽车交易网

这样的公司已经把报纸分类广告的核心部分挖走。客涯（Kayak）、旅程网和其他一些公司更是大大削弱了旅行社的队伍（美国劳工统计局预测未来十年旅行社将减少 12%）。亚马逊缩小了小型书商的阵营，并淘汰或削弱了大型连锁店。但是同时，聚合型服务商也为地方经销商及专业销售商打开了市场，如果没有聚合型服务商作为平台，这些销售商将无法触达市场。举例来说，亚马逊为二手书销售商打开了全国市场，于是二手书销售得以蓬勃发展；得益于易贝和手工工艺品网站 Etsy，每一个收藏家和手工艺品制造商都可以建立一家商店；中国的阿里巴巴让各地的企业都能找到供应商及其他合作伙伴。

聚合型服务商如何创造价值和获取价值

"省时省钱"这四个字是聚合型服务商价值主张的精髓。方案型服务商会小心谨慎地选择组件并将其组装成完整的一包，往往是定制的；而聚合型服务商与方案型服务商不同，聚合型服务商将东西放在货架上（虚拟的或就字面而言），然后让客户自己选择，凑齐他们想要的东西。

并不是说聚合型服务商只是被动地接纳其他人的商品和服务。聚合型服务商提供的"共同体验"包括基于聚合型服务商品牌的保障；聚合型服务商还提供平台、规则和流程，以提高商业效率。因此，纽约证券交易所制定了上市公司必须遵照的标准及交易者须遵守的规则。亚马逊、易贝和其他网站都会发布客户评论和评级，这样一来，市场会进行自我监管，这对买卖双方都有好处。

聚合型服务商提供的服务既有深度，又有广度，是价值的一个来源：客户像蚂蚁一样被野餐吸引而来，相信会找到他们想要的东西。然后，供应商来了，因为那里有顾客。因为聚合型服务商具有吸引人群的力量，因而具有巨大的购买力：商业历史上聚合型服务商挤压卖方的利润空间的例子不胜枚举——从最初的西尔斯百货公司到如今的亚马逊。

规模很重要：一般来说，聚合型服务商会尽可能网罗一系列产品，进而创造价值。请注意亚马逊标志中的箭头是如何从 A 指向 Z 的。英国家居用品零售商 Range 的广告曾夸耀道："我们这里不卖的东西，一定是你不需要的。"（当然，Range 既不是第一家也不是最后一家使用这个口号的公司。）[4] 但还有"专业聚合型服务商"——矛盾的是，这种商业模式也可以非常成功。在这些情况下，聚合型服务商通过全面收集特定产品来增加价值［如果你有脚，Zappos（美国一家售鞋网站）就有鞋］，或者将独特的用户聚集在一起，比如约会网站基督徒交友网（ChristianMingle）的做法。其他的专业聚合型服务商包括全球最大的药品分销商麦克森公司（McKesson）和在线资本市场 axial.net。axial.net 将两万名私营企业的首席执行官与投资者、放贷机构和财务顾问联系在了一起。

服务设计及聚合型服务商

成功的聚合型服务商不仅为买卖双方提供一个聚集的场所，而且还提供一套共享服务，有些在现场提供，有些在后台提供。易贝的用户界面就是一种常见的现场体验，购物中心的停车场也是。而在后台，聚合型服务商可以引入诸如贝宝和信用卡之类的金融服务，为客户提供便利和保护；可以连接中介机构的服务，例如连接托运人和分销商；或者与房地产服务及其数字化服务相连接，比如网络托管。从服务设计的角度来看，聚合型服务商必须考虑这些问题中哪一个更重要，应该提供多少种选择，以及如何提供这些服务并为之买单。

导航（搜索、浏览和比较）能力是聚合型服务商服务设计的一个重要方面。旅游的人可能乐于在大集市里四处转悠，但购物者更想快点找到他们需要的东西。实际上，有些比较忙碌、杂乱的设计，也可能很好地服务于一个聚合型服务商，只要这种设计易于使用：对比一下亚马逊杂乱的主页与沃比帕克公司（潮流型服务商）超级简洁的网站就知道了。

陷阱与缺陷

聚合并非易事，它需要精简和强大的后台功能。聚合型服务商将广泛选择与高效服务结合在一起——但两者之间存在内在矛盾。许多学术研究表明，在线零售商提供的产品（或产品类别）越多，客户就越难找到自己想要的产品，而且越有可能出现问题。

大多数聚合型服务商都在"双边市场"中运作——也就是说，它们向买卖双方提供价值，也从买卖双方那里获取价值。（双边市场并不局限于聚合型服务商，还有其他例子，比如：报纸和杂志，分别销售给读者和广告商；银行，从储户那里拿到钱并将其提供给贷款人；信用卡，连接购物者和商人。）[5] 聚合型服务商提供了一个竞技场，但买卖双方的利益在这个场合有可能发生冲突，因此，聚合型服务商需要决定是首先服务于卖家还是买家。大多数聚合型服务商会选择服务于买家。例如，Edmunds 将汽车购买者的利益置于经销商的利益之上，亚马逊特别想让产品提供商之间爆发价格战。

聚合型服务商也可能会转化为方案型服务商。有些聚合型服务商完美地完成了这一转变。比如，固安捷公司（Grainger）是一家办公和工业设备的全方位服务供应商，其产品目录包括从订书机到测试仪器的所有产品。客户可以在作为聚合型服务商的固安捷购物，也可以将他们的供应管理外包给作为方案型服务商的固安捷公司。但这一结合并不容易，聚合型服务商努力提供最大化选择，而方案型服务商要为客户做出选择；聚合型服务商通常致力于降低单个产品或服务的价格，而方案型服务商通常想要一系列产品或服务的价值最大化。

因此，你需要做一个决断。杰夫·贝佐斯说："每当面临这些非常困难的问题时，我们都会陷入一个死循环，无法决定要做些什么。这时，我们会努力将其转化为一个简单的问题，即什么对消费者更有利。"[6] 这就是他的决断方式。我们觉得可能会有另一个选择，但我们不愿意去想另一种选择是什么。

廉价型服务商

- 如果你的问题是价格，那么我们就是解决方案。
- 不会有人卖得比我们更便宜。
- 要找任何昂贵的东西，不要来这里。
- "我们是 ＿＿＿＿ 业界的沃尔玛。"

每个行业都有一些廉价型服务商——它们不仅提供较低的价格，而且下决心成为成本最低的供应商。价格是它们吸引客户的主要原因。这些服务商往往不太注重设施，不太在意营造氛围，对待自己的资金很谨慎，对待客户的钱也一样谨慎。它们的竞争对手可能偶尔会使用较低的价格或特殊的交易来吸引新客户。这种廉价型服务商提供日常低价产品。

典型的廉价型服务商
开市客
多来店（Dollar General）
H&R Block（代账公司）
宜家家居
一分钟诊所
Payless ShoeSource（鞋类专卖）
红顶客栈
瑞安航空公司
T. J. Maxx（折扣零售商）
T-Mobile（移动运营商）
缺德舅的酒（Trader Joe's Wine）
价值城（家具商）
沃尔玛

代账公司 H&R Block 就是廉价型服务商的一个典型的例子。该公司的办公室不会设在大城市的摩天大楼里，也不会安顿在时尚购物中心奢侈品商家之间，往往更可能在小店面、购物街或网上找到它们。H&R Block 公司承诺高效、准确地审查你过去几年的投资回报，并帮助你通过审计；你不用与会计交谈就可以申报纳税；你甚至可以通过预付的金融卡"提前"拿到你的纳税申报单。

廉价服务通常是批量生产的，很少提供个性化选择，或者说没有个性化选择。选择可能很有限：开市客销售从卫生纸到香料到筒袜等各种各样的东西，而且会为你节省不少钱，但是你不会像在大型超市里那样有很多选择，也不能像在街角杂货店那样只买一点点。取走你想要的，付款走人，不花一分冤枉钱。

廉价型服务商如何创造价值和获取价值

廉价型服务商以低价格创造价值，以低成本获取价值，两者相辅相成，缺一不可。这就是说，廉价型服务商不能只关注低价，它必须提供质量足够好、足够便利的服务，以保持成本外部可控性。应该把奥斯卡·王尔德（Oscar Wilde）对犬儒主义者的定义（知道所有东西的价格，却不知道任何东西的价值的人）作为警告，挂在每个廉价型服务商的会议室里。

有时，某个产业的一个新参与者可以重新定义低成本并创造巨大的价值。想想沃尔玛，它利用超级高速公路和超级计算机这两项新技术，打破了西尔斯百货公司几十年来蓬勃发展的大型零售商模式。据估计，沃尔顿（Walton）家族因沃尔玛的成功而获得了约 1 500 亿美元的股东价值，而美国消费者每年也因较低的价格而节省约 2 500 亿美元。[7] 现在，亚马逊利用信息高速公路所做的一切，和沃尔玛当年对西尔斯所做的事情如出一辙。

类似的情况，提供基本服务的贷款机构和保险公司也试图将现有竞争对手提供的全部或部分服务商品化，就像小诊所店面提供基本医疗服务一样。在很多情况下，新兴的廉价型服务商通过将新客户引入行业来创造价值：研究表明，58% 的到小诊所就诊的人都是"新用户"，也就是说，这些人以前根本不把现在要看的病当回事。[8]

服务设计和廉价型服务商

成功的廉价型服务商明确知道客户的期望并始终坚持。像精神航空公司这样只提供基本服务的航空公司，对它的服务收费毫不隐瞒：票价只包含一个座位的费用，其他的一切（甚至一杯水及一张纸质的登机牌）都要额外收费。如果创造性地设计期望，廉价型服务商可以创造出与众不同的品牌。宜家把时尚家具和"自己动手"结合起来的做法（"你做一点，我们做一点，我们一起会节省很多"）就很成功，因为顾客知道该期待什么。事实上，合适的客户会发现拿出六角扳手组装家具的乐趣。宜家的竞争对手对此感到非常惊愕，其中一位竞争对手告诉我们说："我不知道他们的客户为什么要忍受这些，为什么要自己去做这项工作。"复杂性与明确的预期就像是彼此的敌人；因此，廉价型服务商通常简化定价，花哨的东西相对较少。例如，T-Mobile 将其移动收费称为"简单选择计划"，提供的选择比威瑞森电信（经典型服务高）少。

后台服务也是如此。复杂的后台服务不但奢侈，而且还很危险，因为它增加了出错的可能性。退货、返工、修理——这些都是低成本模式的祸根。

对于某些客户来说，这些辅助服务很重要，但这些服务往往偏离了廉价型服务商所特有的精益服务设计。在这种情况下，廉价型服务商的最佳选择是引入一个合作伙伴。如果宜家的客户动手能力不佳，或者比较忙，就可以支付费用购买交货和组装服务，但这些服务是由第三方提供的。请注意宜家外包服务与 RH 的送货上门服务两者的对比（见第七章）。

行业标准是廉价型服务商的一大福利。服务或产品越标准化，低成本生产商的利益就越大。

缺陷和陷阱

廉价型服务商的位置很有影响力，但要保住这个位置并不容易，因为服务设计和传递的要素既可以使廉价型服务商成功，也可能会反过来阻止其成功。廉价型服务商为自己设置的第一个陷阱可能就是：僵化。保持低成本需要大量投资，这些投资会涉及自动化、产业化和规模——大宗采购、创建流水线式的流程，并将这一切推向非常大的市场。由于这些因素的固有属性，它们会降低企业的灵活性。然而，做廉价型服务商的方式不止一种：单独提供其他人只能捆绑提供的业务（比如预付费手机相对于注册手机用户）；在其他人还在通过中间商销售时，直接向消费者销售（比如戴尔的电脑业务）；为客户提供DIY选择（就像宜家那样）。廉价型服务商可以在商业模式中对这些方式进行灵活设计，从而避免落入僵化的陷阱。

廉价型服务商在创新方面可能会管理不善。廉价型服务商可能会节省对新服务产品的投资，这样一来就会丧失活力。从定义上讲，廉价型服务商几乎不会处在新科学或新技术的前沿，更大的可能是跟在后面，利用他人的创新。因此，廉价型服务商可能会低估或误读技术的变化。然而，正如我们在第八章所看到的那样，为了吸引新客户，留住老客户，往往需要廉价型服务商进行创新。通常情况下，廉价型服务商可以利用其商业模式的约束来刺激创新，例如，连锁餐厅苹果蜂（Applebee）会定期重新规划其菜单，为客户提供新的选择，同时将价格保持在规定的范围内（例如，两份主菜加一份开胃菜共 20 美元）。

但对于廉价型服务商而言，最大的危险是，它们认为除了价格，什么都不重要。正如亚伯拉罕·马斯洛在为人熟知的"工具定律"（Law of the Instrument）中所说的那样，"如果你只有一把锤子，那么你会非常想把一切都当作钉子"。[9]（这个说法经常被误传为马克·吐温所言，其实那时马克·吐温已经去世了。）尽管提供较低价格，但廉价型服务商仍有必要提供桌上筹码和细分市场的要件。最成功的廉价型服务商还增加了一些与众不同的东西：比如宜家家居提供时髦的瑞典家具和美味的瑞典肉丸子；对于代账公司 H&R Block 来说，它的足迹遍布美国，客户无论走到哪里，都可以和该公司开展业务；而西南航空公司有喜欢开玩笑的空姐。

经典型服务商

- 我们位居前列。也许并非时尚之最，也非遥遥领先，但就是最好的。
- 我们不只出类拔萃，而且十分可靠。
- 我们价格不菲，但物有所值。
- "我们是 ＿＿＿＿＿ 业界的梅赛德斯。"

走进曼哈顿西 50 街的博比·范牛排馆（Bobby Van's Steakhouse），在你的右边，会有寄存服务生前来帮助你。你的前面是一个吧台，酒

典型的经典型服务商

布克兄弟

克拉瓦斯-斯温-穆尔律师事务所

四季酒店

梅奥诊所

麦肯锡咨询公司

Mobile Mini

拉夫劳伦

新加坡航空有限公司

史密斯-沃伦斯基牛排馆

"21"俱乐部（"21" Club）

威瑞森电信

耶鲁大学

店服务生会在那里跟你打招呼，并帮你办理手续。在吧台后面有一个伸展的条案。餐桌在你的左边，空间很宽敞。所有的木材都是富丽的暗色（胡桃木？），巨大的吊灯从高高的天花板上悬下，灯光是金色的，而不是银色的。这里有一种阳刚之气，尽管你会发现有相当多的顾客都是女性。如果你是蒙着眼睛进来的，一旦把眼罩取下来，即使你没有闻到香味，也会立刻知道自己在哪里：一家高档牛排馆。

美国的每个城市都有类似的地方，独家经营或作为连锁店的一部分——茹斯葵经典牛排馆（Ruth's Chris）、弗莱明牛排餐厅（Fleming's）、海德公园（Hyde Park）、棕榈酒店（the Palm）、莫尔顿牛排坊（Morton's）、史密斯-沃伦斯基牛排馆（Smith & Wollensky）、首都烧烤（the Capital Grille）等。虽然每一家店都有细微区别，但实际上都很相似。为什么不呢？谁会拿经典去胡闹？

服务设计的经典模式，好吧，很经典——甚至有些老套。蓝筹公司会聘用克拉瓦斯-斯温-穆尔律师事务所（Cravath, Swaine & Moore）

等白鞋律师事务所，这些律师事务所由合伙人经营，他们曾就读于耶鲁大学，穿着布克兄弟的西装，住在曼哈顿上东区或查巴克郊区，在"21"俱乐部用餐，住在四季酒店。

经典型服务商如何创造价值和获取价值

渴望成为经典服务商的公司既是一流的公司，也是可靠的公司。这样的公司并不会令人兴奋（想要吸引力，那就去找专家型服务商或潮流型服务商），但很有声望，也许还很强大，它会给客户带来声望和力量。这样的公司无可指摘，选择这种公司的客户也是如此。"赫顿讲话时，人们都会倾听。"是这家老牌经纪公司在 20 世纪 70 年代至 80 年代一系列著名电视广告的口号。

最重要的是，经典型服务商能提供始终如一的卓越服务，无论是在银色穹顶下提供客房早餐服务，还是可以让首席财务官和首席执行官绝对信任的税务审计服务。"我们是最好的，"经典服务商说，"讨论结束。"正如威瑞森在其广告中所说的那样，"根本不用比较"。

服务设计与经典型服务商

经典型服务商在设计的每个方面和服务的每个接触点都非常努力地彰显自己的特色，它们的品牌强大、标准一致、干净利落，比如丽思卡尔顿连锁酒店，它归万豪集团所有，但酒店行业以外很少有人知道这一点。这些酒店位于拉萨尔街、华尔街和威尔希尔大道，位于城镇传统社区和高档社区，而不会在威克公园、威廉斯堡或者银湖。并不是说经典型服务商都很古板守旧，尽管它们可能确实很乏味。经典型服务商给人的印象是它们永远都会存在。很多经典型服务商确实一直都在。经典型服务商群体像是一家俱乐部，如果新人想加入，只要穿着得体就可以：拉夫·劳伦从一无所有开始，创造了一个"经典"品牌。他巧妙地使用击打马球作为品牌标志，缔造了一种上流社会的感觉。

是什么因素让经典型服务商觉得你的经典会得到每个客户的关注？在现场的员工了解客户需要，而在后台，精挑细选、训练有素的工作团队（全职、有多年经验），精心的工作设计和充足的人员配备，以及细致的记录存档：旧金山丽思卡尔顿的工作人员知道你早上想要《华尔街日报》，因为亚特兰大丽思卡尔顿的工作人员在你入住那里时把这一条信息添加到了你的个人资料中。因为服务个人是价值主张的一部分，所以经典型服务商不需要客户自助服务，尽管客户可能会去自助服务。（欧洲私人银行的年轻客户有时更喜欢与网站互动而不是与银行员工互动，这些银行已经开始努力改变这一现象。）因为在任何接触点上的任何失误都会破坏经典的光环，所以这些经典型服务商只与顶级供应商和分销商合作。

缺陷和陷阱

经典型服务商一定不要追逐时尚。博比·范牛排馆的菜单上不会有藜麦。经典型服务商必须在流行和过时的双重危险之间穿行，因为经典型服务商也一定不能落后于时代。在写这篇文章的时候，博比·范牛排馆菜单上依旧没有藜麦。更微妙的是，经典也可能会过时。你无法改善经典，但这一事实并不意味着经典型服务商不需要改进。

经典型服务商的定义就决定了它会吸引挑剔的客户，所以，必须时刻努力保持经典的状态。

经典型服务商必须时刻规划品牌，并且不惜一切代价保护品牌，因为经典型服务商能吸引客户、留住客户的部分原因是它们的声誉。对于经典型服务商而言，良好的管理本身就是一种与用户打交道的方式。它们可以像麦肯锡咨询公司和其他公司一样，在道德沦丧中生存下来，但这不应是它们的生存模式。

经典型服务商不会进入低端市场去追求增长，也不会通过走捷径来寻求更大的利润，这些都是很危险的举措。与寻求更广泛的受众相比，有选择性地进入相邻区域，向同一类客户推销更多的服务，可能是一个更好的办法。节约成本永远不应该以牺牲丰富的客户体验为代价。花大价钱的人期望得到一流的服务。

老牌型服务商

- 你了解我们，我们也了解你。
- 地方好，服务好，价格好。
- 我们在本地，你是我们的常客，老规矩?
- "我们是 ＿＿＿＿ 业界的 Cheers 便利店。"

当一张美元钞票在美国易手时，这张钞票很可能走不过 7 英里（约 11.3 公里）。[10] 超过 2/3 的钱都花在本地企业，这些钱会以工资、租金和其他形式在当地经济中流通。[11] 尽管社区银行的市场份额已经

> **典型的老牌型服务商**
>
> 信用社
>
> 家庭律师
>
> 本地的书店、玩具店、饭店、
> 　咖啡店、家居用品店……
>
> 北方国家公共电台
>
> 波科诺山度假区（Poconos）
>
> 扶轮社（Rotary clubs）
>
> 瑞格利球场、芬威篮球公园
>
> 饼干桶老店（Cracker Barrel）
>
> 常春藤老店（The Ivy）
>
> 奶昔小站（Shake Shack）

下降，但仍占美国信贷市场的1/4，并持有高达95%的存款。[12] 两个体量庞大的行业——医疗和教育基本上都是本地的。

　　一个熟悉、舒适的乡村老牌企业，几乎没有比它的市场地位更稳固的了。乡村老牌企业的原型就相当于我们所谓的"老牌型服务商"，它就像一份令人慰藉的食物。从一个公司的角度来看，这就是一个积极创造、积极强化温暖和亲密感的组织，培养与客户的亲近关系，并围绕这种关系设计业务和服务。老牌型服务商的质量可能不是最好的，但是如果有女服务生称呼你"亲"，而且还知道你喝咖啡时要加牛奶和两块糖，你就不会在乎它们煮的咖啡是不是次等品了。

　　老牌型服务商大都平淡无奇，但也不尽然。它们虽然大多是地方性的，但还是有许多全国性的公司也成功地利用了老牌型服务商这种原型，通常是通过勾起客户的怀旧情绪。饼干桶连锁餐厅装修得就像一家乡村商店一样，销售的小玩意儿几乎和店里提供的食物一样多；奶昔小站连锁店的名字让人联想到了平顶屋和马尾辫，以此掩盖了一个事实——它是由一个三星级餐馆的老板丹尼·迈耶于2004年创立的。奶昔小站的首席执行官说，他们的战略是"反连锁式连锁"。[13] 尽管坎贝尔番茄汤（Campbell's tomato soup，也译"金宝番茄汤"）是一种产品，而非一种服务，但它显然也是一个老牌子。

我们列举了很多餐馆，但是从银行到理发店，在任何领域都可以找到老牌型服务商。许多老牌型服务商都是家族企业，它们喜欢将家族企业这一事实作为其老牌子诚信度的一部分来加以宣传。

老牌型服务商如何创造价值和获取价值

在商学院里，你不会学到关于老牌型服务商的东西，你也不会在《财富》杂志的封面上看到老牌型服务商首席执行官的照片，事实上，老牌型服务商是灵活坚韧的竞争者，它们能够与更大更强的公司抗衡。老牌型服务商十分忠诚。确切地说，这不是一种品牌忠诚，因为这个品牌可能除了本地人以外无人知晓，所以，这种忠诚是一种体验忠诚。老牌型服务商创造的价值来源于它与客户之间建立起来的联系，这种联系蕴含着熟悉、温暖及习惯的力量。从这个意义上来讲，老牌型服务商与安全型服务商有所不同。安全型服务商的决定理性、周全、深思熟虑；而老牌型服务商靠条件反射，不需要思考。

这样的企业可以稳定和加强当地的经济，地方自立研究所（Institute for Local Self-Reliance）清清楚楚地记录了这些企业所带来的效益。老牌型服务商在广告方面无法与全国连锁店及大品牌抗衡，因此老牌型服务商会与当地机构携起手来：每个机构的客户同时是其他机构的领导。美国运通公司举办一年一度的小企业星期六促销活动，用主街商店的怀旧形象来装饰自己，暗示美国运通在此创造的价值比购物中心提供的低价的价值更大。

服务设计及老牌型服务商

老牌型服务商首先应该是大家都熟知的一个机构。老牌型服务商的大部分价值来自个人关系，因此面向客户的服务设计元素——同理心、体验本身、情感、简约（不是不切实际的简约，也不是毫无意义的简约）和参与——都必须正确。这些元素从服务商的所有者开始，这个所有者需要客户看见他的存在，而且所有者还需要和员工有类似的姓氏及非正式的关系。一线员工必须经过精心挑选，受过良好培训，如果可能的话，尽量长期工作。

风格很重要。这个地方应该与它的持有者保持一致的面孔。例如，美国南部遍地都是投资银行，但卡塞尔·萨尔皮特（Cassel Salpeter）投资银行和太阳信托罗宾逊·汉弗莱（SunTrust Robinson Humphrey）公司能赢得部分业务，部分原因是它们的乡土作风能够带来一种信任感，而华尔街的银行家们却不能给客户带来这种信任感。有人告诉我们说："如果我的客户看到银行家戴着袖扣，他们就会离开那里。"

缺陷和陷阱

每一个举动都可能引起一个同样的逆向反应。事情一旦发生变化或出了差错，老牌型服务商所激发出的强烈的忠诚与热爱，也会演变为同样强烈的背叛。奶昔小站连锁店用手工切割的炸薯条代替了其标志性的起皱炸薯条，手工的薯条虽然新鲜优质，但就不是原来的样子了，这一举动让顾客深感不满（连锁店最终妥协了，见第十一章）。这样看来，对于改变，老牌型服务商与经典型服务商面临着相似的矛

让顾客购买

盾：你不希望宴会厅的瑙加海德革（Naugahyde）① 被撕破，但同样你也不想重新改造这个地方。如果涉及家族企业的活力，创新就变得更加棘手。

老牌型服务商一旦和大型国家级竞争者陷入赢者通吃的对抗，就会犯战略性的错误。老牌型服务商缺乏资源，无力反抗，无法进攻，只能退守，所以最终都会失败。街角书店并没有想和亚马逊对着干，那是另外一回事。同样，收购老牌型服务商也很有风险。这类公司的吸引力往往在于其知根知底，比较可靠。但人力资本这种资源，每天结束时都会离开，如果他们不回来了，那客户也可能不会回来了。

像全科医生对待专家那样，与大公司建立合作关系对老牌型服务商来说是一种很明智的做法。东西银行（East West Bank）成立于1973 年，总部位于洛杉矶，是一家为中国移民提供储蓄和贷款的银行。多年来，东西银行一直与美国银行保持着合作关系，为客户提供更复杂的金融服务。东西银行当时尚无法提供这些服务。（从那时起，东西银行就已成为一家成熟的商业银行。）

安全型服务商

- 你在我这里不会出差错。
- 我们根基稳固。

---

① 瑙加海德革是一种家具装潢用的织物，表面涂有一层橡胶或乙烯基树脂。——译者注

- 你不会感到震惊，也不会后悔。带上你的亲戚一起来。
- "我们是 _____ 业界的哥伦比亚广播公司（CBS）。"

虽然你无法永远让所有人开心，但安全型服务商就在眼前：某些时候，安全型服务商是我们所有人的共同选择。安全型服务商往往是老品牌，像传统的银行和百货公司；但即使是技术公司，只要它们精心设计自己，或者提供的服务已经定型，也可以适应这种模式。在过去的几年里，"不会有人因为购买 IBM 的产品和服务而被解雇"是 IT 主管们的一句口头禅，这些主管最看重的是可靠性，他们需要强大的技术加上可靠的供应商作为长期保证。（据我们估计，从那时起，IBM 已经开始从安全型服务商转型为方案型服务商。）如今，微软在软件领域占据着类似的位置，各个公司通常都会选择微软产品，因为其他人也在使用它。

安全型服务商通常是一种退步，是一种默认的选择，因为它可以完成任务，而且不可能得罪客户或者惹恼客户。你向外地朋友推荐酒店时，你可能会说，"我相信希尔顿酒店会很不错"；你和家人一起出去吃饭时，你会说，"Bonefish Grill 海鲜餐厅一直都很不错"。

典型的安全型服务商

好事达保险公司

Bonefish Grill 餐厅

狄乐百货公司 (Dillard's)

迪士尼

希尔顿

Limited Brands

《芝加哥论坛报》

美国制商银行（M&T Bank）

微软

黄金时段网络电视

普华永道国际会计师事务所

让顾客购买

安全型服务商也可能有些不雅：维多利亚秘密商店也可能包括性感和夸张的内容，类似于限制级时装秀。乍一看，维多利亚秘密商店似乎是一个潮流型服务商，但事实上不是。它的总部位于俄亥俄州哥伦布市，是莱斯·韦克斯纳掌管下的 Limited Brands 的一个分公司，就像它位于中西部的母公司一样，选择了一种中庸的设计。"非常性感"系列中的每件内衣、男女睡衣穿着都很舒适，不管是给上大学的女儿买件睡衣，还是给一个脸红的新娘买件睡衣，都很容易。事实上，这个品牌是韦克斯纳从一位创始人那里接手的，原来的设计者打算设计一家店，让男人在这里为生命中的女人买贴身内衣。韦克斯纳为这个小镇的维多利亚秘密商店增添了华丽的外观，使之更具吸引力，也就意味着，对女性客户来说"更安全"。

安全型服务商如何创造价值和获取价值

这类公司在品位、价格和服务上都处于中间位置。这类服务商以三种方式创造价值：物有所值，意料之中，毫无争议。如果你的安全型服务商是一家餐馆，鲑鱼就是一个不错的选择；如果是一家商店，你可以放心去逛，一定有你想要的东西；如果是一家经纪公司，它会推荐一种与你的年龄相适应的股票、债券和现金组合。

安全型服务商往往都名声在外，甚至家喻户晓；对于这些公司来说，彼此熟悉会让客户满足，而不是让客户轻视。安全型服务商在财务上相对保守：纽约布法罗的美国制商银行，是 2008—2010 年金融危机期间极少数不需要削减股息的银行之一。

安全型服务商具有经典型服务商的一些特征；两者都凭借其

可靠性吸引客户，也都不追求前卫。然而，经典型服务商是高端品牌——是那些能够负担、想要并且只愿意为最好的品牌买单的人的一种选择；而安全型服务商无疑则更亲民。很多安全型服务商的客户在和经典型服务商打交道时会感到不舒服，就像有些人宁愿要一辆福特而不是奔驰。对于其他客户来说，安全的选择可能是一顿美餐，当然，是在 Bonefish Grill 连锁海鲜餐厅，而不是红龙虾（Red Lobster）连锁海鲜餐厅。

在"可靠"之上再加上"公平"，是安全型服务商带来价值的另一种方式。安全型服务商收费公道，对待客户公平合理，认真听取投诉。它们可能没那么灵活，或者会受到某些规则的约束，但它们永远不会欺骗你。

服务设计与安全型服务商

显然，一切始于安全。对于一个像迪士尼这样的地方，还有什么能比一场车祸、一起儿童绑架案或者在旗下的某个公园里发生一场本可避免的事故更糟糕的呢？[14] 2015 年 12 月，迪士尼开始在所有的主题公园的前门使用金属探测器（奥兰多度假酒店、环球影城和海洋世界也采用了同样的做法），同时停止销售玩具枪，不允许再在场地上使用玩具枪。2016 年，一名两岁儿童在迪士尼的一家酒店被鳄鱼拖入水中溺死，当时有许多人说是因为缺乏警告标识。

然而，除了身体和钱财的安全之外，安全型服务商所呈现出的可靠性明显高于廉价型服务商，甚至高于老牌型服务商。安全型服务商最好是把当下的事情做好，而不是以放弃一致性为代价一味地提供多种选择。

安全型服务商需要给普通客户、中产阶级客户一种可靠的感觉，并在服务设计的各个方面表达出来，从物理空间（无关浪漫，无须花哨）到员工行为（总是很友好，从来不急躁）。安全型服务商服务设计的关键要素是营销和定位：要艺术地设定不太高也不太低的期望值；在不突破界限的情况下表现出有趣的一面；尽管是一种退步，但仍能创造品牌忠诚度；说服客户（尤其是专业服务的客户）你会提供优质服务，即使大家并不觉得在这个领域中你处于理念或实践的最前沿。

缺陷和陷阱

具有讽刺意味的是，在寻求广阔的市场时，安全型服务商必须走一条狭窄的通道，有时还有点欺骗性。有三个非常明显的风险。第一，从广义上讲，中间地带不再是曾经所谓的安全地带。在大多数西方经济体中，中产阶级正在萎缩而且倍感压力。与此同时，由于消费者拥有更多的选择，加之社交媒体的广泛影响，中庸文化受到了冲击，广播电视网络的收视率已经连续下降了 20 年。专家型服务商、廉价型服务商、以创新为常态的潮流型服务商正在蚕食安全型服务商的传统市场。

第二，对于安全型服务商来说，增长的迫切性尤其棘手。迈克尔·波特曾经写道，这种愿望"可能对战略造成极为不利的影响"，他指出，高管们太容易屈服于收入的诱惑而跨越公司地位的界限。[15] 当一家公司的地位处于中间地带时（对每个人都有一定的价值），尤其容易忽略追求小而新的客户群体产生的注意力分散的效应。

第三，反过来说，安全型服务商也可能过于专注于其核心，导致在创新上投资不足，从而变得过时，并将这种做法视为其价值主张的一部分。

Bonefish Grill 在 2015 年的销售额下降了 5.4%，[16] 因为它遭遇了由服务和战略失误引起的三大问题。为了吸引年轻的顾客，这家餐厅将菜单复杂化，扩展得太快，让年纪偏大的常客感到被忽视、不受欢迎或者被疏远。

方案型服务商

- 我们整合所有资源，或精心编排他人的成果。
- 当你的需求过于复杂，当你的问题还没有定论，当你需要量身定制时，请选择来我们这里。
- 我们不只是你的产品供应商，我们更是一位合作伙伴。
- "我们是 _____ 业界的 IBM。"

2007 年，联合包裹（UPS）将其宣传语从"我们经营着航运业中最繁忙的航线"改为"布朗能为你做些什么？"正如该公司所言，这反映出公司的根本性调整，"公司将重点从运营效率转向以知识为基础的创新"，将战略和服务设计从讨价还价转向提供解决方案。该公司培养了航队管理、取货和交付等方面的大量专家来维持运营效率。其路由软件（包括禁止驾驶员左转）每年为公司节省了 2 000 多万英里的行驶里程。[17]

精益化的联合包裹可以像美国邮政服务公司一样廉价、可靠，为股东带来了利润。但它的商业模式意味着公司只能伴随着经济的增长而增长，无法更快地增长。为了做得更好，联合包裹的管理层意识到，应该重新设计、重新部署业务能力，以帮助客户更好地运营业务。布朗不仅可以成为一个

> **典型的方案型服务商**
> 美国自动数据处理公司
> 思科系统公司
> 德勤会计师事务所
> IBM
> 洛克希德·马丁
> 甲骨文
> 专业雇主组织
> Rackspace（云计算中心）
> Stitch Fix（在线服装订购及造型服务商）
> 联合包裹
> 万博宣伟
> 固安捷

托运人（一个待压缩的成本），还可以成为一个管理客户物流的服务商（一个有待加强的盟友）。[18]

许多公司声称提供解决方案，通常是为了美化它们的策略，它们其实是想捆绑销售其产品。但银行并不是方案型服务商，因为银行向使用其资金、信贷和财富管理服务的客户提供折扣。真正的方案型服务商在管理客户业务中起着重要作用。联合包裹前高级副总裁鲍勃·斯托菲尔以 Zappos 为例，指出在线零售商应该如何围绕联合包裹的能力构建公司的整个物流战略，甚至应该将其物流操作定位在距联合包裹路易斯维尔物流中心 10 分钟车程的地方。[19]

大多数方案型服务商都是 B2B 公司。这些公司通常提供技术服

务、物流服务、某些人力资源职能服务，通常是一些技术承包／外包／咨询公司，可以提供系统集成服务。虽然方案型服务商主要是制造商，但像洛克希德·马丁这样的国防承包商也属于这种类型。方案型服务商也存在于 B2C 领域，比如女性在线服装公司 Stitch Fix（见第四章）。Vivint 等一些家庭安全公司也属于 B2C 领域，作为家庭安全服务的一部分，该公司向客户提供防盗预警等产品。事实上，联合包裹的商店零售业务 [2001 年，联合包裹收购了邮箱公司（Mail Boxes Etc.），开始提供这种特许经营业务] 不仅可以打包发货，还可以帮你销售并跟踪包裹，这是一种满足你所有运输需求的解决方案。

方案型服务商如何创造价值和获取价值

方案型服务商彼此相互竞争，还要和客户"随机点菜"的购买方式抗争，就像家庭维修可以自己动手也可以交给承包商一样。要购买一个解决方案，客户必须相信整个产品的价值大于其零部件的总和，即使在竞争性的投标过程中，零部件的购买成本也可能会更低。这是交易成本经济学的一个例子，是在罗纳德·科斯最著名的论文《公司的本质》（The Nature of the Firm，1937）中发现的，诺贝尔奖获得者奥利弗·威廉姆森对其进行了详细阐述。[20]

方案型服务商所提供的价值包括：（1）帮助客户掌握专业知识。获取这些专业知识的成本对客户而言有些过高，而且客户的核心业务并不需要这些专业知识（制鞋商为什么要去了解物流的细枝末节呢？）。（2）帮助客户跟上这些领域的技术进步。（3）帮助客户接触许多专家及分包商，从而节省寻找这些人的时间。（4）协调项目或基础工作的进展。(5)负责应对任何复杂项目或过程中不可避免的事故。

服务设计与方案型服务商

从广义上讲，方案型服务商只与少数客户建立深入、有价值的关系。它们的验证点（它们想要赢得的赞同）是显性的效用。方案型服务商努力不在价格上竞争。事实上，大多数方案型服务商根本不定价，它们通过谈判来签合同，每一份合同都不一样。效率不是卖点，而是从交易中获得更多利润的一种方式。正如杰弗里·摩尔所说的那样："复杂系统类型企业（大多数方案型服务商都是这种类型）专注于创造显著差异化的产品，然后尽可能降低成本。成交量运营战略类型企业（即寻求大众市场的企业，通常是 B2C）的做法恰恰相反：它们专注于创造成本效益显著的产品，然后尽可能地做到差异化。"[21]

为了管理这些关系，方案型服务商会创建多个与客户的联系点，协调多种联系方式，并可能"安插"一些员工，"打入客户内部"，以便抢在竞争对手之前率先"灭火"，寻找机会。如果效率会赢得赞同，那么混乱就会引发怀疑，因为方案型服务商承诺的就是协调运作。对于重要客户（每一位客户对于方案型服务商来说都很重要），需要一个得力的经理去对接，即使在 Stitch Fix，每个客户也都有自己的造型师（见第十章）。信任及硬连接所提供的保障对于方案型服务商的服务设计至关重要，因为方案型服务商通常对客户信息高度保密。

无论好坏，方案型服务商的每个员工都体现了其品牌特征。这些员工必须足够优秀，必须了解客户的整条价值链，而不只是方案型服务商所服务的那部分，还要成为高度灵活的合作者。作为一个整体，公司也是如此，不只是因为公司要与客户合作，还因为公司是在一个"敌友难分"的商业生态系统中运作。在一个项目上和你竞价的公司，可能在另一个项目上聘用你；一个随机出现的竞争对手可能正是你填写报价单所需要的专家。

缺陷和陷阱

销售解决方案和销售"散装"服务或"散装"产品就像某些履带一样，相互间的界限很模糊，也很危险。试图"向上移动"发展成为解决方案提供商的公司，常常会遇到磕磕碰碰，因为服务设计几乎需要在每个接触点上进行重新配置：方案型服务商的网站上没有购物车。另一方面，每一个方案型服务商有时只会销售必须提供的部分内容：例如，德勤会计师事务所为未经其审计的公司提供咨询服务，也会为未购买其咨询服务的公司提供审计服务。因此，方案型服务商必须是模块化的，销售这些模块，整体打包，在不同业务之间产生真正的协同效应。在这些行业的高端，提供"产品化"服务产品既是机会，也是危机，因为这样做有可能会破坏"魔法"，而这种"魔法"就是让方案型服务商与众不同的"秘制酱汁"。

这些协同效应必须包括方案型服务商本身的成本。许多方案型服务商，特别是专业方案型服务商，都会面临着一个新的"对手"——客户的采购部门。过去，销售是在经理和经理之间进行的；现在，方案销售中的定价问题更为突出，这反过来会迫使这些公司更加严格要求内部效率。这些客户认为：现在专业服务的大部分繁重工作都已经实现半自动化和商品化，例如原先由入职一年的助理图书管理员进行的法律研究。

因此，跨服务线管理竞争和协作至关重要，也十分棘手，尤其是对于大公司而言，几个部门都为同一个客户提供服务，而且每个部门都有一份利润表和一组目标，正如 IBM 前首席执行官彭明盛（Sam Palmisano）在接受《哈佛商业评论》采访时生动描述的那样。[22] 非常可笑的是，有时方案型服务商需要为自己提供解决方案。

专家型服务商

- 如果别人是猎枪，我们就是来复枪。我们所做的事，没有人比我们做得更好。
- 如果你的需求非常苛刻，如果你需要最高水平的专业知识，请选择来我们这里。
- 我们会视情况定价。
- "我们是 ＿＿＿＿ 业界的高盛公司。"

几十年来，广告业一直由精品公司主导，这些公司通常以其创始人命名，比如李奥贝纳广告公司（Leo Burnett）、扬罗必凯广告公司（Young&Rubicam）、奥美广告公司（Ogilvy&Mather）、威尔斯·瑞奇·葛林广告公司（Wells Rich Greene）。从 1980 年开始，该行业逐渐稳定，到现在只有五家控股公司，包括 WPP 集团、宏盟媒体集团（Omnicom）、阳狮集团（Publicis）、埃培智集团（Interpublic）和电通集团（Dentsu），这五家公司控制了超过70%的广告市场。[23] 这一趋势中有一个显著例外：GSW，一家总部位于俄亥俄州哥伦布市的机构，成立于1977年，专门从事制药公司和其他医疗保健公司间的广告和传播业务。GSW是盈帆达医药咨询公司（inVentiv Health）的一部分，其收入的60%来自医疗保健公司的临床服务（如管理新药的试验），其余收入来自商业化服务，如广告、公共关系、患者教育等。当制药公司或医疗器械公司提出请求，咨询广告公司时，几乎总会有GSW参与其中。一些对其他市场（比如金融服务市场）的开拓证实了为制药行业独特的营销需求提供服务这一智慧决策。GSW是一家专业公司，专注发展深度，而不是广度。[24]

几乎在每个行业你都可以找到像GSW这样的专家型服务商。有些专家型服务商专注于特定类型的服务。每年，《国家法律杂志》（*National Law Journal*）都会发布一份诉讼精品店的热门名单，该杂志称："我们在意的是技能，而不是规模。"[25] 在医疗保健行业（包括专业医院），专家型服务商包括MD安德森癌症中心、纪念斯隆-凯特琳癌症中心（癌症护理）、

典型的专家型服务商

东西银行公司

全球海上保险公司（Global Marine insurance）

格洛里亚·奥尔雷德律师事务所（Gloria Allred, Esq.）

GSW广告公司

梅森巧克力（Maison Chocolat）

曼哈顿眼耳喉医院

帕洛阿尔托网络（Palo Alto Networks）

冲浪航空

美国联合服务汽车协会（USAA）

曼哈顿眼耳喉医院，以及多伦多郊外的肖尔代斯（Shouldice）疝外科医院等。后者是一家"重点企业"，每年有 7 000 多个疝气病例，这家医院也是哈佛商学院最著名的案例主角之一。[26]

其他专家型服务商专门从事客户细分。美国联合服务汽车协会就是一个例子：虽然它提供了全方位的金融产品，但它只向美国军事人员及其家属销售。一些公司既善于提供服务又擅长细分客户，如瑞士私人银行隆奥银行（Lombard Odier），该银行向为数不多的富裕客户群体提供了一套量身定做的财富管理服务；帕洛阿尔托网络则是一家专注于企业网络安全服务的专业公司。

专家型服务商如何增值

毫无疑问，只有具备合情合理的缘由，专业化才能发挥作用：专业加油站没有意义，但专门修理经典汽车的机械师有存在的价值。GSW 对医疗法规、行业活动和贸易展览以及大型公司必须熟悉的媒体有着深刻的了解。联合服务汽车协会了解军人家庭的情况，其中最重要的情况是，负责养家糊口的人可能正身处危险之中，因此该协会能够专门为军人家庭开发产品。从定义上讲，专家型服务商通常成本都比较高，它们几乎没有竞争对手，也没有能与之比肩的对手。当然，情况并不总是如此。因为肖尔代斯疝外科医院实行规模经营，所以这里的疝气手术的成本通常是其他医院的一半左右；而联合服务汽车协会的客户群大部分是中产阶级，如果它的成本高于非专业竞争对手，它就无法发展壮大。

服务设计和专家型服务商

几乎所有专家型服务商都具备某种特定的服务设计元素。与其他公司相比，专家型服务商在技术上"过度投资"，并将这种优势呈现给客户。它们经常开发研究成果，发布白皮书，主办客户会议，让专家接受媒体采访，还会做另外一些事情来展示它们的专业知识。GSW建立了一个IQ创新实验室，组建了一个由工程师、设计师和战略家构成的专业团队，开发了新的营销理念和营销工具，例如为医药销售代表开发的数字销售工具。"我们首先把创意交给了客户。"GSW的总裁兼首席执行官乔·戴利说。专注小众的专家型服务商，如联合服务汽车协会，为深入了解客户的理念，也在大规模投资。这些服务商可能会主动模糊平台内外活动之间的界限，积极吸引客户参加研讨会、教育会议和共同开发活动。

专家型服务商通常都很低调。它们的办公室并不华丽，但配备了最新的设备。它们的销售方法通常是可以协商的，特别是在专业服务中，它们可以在启动仪表前提供免费诊断。它们更喜欢靠名誉和口碑去营销。

专家型服务商一定是良好的生态系统参与者。它们与更大、更全面的公司存在竞争，但同时要依靠这些公司来推荐客户。专家型服务商也要靠其他专家型服务商对自己的工作加以补充或完善。有时，专家型服务商会聚集起来，创造市场力量。在大城市，整栋大楼都挤满了牙医、正齿医生、牙周炎医生和口腔外科医生，他们会把病人交给彼此来治疗。从米斯蒂克（Mystic）到斯托宁顿（Stonington），康涅狄格州海岸线上的古董店吸引了很多客户，单靠任何一家商店都不可能吸引这么多人，像大烟山（Great Smokey Mountains）和东南亚热带雨林中的萤火虫一样，它们同时闪光，创造出远比个体更明亮的光线来吸引伴侣。

缺陷和陷阱

专家型服务商必须谨慎对待生态系统的合作伙伴，因为它们也可能是竞争对手。聚合型服务商可能是它们的盟友；方案型服务商可能是竞争对手，但也可能成为合资伙伴，甚至收购者。这些公司还需要在同理心和专业知识之间找到自己的平衡。傲慢是一种诱惑，过度自信也是一种诱惑。如果专注是专家型服务商的一个巨大优势，那么其有吸引力的邻接（特别是目前服务的大众市场版本）会是一个巨大的诱惑。

潮流型服务商

- 我们走在时尚的前沿。
- 因为你是我们的顾客，所以你也很时尚。
- 我们为你提供令人眼花缭乱的缤纷体验。
- "我们是 _____ 业界的苹果公司。"

20世纪60年代初，波士顿咨询公司崛起于波士顿安全储蓄信托公司（Boston Safe Deposit and Trust Company）的管理咨询部门，那时，实际上没有"战略咨询"这种服务。一些咨询公司——包括麦肯锡咨询公司、科尔尼管理咨询公司（从麦肯锡咨询公司分离出来）、理特管理顾问有限公司（Arthur D. Little）和博斯–艾伦–汉密尔顿公司（Booz Allen&Hamilton）——可以就客户面临的问题向它们提供咨询，但直到最近才开始在业务中使用"战略"这个词。用外界的力量帮助客户决定或改变竞争地点和竞争方式，这种想法很新颖。

但对于西屋电气的前任高管布鲁斯·亨德森来说，创意的时代已经来临。事实上，创意是公司的基石，创意来自一本放在西装外套口袋里的叫作"视角"的小册子——这是一个早期案例，也就是我们现在所说的思想领导和内容营销的早期案例。[27]

波士顿咨询公司是一家潮流型服务商，过去是，现在也是。它一直走在行业的前沿，无论这一优势是由理念、时尚、科技、风格或执行力决定的，还是由这些因素结合在一起决定的。有些潮流型服务商很时髦，但并不是所有的潮流型服务商都很时髦。潮流型服务商的原型是这样定义的：公司开发新实践、开拓新市场或创建新产品，因而被客户和同行视为先驱。波士顿咨询公司不仅在客户工作和白皮书中展示了其对新理念的不懈追求，而且还在网络上的"战略画廊"中展示了这一点，这一战略画廊"旨在从全新的视角促进对战略思维的探索，有时这些视角还会显得

典型的潮流型服务商

Asia de Cuba 时尚餐厅

巴塞罗那

巴德学院（Bard College）

巴尼百货公司

波士顿咨询公司

希尔·霍利迪广告公司

摩根酒店集团

优步

维珍大西洋航空公司

沃比帕克公司

飒拉（Zara）

有些不寻常"。[28] 20 世纪 80 年代，美国航空公司是该行业的潮流型服务商。它引入了动态价格机制，其他航空公司也紧随其后。该航空公司还推出了一个常客方案，成为业界的典范。[29]苹果公司在设计、创新产品以及其他许多领域都属于潮流型服务商，该公司还率先在其软件和设备中建立了强大的加密技术，引领了趋势，引得其他公司纷纷效仿。[30]

潮流型服务商如何创造价值和获取价值

潮流型服务商追求先行者优势，并将这种追求转化为一种商业模式，利用它们的感召力来定义行业内的竞争规则，并强迫其他玩家遵守。不出所料，潮流型服务商会吸引那些渴望成为潮流引领者的客户——互相捧红。

因为潮流型服务商散发着闪亮的新潮气息，所以它们几乎总是把价格定得很高。例如，飒拉的一件衣服的平均价格是海恩斯-莫里斯专卖店的两倍多，[31]汉堡包、炸薯条和苏打水在奶昔小站连锁店的价格是麦当劳的两倍多。更高的价格并不一定意味着更多的利润。因为比起追随它们脚步的公司，潮流型服务商承担更多的风险，在创新和营销上花费更多。成功的潮流型服务商会保持新产品的一致节奏，以避免因为在创新和开发方面天赋不足而导致从繁荣到萧条、从疲软到淘汰的命运。

潮流型服务商为自己创造价值，但它们也能给那些参与其行业或市场的企业带来巨大价值，因为潮流型服务商经常会发现供应商的其他客户群将从何而来。

服务设计与潮流型服务商

从实体开始，潮流型服务商在设计的各个方面都显示出自己的特色。它们的网站简约而又时髦；简练的公司标识；极简主义的办公室，灯光不易觉察；接待人员十分漂亮，有的有文身，或者二者兼有；除非发给大家领带，否则没有人会戴领带。走进一家安达仕酒店，你会有一种在其他酒店感觉不到的熟悉感，甚至在凯悦酒店这样的高端优质酒店都不会有这种感觉。你看到的不是铺着正式的白色桌布的餐厅，而是一个农场直通餐桌的原生态餐厅。

潮流型服务商在品牌管理方面选择精致路线。虽然它们很酷，但它们也想促进沟通，而不是保持距离。这一服务原型的部分吸引力在于客户相信他们自己也很酷。员工也都很酷。一线员工对待客户的方式与传统员工对待客户的方式有着微妙但明显的不同。在凯悦酒店，前台气势恢宏，员工毕恭毕敬，而安达仕的员工拿着 iPad，为你办理登记入住，这一差别向你传达了一个截然不同的信息——你是俱乐部的一员。那些追赶者很少能比得上引领者的魅力；当所有人都掌握了某些技能时，引领者早已开始新的动作了。

潮流型服务商需要超级工具和成熟的直觉来了解客户。研究"主要用户"并与他们合作，这是新产品开发的一个惯例。[32] 这个惯例也同样适用于服务，而且可能更有价值，因为服务创新直接发生在客户身上。[33] 想一想万博宣伟如何组建了由 52 名客户代表组成的"俱乐部"，并把这一俱乐部作为新想法的试验厨房（见第三章）。潮流型服务商很可能是自己的主要用户，这使得潮流型服务商成为联合创新和共同创造的优秀潜在合作伙伴（见第十章）。

如果你听到了问题，却不采取相应行动，再认真地倾听客户的意见或建议也无济于事。因此，对潮流型服务商来说，构建一个灵活、迅速的响应系统用于开发和执行，非常重要。在这方面，飒拉的供应链具有传奇色彩，非常灵活，公司不需要过度投入任何特定产品的库存，并且还可以快速增加产出，以保证供应。

缺陷和陷阱

也许对于一个潮流型服务商来说，最大的危险就是失去节奏，顽固地坚持一个不再有效的设计。阿伯克龙比-惠誉公司（Abercrombie & Fitch）就遭受了这种命运。这个潮流型服务商一时间没忍住冲动，可能很难恢复原有的魅力了。因为服务商的愿景和设计通常与它的领导者紧密联系在一起，在阿伯克龙比这个案例中，这种愿景和设计就是与长期担任首席执行官的迈克尔·杰弗里斯联系在一起的，但2015年董事会解雇了他。[34] 同样，没有一种服务设计原型比过量饮用（手工酿造的）"酷爱"（Kool-Aid，美国黑人贫民窟的一种饮料）更危险。有时，"太过头"意味着你走在客户前面，离得太远，很少有人能跟上你的步伐；有时则意味着你想把"魔法"传播到公司无权取胜、对客户缺乏直觉判断的市场或行业。在大多数市场中，潮流型服务商的客户群规模都有一个自然的限度，如果公司想要寻求增长，与其努力扩大市场，还不如追求钱包策略。潮流型服务商对收购应该持非常谨慎的态度，尤其是考虑到文化在传递潮流型体验方面有着重要的影响。

聪明的潮流型服务商会提供比"高档"还要高的价值或品牌认同

感，来证明它们的高价合情合理，只要这些额外费用与其核心价值主张相互关联。沃比帕克公司的联合首席执行官戴夫·吉尔博亚表示："对于公司来说，这只不过是业务模式的一个方面而已。"沃比帕克公司还向非营利组织捐款，用以支付向低收入国家的用户分发眼镜的成本，公司出售多少眼镜，就免费向低收入国家发放多少眼镜。"如果我们把自己描绘成眼镜专家，并采取更多的临床医学方法，我认为我们不会吸引同样的客户，因为我们认为我们的品牌代表着乐趣、创造力以及仁爱。"

实用型服务商

- 我们通常受到监管，有时还会有点官僚，我们为很多人提供必要的服务，并且做得很好，很贴心。
- 我们能赢得公众的信任。
- 我们可能是镇上唯一的一家。
- "我们是 _____ 业界的贝尔电话公司。"

实用型服务商都是私人公司，接受监管，服务于公众利益，提供基本服务。在垄断层面，它们是自来水厂，是电力公司，也可能是电话公司、有线电视提供商、互联网服务供应商。从服务设计和传递的角度来看，邮局、公共交通和公立学校等政府机构也属于实用型服务商原型。事实上，一个城市里的公共服务（煤气、电力、水、Wi-Fi）可能是由另一个城市的一家私人公司提供的。

　　　　　　　　　　　　　　　　　　　　　　　　　让顾客购买

医院具有实用型服务商的特点。虽然出租车车主是个人创业，但整个出租车行业是一个实用型服务商。如今，你甚至可以把一个城市仅存的主要日报作为一个实用型提供商，因为它是社区的炉膛。《波士顿环球报》是波士顿的支柱，也是红袜棒球帝国遥远殖民地的支柱。所以，当《波士顿环球报》把一项新的送货上门服务搞砸了之后，公众的

> **典型的实用型服务商**
>
> 美国电话电报公司
>
> 《波士顿环球报》
>
> 芝加哥交通管理局
>
> 康卡斯特电信公司
>
> 综合医院
>
> 法国邮政局
>
> 太平洋天然气与电力公司（Pacific Gas & Electric）
>
> 公立学校
>
> 美国邮政服务公司（U.S. Postal Service）

反应非常失望，就像 Eversource 电力公司停电或突然跳闸一样（见第十二章）。

实用型服务商如何创造价值和获取价值

早在约翰·斯图尔特·密尔时代，经济学家就将实用型服务商视为自然垄断。建立和维护一个系统（如配电网）的成本非常高，所以为它树立一个竞争对手毫无意义，于是就出现了自然垄断。比如，美国 2/3 的手机发射塔掌握在两家公司手中。[35] 由此产生的规模经济和网络经济影响到这样一个事实：随着网络规模的扩大，网络的价值以几何形式增长，让实用型服务商变得看起来坚不可摧。因此，常见的实用型服务商的管制方法是，防止垄断者行为不端，例如，对那些别

无选择的消费者哄抬价格。

实用型服务商以垄断的方式获取价值。它们之所以可以创造价值，是因为它们提供的服务（能源、水资源、通信）是其他许多行业的基础。实用型服务商也会以其他方式创造价值。它们制定了一些标准，如电流、铁轨宽度、家庭和办公室的安全布线。财务会计准则委员会（Financial Accounting Standards Board）是一个私营集团，它制定的规则得到了美国证券交易委员会以及专业会计的认可。每个行业都会受益于公共教育和公共卫生。最后，也是最重要的一点，实用型服务商是保守投资者及"孤寡股"[①]的价值来源，因为监管者需确保它们能够获得合理的利润。

服务设计与实用型服务商

大多数实用型服务商无法选择客户，而且通常客户也无法选择实用型服务商。水神世纪水务公司的首席执行官查尔斯·费洛特说："因为人们别无选择，所以必须成为你的客户，但这并不意味着提供优质的服务就无关紧要了。"该公司是新英格兰最大的归投资者所有的公共事业公司。水神世纪水务公司为来自康涅狄格州、马萨诸塞州和新罕布什尔州的大约 70 万人供水。"信任易失不易建。"费洛特强调说。

实用型服务商成为官僚机构几乎是必然的，这样既有优点，也有缺点。实用型服务商的客户服务工作量很大，它们必须查看每一个邮

---

① 孤寡股指一种高回报的不敏感股票，但由于这种股票市场波动小，故不会有其他
　方面的收益。——编者注

筒，教育每一个孩子，为每个家庭、每家商店、每栋摩天大楼、每座教堂和每个工厂供电。它们需要强大的后台功能，规模和灵活性经常同床异梦，但最好的实用型服务商会利用技术分析形成对客户的一致看法，并将这种看法告知每一个接听电话的人。接听电话并不容易，因为实用型服务商往往只能给一线工人有限的权力，所以这些人需要经过精挑细选、认真培训和大力支持。

作为公共服务机构，实用型服务商不能削减私人交易。因此，透明度是实用型服务商服务设计的支柱。尽管不能拒绝客户，但可以对客户进行细分。但客户细分通常应以实用型服务商的成本为基础，而不是以市场可以承受的成本为基础。事实上，对于高成本所带来的有限价值，人们有自己的看法，而且这一看法已经损害了有线电视公司的利益。2015 年，赛富时（Salesforce）的"有线电视订购用户"调查报告显示，千禧一代中有 15% 的人不再订购有线电视服务；在所有年龄组中，有 56% 的人因为费用而选择不再订购有线电视服务。[36]

实用型服务商的服务设计需要具备明确的政策，提供有力的争议解决方案。这可能有点上纲上线，也可能有点官僚主义，所以，实用型服务商要用同理心去平衡正当程序。同理心也为这种以设计为导向的创新创造了机会，这种创新从重新想象客户的旅程开始，力图使这一旅程更加美好。美国交通安全管理局的预检计划就是一个很好的例子，可以说明实用型服务商应如何进行客户友好创新。值得注意的是，该机构把口号印在员工佩戴的徽章上，他们的口号是：诚信、团队精神、创新（这个词出乎意料）。

在实用型服务商的服务设计中，有一点至关重要，那就是：如何管理利益相关者。因为实用型服务商处在一个复杂的生态系统中，这个生态系统比几乎其他任何公司的生态系统都复杂。危机管理能力、政策和行动方案也很重要。人们能够原谅因不可抗力而造成的混乱，比如 2012 年的超级风暴桑迪。但是如果你恢复服务时用的时间太长，或者客户觉得是你造成了问题，那么你就祈祷老天帮助你吧。

缺陷和陷阱

许多实用型服务商似乎认为，以客户为中心就意味着要把事情解释得更明白，而不是更专注地去倾听。弗洛特说，许多实用型服务商并不是失败在实际提供的服务上。"太多的实用型服务商不注重服务，因为它们把客户群视为理所当然。"他说。根据美国客户满意度调查，符合实用型服务商特点的企业的行业排名都低于平均水平；普通行业中做得最好的是传统实用型服务商，据我们猜测，可能是天然气、水和电力等部门，因为这些服务最有可能受到机构的监管，最有可能维持其服务水平。[37]

即使一个实用型服务商不是聋子，也可能是音盲。想一想时代华纳有线电视公司的"准时保证"："准时保证是我们的承诺，即我们将准时出席安装和服务预约，因为我们知道没有什么比等待更令人沮丧的了。正是出于这一原因，时代华纳有线电视公司在业内第一家推出'准时保证'政策。"但在下一句话中，该公司却又转弯抹角地回避道："请联系我们，了解你所在地区的'准时保证'政策的详细信息。"[38] "准时"在你所在地区是不是有别的什么意思？（巧合的是，汤姆在纽约州北部编辑这几页文档时，他的房主正在等有线电视台的

让顾客购买

伙计。时代华纳曾承诺房主工作人员会在中午 12 点到下午 1 点之间到达，而他在上午 10：15 就到了。）

实用型服务商的另一个致命弱点，就是把它们的商业模式视为理所当然，就像它们对待客户一样。屋顶太阳能、流媒体视频、移动电话、紧急护理诊所、来福车和优步：随便说出一个实用型服务商，你就会发现它最近面临着严重的被颠覆的威胁。对于一个核心工作非常可靠的企业来说，建立创新和实验能力固然很难，但是实用型服务商必须学着这样去做。

第十章

用服务设计来提升客户资本：
一加一等于三

任何交易都包含一种双向价值交换：作为卖家，你得到了钱，你的客户也相应地得到了一些回报，比如一间过夜的房间、一次包裹投递、一次体检。双方都有投入，也都有收益。在理想状态下，你们应该都会留下一些什么：对彼此的技能及偏好的了解，再次合作的意向，发展关系或者改善关系的信任基础，这些都是客户资本的要素。每经历一次积极的客户体验，你的客户资本就会增长；反之，消极的客户体验会让你的客户资本减少。

客户资本是构成智力资本的三大无形资产之一，其余两个为人力资本（公司工作人员的集体技能和知识）和结构资本（知识产权、流程、工具和其他不体现在人员或关系中的无形资产）。[1]

这些资本并非传统意义上的资产，它们不会出现在任何资产负债表上，也没有公认的方法来衡量它们的价值。但从其他角度来看，它们就是资产：你可以对其进行管理、利用、借贷，也可以从中获利。至关重要的是，智力资本是公司战略差异化的核心。有些公司拥有独特的资产，如油田。只要资金充足，你几乎可以拥有其他任何有形资产；然而，能力和关系却是独一无二的。

所有企业都在积累客户资本。在客户资本中，单就服务一项就占了极大比重，因为客户的积极参与（尽管可能只是告诉理发师把两侧的头发多剪掉一点点）可以创造价值。

服务提供了机会，可以建立更多资本，而与此同时，在服务中破坏客户资本的风险也相当高。如果你一开始就走错了路，或者在服务客户的关键时刻走错了路，就很难恢复资本。"留住老客户比开发新客户成本更低"这句老话说得很正确（前提是你拥有正确的客户，这个问题我们在第四章中探讨过）。因此，每时每刻，你都需要知道，你是在客户资本账户存款还是取款，还有，你的客户是否正在你身边投资。

存款还是取款？

每一个机会都可以建立客户资本，也可能毁掉客户资本。例如，公司希望客户自己做更多的工作（无论是在超市结账还是自己接饮料），或者不再与人类服务互动（自己执行股票交易，在线支付账单）。公司将某些服务转为自动化模式，把工作推给了客户，从中节约了一笔可观的资金。

只要客户能够从中受益，你就可以通过这样的方法来积累客户资本。波士顿大学的安迪·博因顿指出，在亚马逊，如果你想找人来提供现场帮助，肯定是徒劳无功的，但对他来讲，帮不帮忙无所谓。"我曾经想方设法给他们打电话，后来觉得还是算了吧。但对于亚马逊和我来说，这些参数并不重要。"博因顿说，"亚马逊办事快，很可靠，很便宜，我能找到我要的东西。"[2]

廉价、快速、可靠（还有技术驱动）是亚马逊的服务设计选择，就像里昂比恩服饰有一位直率、自信的客户服务代表与你交流一样。在博因顿与亚马逊交易时，由于交易便捷，存款（指企业信誉）便进入了客户资本账户中。

将服务外包给客户是一个加分项，如果：

- 这样做可以节省客户的（而不只是你的）时间和金钱。
- 这样做让交易更加方便（就像自动取款机消除了"银行营业时间"的限制）。
- 这样做可以让客户按照自己的条件来与你接触，而不是按照你制定的协议或规则来与你接触。

但这样做也可能成为一个减分项，如果：

- 你只是在推脱工作，对客户没有任何实际好处（如实体店的自助结账）。
- 你让服务变得更复杂（复杂的系统界面或令人厌烦的电话控制系统）。
- 你设置了障碍（让遇到复杂问题的客户难以与人沟通）。

资本收益设计

你如何处理你的客户资本？你是在让客户资本不断增值，还是在吃客户资本的老本？你是在积极地管理客户资本，还是任由它自生自灭，像支票账户里的钱一样？你是在像利用其他资本那样利用它吗？你对平庸的回报很满足吗？

许多公司都会给出"正确"的答案（我们正在壮大客户资本，管理客户资本，利用客户资本），但这些公司几乎都拿不出什么令人信服的证据。航空公司的忠诚度计划是一次早期尝试，该计划将特定价值归因于客户关系（你是银卡会员！黄金卡会员！白金卡会员！），但鲜有证据能够表明它们创造了真正的客户忠诚度，更不用说商誉了。（航空公司会对飞行常客账户中的"货币"进行定期贬值，这样做并没有帮助。）

但是，服务设计可以用来积累客户资本、管理客户资本、利用客户资本并从中获利，方式非常特别，结果显而易见。因为服务设计将客户体验与公司战略联系起来，所以服务设计会通过四种方式来构建二者关系的价值：

- 设计并开放反馈渠道，使客户能够持续不断地帮助公司提供更好的服务。
- 创造机会，让公司和客户一起解决问题。
- 与客户共同创新，共同设计测试，共同推出新产品。
- 提供一个框架，将客户扩展到你的企业中，与他们共同创建服务，让客户变成合作伙伴。

客户资本虽然是无形的，但它仍然会在财务报表上留下印记。你可能拥有与你的品牌相关的知识产权，比如标识和商标，但品牌本身存在于公众的头脑之中，品牌的价值在很大程度上取决于客户资本。广告和行动有助于人们构建这个品牌的形象，但只有让游客微笑着走出去，迪士尼才会是"世界上最快乐的地方"。

客户资本体现在客户忠诚度上，即今天的客户很可能也是明天的客户；客户资本还体现在客户提供的价值上，客户可以成为营销部门事实上的助手（比如脸书上的粉丝，给新客户的参考建议，口碑推广）。

可以利用客户资本更好地为所有客户提供服务，因为客户好，公司就会更好。这些客户会成为公司更广泛业务生态体系的一部分，直接或间接地与公司合作来解决问题，与公司合作创新，并成为共建关系中真正的业务合作伙伴。

以明确的方式与客户合作，共同创造价值。这种想法十分新颖。C. K. 普拉哈拉德和文卡特兰·拉马斯瓦米于 2002 年最早使用了"共同创造"一词。[3] "大多数时候，经理们都非常专注于高效运营，所以他们甚至从未从消费者体验的角度去考虑创造价值。"他们写道，"在产品所有权转移给消费者之前，消费者通常对所创造的价值没有影响或几乎没有影响。"

那样的日子一去不返了。顾客不仅仅是买主，就像相亲节目《单身汉》那样，从可供选择的美女中挑选一个；你要让客户和你一起参与决定，确定你要卖什么，他们想买什么。在企业社会责任领域，哈佛商学院的战略家迈克尔·波特也倡导他所谓的"共享价值"，这是一种战略，公司将社会收益视为其价值主张的一部分，而不是用公司在其他地方赚的钱来资助的慈善行为。

设计会产生共享价值。决定是否利用、在何处利用以及如何利用客户资本，是你要在服务设计和服务传递中做出的基本选择。

上游是谁？

客户资本是共同拥有的，但不一定是平等拥有的。这一点就像大多数关系一样，一个"股东"可能拥有多数股权，或者至少有足够的权力让另一个股东顺从。汤姆在他的第一本书《智力资本》（*Intellectual Capital*）中写道："当信息成为权力时，权力就会流向下游的客户。"

回头看看，这种说法似乎太过泾渭分明了。当然，信息仍然是权力。但在当今透明、互动的市场中，信息就像芬迪湾（Bay of Fundy）的潮水一样涌来涌去。这一时刻信息正朝着买家涌来，买家可以快速拿出手机，在大街上来回比较价格；而另一时刻信息又会转向卖家，卖家可以设置 Cookies（保存在客户端的纯文本文件），收集数据，而且卖家对客户的了解非常多，某些情况下，它们甚至可以在女性客户家长知道之前就已经推断出客户怀孕了。[4]

买卖双方之间的紧张关系是不可避免的，但这种关系不必是零和博弈。在波特的五力模型（Five Forces model）中，买卖双方的相对权力是决定盈利能力的一个因素。如果客户有很强的议价能力，它们会压低价格。例如，保险公司努力压低药品价格，因为它们控制着巨额的采购量。反之，如果买家没有多少选择余地，或者换一家去购买的成本很高，那么这时卖家就可以收取更高的费用。

这些紧张的关系也不是一定会破坏价值。服务设计和传递代表了一种可能性，可以将这种相互作用的能量转化为价值来源。亚马逊创始人兼首席执行官杰夫·贝佐斯表示，随着消费者和卖家彼此的认识不断加深，公司甚至可能从根本上把投资从营销转向服务："世界变得越来越透明……信息不断完善。如果坚信这一点，那么更明智的战略就是与客户保持一致。要用不同的观点去对待市场营销。如果在以前，你会用30%的注意力去提供卓越服务，而把另外70%的注意力用在大吹大擂上，如今，则恰恰相反。"[5]

想一想 Edmunds 网站通过"价格承诺"项目与汽车经销商建立起来的关系。价格承诺是一款在线工具，为客户提供当地经销商的最低价格，承诺购物过程中不用讨价还价，避免了好多麻烦。客户输入其所在地区的邮政编码和所需车辆类型；Edmunds 从选择参与该计划的当地经销商中找到最匹配的车辆。购车者会得到一份价格承诺书（打印版或在线版），然后带着承诺书去找经销商。双方可以很快达成交易，因为他们不用讨价还价。Edmunds 在交易双方中都建立了客户资本。

共同创造客户资本的四个平台

共同创造客户资本可能会像改善反馈循环一样简单，也可能像邀请客户为你创造产品一样复杂（想想弗里托·雷举办的广受欢迎的"为我们做一种口味"竞赛）。共同创造客户资本会涉及一种服务设计，在这种设计中，公司与每个客户（如时尚电商 Stitch Fix）的关系变得更加密切；或者设计与供应商合作，来了解关于客户的信息，因为供应商了解到的信息比你掌握的更多。服务设计的结果可能只是改善了服务，也可能是引人瞩目的服务创新，也可能使实现价值主张的重要能力得以提升。

共同创造资本的平台有四个（见下图）。

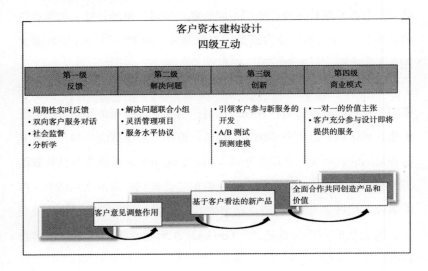

第一级：反馈

公司总是能够通过广告和其他形式的营销手段，坚持不懈地对所有客户喋喋不休。而客户也一直都可以谈论你的公司（事实上，口碑始终具有强大的力量），而且现在他们还可以反过来评价公司了。通过脸书、拼趣、照片墙等社交扩音器，客户的声音不断被放大。此外，还发生了一些你几乎无法控制，甚至无法参与的对话。"社交媒体和诸如猫途鹰类的网站都是惹不起的巨头。它们不仅为消费者提供了发言权，还提高了接待标准，因为它们让我们行业中的每个人每天都要承担责任。"威肯尼尼许豪华酒店的麦克迪米德说。[6]

正如客户与你交谈和谈论你的能力得到了很大提高，你与客户沟通交流的能力也大大增强了。你可以与他们一对一地进行交流，也可以分组交流，还可以通过他们正在使用的交流平台和渠道加入他们的交流。而且，得益于大数据分析，你可以通过他们的行为得出比以前更可靠的推论。

大多数公司都有一些正式流程，用来收集客户的反馈。然而，并不是所有公司都有这样的流程：客户满意度评估在专业服务行业中尚属于新鲜事物。这种评估标准刚刚开始在医疗保健领域应用，因为医疗保险开始要求医院去跟踪客户体验和护理的技术质量，但很可能你的医生从未系统地询问过患者体验，比如有哪些地方还可以改进，甚至也从未对一些基本指标进行跟踪，比如他能否经常做到准时服务。

但是从收集客户反馈，再到将客户反馈融入服务设计、优化业务，还有很大的一步要走。有经验的公司会努力争取三种不同类型的反馈，借用战略联盟集团（Strategic Alignment Group）克里斯托弗·迈耶的话来讲，就是脉冲式反馈、周期性反馈和持续性反馈。[7]

- **脉冲式**反馈来自一项特殊研究：可能来自一个重点小组，该小组负责检验公司的新标识；或者来自一个研究项目，该项目是用来判断城市千禧一代租车习惯的；抑或来自一项测试，研究为什么新服务的表现没有达到预期。在某些方面，脉冲式研究类似于老式的市场调研。

- **周期性**反馈就是季度账户审查、用户组调查、电话或网络调查。这些反馈可能集中在特别有价值的客户群体上，或者调查客户的态度或行为，以期发现当前客户的哪些需求尚未得到满足。

- **持续性**反馈相当于一款 Fitbit[①] 产品，持续提供关于日常运营的数据流。持续性反馈主要用来明确当前业务的发展趋势，识别存在的问题。理想状况下，这种反馈应该不太容易引起人的注意。假设汤姆每个月至少乘坐两次达美航空公司的航班，而每次乘坐后都会收到关于"我们的服务质量如何"的问卷调查，这样的做法首先会令人反感；更糟糕的是，连调查的问题都不做调整，全部是关于航班是否准时、有无延误、是否取消等一类问题。持续性反馈与后台表现评估联系在一起时，会发挥最大的效用：奶昔小站连锁店的计算机系统会在收到每一个订单时盖一个时间戳，在厨房完成订单，可以取走的时候，再加盖一个时间戳。因此，这个数据链除了其他数据以外，还有一个完整的后台记录，记录了各个订单所花费的时间，并且可以计算出较忙的时段，以便判断是否需要添加人手。还可以查看菜单中哪些食品会造成排队时间过长，比较不同区域所需的时间，关联统计数据，或者利用这些数据尽早发现问题。

---

① Fitbit 是美国的一家新兴公司，致力于研发和推广健康乐活产品，其记录器产品闻名世界。——译者注

反馈的主要作用是用来确定哪些部分相互关联、实用、值得采取行动，这就是数据和分析的来源。客户为你提供了大量关于他们自己的数据，包括：通过直接提供的信息，也就是你要求他们提供的信息；你从与他们的互动中收集到的信息；间接提供的信息，就是通过追踪客户与你的历史往来而获得的信息。

将这些反馈归结起来，就形成了大数据。大数据不在于谁能造出最大的"草堆"；而是在于找到那几根"针"，以便为客户创造尽可能多的价值，同时也让各个客户感到他们的特定需求得到了满足。

在草堆中找到几根针并不需要大量的计算能力。"客户评论卡一直是我们行业的生命线，一定要重视客户的观点。"威克酒店的麦克迪米德说，"从个别角度看，有些观点可能未必正确，但整体来看，客户的观点一直都在告诉你应该做什么或不应该做什么。"威克对这些反馈数据进行了深入研究、追踪监测和评级，并将评级结果与上一年的结果进行比较。这种方式所获得的见解也同样有价值，并不会因其来源的技术含量较低而受到影响。"我们酒店所做的 90% 的改变来源于评论卡中的信息。"麦克迪米德说，"一年 365 天，住在我们酒店的所有客户，给了我们无法从其他渠道获得的数据。"

同侪劝说的力量：一种特殊的反馈

一种重要的反馈来自我们所说的"同侪劝说"（peersuasion），即客户对彼此的影响，特别是通过社交媒体的放大后。这既是客户资本的一种形式，也是客户资本的副产品；客户不仅与你一起创造了客户资本，还额外为你创造了客户资本，尤其是与你的品牌相关的客户资本。良好的口碑代表了强大的客户资本，而且越来越重要，在这一点上社交媒体功不可没。

一些统计数据可以显示出同侪劝说的威力：

- 不满意的客户会把他们的体验告诉 9~15 个人。
- 13% 左右的不满意客户会把他们的体验告诉 20 个人以上。
- 传播与某个企业的消极互动的人数是传播积极互动人数的两倍。
- 谈论不愉快的客户服务体验的可能性是谈论良好体验的两倍。
- 67% 的人会选择消费好友在脸书、推特等在线社区上推荐的服务。
- 问题得到解决的满意客户会将他们的愉快体验告诉 4~6 个人。[8]

潜在客户非常关注当前的客户所说的话。Reevoo 是一家帮助其他公司在线收集和发布客户评论的英国公司，其研究表明，3/5 的客户会阅读产品及服务的在线评论，并且客户评论的可信度是公司自我评价的 12 倍。[9] 因此，当客户告诉其他客户时，他们正在帮助你建立信任，这是客户资本的关键部分。

你的目标是利用并控制同侪劝说的力量。对于 Stitch Fix 而言，同侪劝说一直是业务增长的关键驱动力。创始人莱克表明，同侪劝说带来的益处，不仅是节省了营销费用，而且比广告更有影响力。焦点小组表明，人们对 Stitch Fix 服务的实用性感到困惑，犹豫是否该花 20 美元（造型服务的固定价格）去购买该服务，因为该服务可能不过是试穿一下陌生人为你挑选的衣服而已。"我听到有人说，'我都不知道接下来会发生什么，我也不知道我的设计师是谁，我为什么要交出 20 美元呢？'"莱克说。

第二级：解决问题

由于你和客户之间的障碍已经打破，客户自然而然会感到更强大，尽管可能没有什么理由。商业心理学家、《同理心营销》(*Empathetic Marketing*)一书的作者马克·英格尔认为："满足消费者的控制需求，比满足本书中讨论的任何个人需求都更能帮助公司通过内在动机建立对品牌、产品或服务的忠诚度。这种内在的满足感与采购流程和最终的采购息息相关。"[10]

应该给客户多少控制权，这是一个棘手的问题。共创体验合作伙伴(Experience Co-Creation Partnership)联合创始人兼首席执行官弗朗西斯·古伊拉特问道："共同创造何时会达到一个转折点，何时客户会不断地试图改变你的产品和服务，来满足他们自己的需求？"古伊拉特的咨询项目包括法国邮政局改造项目。他说："接纳客户，并满足客户需求，而不是进一步去改变产品或者服务，用这种方式改变你的业务和服务是有意义的。"这时，就达成了愉快的折中。[11]

这就是法国邮政局的共创体验。像世界各地的许多邮政服务一样，法国邮政局发现人们越来越依赖数字通信，而公司正在这个世界中渐渐失去客户、失去收益。2009 年，时任首席执行官让-保罗·贝利开始带领法国邮政局转向共创发展，重新设计服务。

邮政局选址的部门负责人雅克·拉波波特曾读过关于共创的一些文章。据从事该项目的古伊拉特透露，雅克·拉波波特对一个概念很感兴趣，那就是：与客户合作，重新设计服务。

法国邮政局最初的决定是：从规模和目标两个方面做起。公司选取三个拥有不同客户群的邮局作为试点：一个位于城市，一个位于郊区，还有一个位于里昂西北部的昂普勒皮村。

"在这里我们提倡自上而下严格控制的观点：我们指导它们最多只能设计三四个非常高水平的服务指标。"古伊拉特说，"超过了该标准会让人望而生畏，失去信心；再者，此类试验也不允许这样做。"

这个转型举措最终提高了法国邮政局在全国的服务效率，新的收入也源源不断，不过，第一个，也是最重要的结果就是改变了服务时间。这一切都始于昂普勒皮，一个人口刚过 5 000 人的小乡村。

每逢周三和周五，这个村庄都会有露天市场。邮政局上午 9 点才开门营业，而这时市场交易已达高潮。法国邮政局的员工和客户都建议邮政局从早上 7 点开始营业，这样可以满足市场工作人员的需求。

鉴于法国长期以来实行中央控制、计划管理，加之影响深远的工会传统，要在一定程度上坚持严格的工作规则，来抵消管理层自上而下的控制，所以，这一问题比人们想象的更难破解。打破困境的方案是：让员工自己决定如何分配每周 35 小时的强制性工作时间——基本上都是在墙上挂一张电子表格。

第三级：创新

反馈和解决问题是建立客户资本的前两个级别，它们会关系到客户合作和当前业务的改进。接下来的两个步骤就是将客户收入麾下，来帮你改进业务，从第三级起，开始创新。在第八章中，我们探讨了创新在服务价值链各个环节的重要性，以及先进公司如何与客户进行实时试验，测试新的服务、服务和界面变化等话题。在这里我们应再补充两点。

第一，无论公司是否顺应这一趋势，技术，尤其是应用经济（App economy），都会让共同创新更加普遍。在融合的开源世界里，你要在知识产权的唯一控制权方面做出巨大让步；所以当客户在你的软件上构建新程序时，你最好报以接受的态度，而不是与之抗争。物联网使连接到互联网的设备激增，这一进程只会加速。据国际数据公司（IDC）预测，截至 2018 年，全世界共安装了 220 亿台这样的设备，这将推动 20 万个新的物联网应用程序和服务的开发，这一数字远远超过"传统"IT 开源软件的效能。[12]

第二，服务价值链的每一个环节都可以建立客户资本：就像你的客户可以和你共同创造一样，你也可以与已有或可能成为客户的公司共同创造。雷富礼曾两次担任宝洁公司首席执行官，他非常支持共同创造的力量，不仅为宝洁公司吸引了数百名设计师，还为整个公司传授了设计思想。结果，宝洁的创新成果开始走出实验室，走进消费者的家中，而且宝洁公司与外部的研究人员建立了联系。宝洁称这种模式为"联发"，和"研发"不一样。

在一个项目中，宝洁雇用了 Continuum 公司的一个团队，Continuum 公司是一家设计公司，总部设在波士顿。该团队观察人们在家里做家务的情形，他们了解到，人们在洗拖布和清洁地板上所用的时间一样多。了解到了这一点，宝洁公司开发了非常成功的家庭清洁系列产品 Swiffer。[13]

共同推动创新

Edmunds 是一个汽车信息服务平台，在共创曲线中处于领先位置。"我们的目标是减少购物者、经销商和生产商之间的摩擦，从而让交易顺利进行。"这家私营公司的首席执行官阿维·斯泰因劳夫说道，[14] "谈及这三者的关系，我们处在一个微妙的空间。"

如前所述，2013 年，Edmunds 推出了"黑客促"活动，这是公司先前推出的"黑客松"（Hackathon）[①] 活动的后续举措。"IT 部门的人觉得这些举措十分有用，所以按照逻辑，我们下一个步骤就是邀请外部团队来判断一下，我们是否也能给汽车购置空间出些新点子。"斯泰因劳夫回忆道。

Edmunds 的"黑客促"活动邀请了评委，还设有真金白银的奖励，以此来吸引大家的参与。2014 年，一等奖颁给了一家初创公司车代码，这家初创公司的技术支持短信发送，这样一来经销商能够集中处理所有的短信，而不用单看某个人的手机。车代码团队不仅赢得了 2 万美元的奖金，还成功吸引了斯泰因劳夫和 Edmunds 公司的关注，它最终收购了这家初创公司。斯泰因劳夫说："尽管车代码只是一个平台，但它符合我们的目标，我们的目标就是要为购物者和经销商提供最佳、最简的体验。"

斯泰因劳夫指出，与其他购物者一样，潜在的购车者更渴望体验购车的便利性以及体验店的展示能力。购车者可以通过短信向参与销售的经销商提问，比如"此类车还有库存吗"，然后他们就可以获取

---

① 黑客松，又称编程马拉松或黑客马拉松。——译者注

照片。所有 Edmunds 的合作经销商都可以免费享用车代码平台的服务，参与活动的经销商将收到来自 Edmunds.com 的短信。这些经销商还可以在自己的汽车网站上添加一项"给我们发送短信"的功能，从而提高购车者的参与度。

第四级：商业模式

共同创造不仅是改善客户体验的有力工具，也是战略的一部分，或者说共同创造本身就是一种战略，它将客户"带入"，让客户成为你的合作伙伴，一起来创建更有价值、盈利性更强的企业。

对于在线造型机构 Stitch Fix 来说，客户资本是其商业模式的关键组成部分。创始人卡特里娜·莱克和她的造型师为每个个性化的造型而深感自豪（每次造型包括五项内容），价格由客户自由选择，每次交易收取 20 美元的造型费。Stitch Fix 依赖客户不断的反馈来提供量身定制的体验，而且这样做一直都很奏效。莱克说："女士们总是告诉我们，'我去一家商店试穿了 20 条牛仔裤，但就是找不到合身的，Stitch Fix 给我送来一条，就很合体。你们 Stitch Fix 一定是有魔法'。"

这个魔法来自精工细作与同理心的结合。每个客户在开始加入 Stitch Fix 时都填写过详细的风格介绍；数据输入到算法中，然后通过设计师个人的提炼后给出解释。根据客户的介绍，选出一位与客户"兼容"的设计师配对。"你的"造型师（帕特丽夏在为这本书做研究的时候也变成了 Stitch Fix 的一个客户）发给你一个图示便条，就造型中如何穿戴／配饰给出建议，而且还包括与先前造型相关的建议。

Stitch Fix 的一点小瑕疵是：你和你的造型师从来没有直接通过电

子邮件联系过彼此，更别说面对面交谈、用 Skype（聊天软件）交流，或者短信联系了。关于这一点，有几个原因：第一是经济学原则。莱克说："花 45 分钟时间打电话去卖给你一件 38 美元的背心，这么做是没有意义的。"第二，节省客户时间是 Stitch Fix 价值主张的一部分。第三，Stith Fix 拥有大量特定客户的数据，以及所有客户的数据，与客户联系就变得没那么必要了。"我们需要大量的数据，但我们想要的是有用的数据。"莱克说，"即使是为某个客户安排第一次造型，我们也不必担心，因为我们有四年多来累计的数据和数百万个数据点，可以更好地了解客户和产品之间是如何互相影响的。"

但是这些数据也只有设计师才能用好。莱克说："如果没有算法，很难想象造型师能达成效果，或者说仅靠算法无法达到效果，必须二者结合，效果才可以显现出来。"造型效果的优劣取决于客户是否愿意分享信息，不只是在刚开始时分享信息，而是在整个过程中都要分享。客户需要对每一次造型中的每一项内容给出反馈，不管他们最终是否选择保留该项内容。

如果莱克和她的造型师工作思路正确，而且顾客的反馈也非常实用，那么造型师每一次做出的造型都会比上一次更加完美，买卖双方都会因此受益良多。（该公司成立于 2011 年，从未公布过销售数据，其年销售额预估超过 2 亿美元。[15] 它吸引了一批热忱的追随者，还有引人注目的领袖级人物，包括首席运营官朱莉·伯恩斯坦、前首席营销官及首席数字官赛普拉）。

客户资本不只是良性循环，更是一个螺旋式结构。随着你和客户之间关系的不断深入，你们双方的价值也在持续增加；随着客户的期望越来越高，你满足他们期待的能力也会有所提升。"要求客户对造型进行反馈时，我们就是在提升自己的标准，以便让客户满意，因为客户希望设计师留意他们的反馈，并将反馈的内容应用于下一次造型。"莱克说，"我们一直要求客户与我们合作，所以我们有责任不断改善客户的体验。"

共同创造最大的好处就是，利用你和客户的共同兴趣、共同需求、共有知识和技能，升华彼此的互动。这对客户而言是一种愉悦的体验，而对你本身而言则是一种有意义的盈利体验。这就是一加一等于三，你在音乐会上的表现会远比你独唱时的表现好。归根结底就是要认识到，顾客不仅仅是金钱的来源。

第十一章

良性循环：企业文化与服务设计

"我们的宣言是：我们希望成为优秀的雇主、投资商、服务提供商。"水神世纪水务公司的首席执行官查尔斯·弗洛特说。[1]正如弗洛特所言，水务公司可能是"最后一家垄断公司"，如果不能为员工、股东和客户工作，公司就无法成功，而这就意味着要建立自己的企业文化，一种与过去呆板的官僚制度完全不同的文化。

2003年，弗洛特接任首席执行官时，客户的抱怨声很高，但他却无法在公司中找到任何一个人，可以就客户提出的问题给出答复，所以客户的沮丧情绪便愈演愈烈。"我们公司的信息系统太陈旧了，"弗洛特回忆说，"问题出现时，我们的客户会给呼叫中心打电话，因此客户服务人员比现场员工更了解现场发生的情况。"

如今，水神世纪水务公司的信息系统促进了现场员工和呼叫中心代表之间的信息交流。公司关注客户服务培训，严格遵循关键指标，投诉大幅下降。几年来，水神世纪水务公司在康涅狄格州所有实用型服务商中客户投诉率最低，业绩名列前茅。

"外部发生的事情和内部发生的事情之间有着强烈的、持久的联系。"弗洛特说，"如果你走进一家制造厂，看到管理一团混乱，可以肯定地说，它的产品质量、服务传递，以及员工状态和劳资关系都会受到影响。"服务业也是如此。

很少有管理者会像弗洛特一样，对自己公司的经营和企业文化如此坦诚、如此挑剔。事实上，似乎每个人都会说（但也许并不真正相信）他们的公司文化既服务于员工又服务于客户："我们的员工爱我们，我们也爱我们的员工！""我们真的很关心客户！"这些高管中有一些人知道自己在说什么，做得也是正确的，但也有些人知道自己在说什么，却做错了，还有人私下里认为他们的文化有问题，拖延了节奏，影响了公司，造成了损失。如果你的企业文化和价值主张不协调，那便很难赢得客户的青睐。

企业文化有许多定义，其中最被广泛理解和接受的定义可能是"我们这里做事的方式"。这种说法暗示出文化和服务设计之间有着不可分割的联系。行为应该由设计来决定（你在与客户的每次互动中都要做什么，以及必须在幕后做些什么，以便为这些互动做好准备），而行为会塑造文化。"通过设计来创造企业文化。使用设计来创建实例、程序、空间和工具。这一切会构成文化。"IDEO 公司的蒂姆·布朗说道。[2]

我们提倡创建我们所说的服务文化。服务文化并不是为了逢迎，而是为了保证你的企业文化符合客户的期望，增强你实现这些期望的能力。本章将展示如何在服务设计和服务文化——处理事情的方式，以及事情应该如何处理——之间建立一个强大的良性循环。通过这种做法，几乎可以确保最终形成你想要的企业文化。

文化不会出现在真空中。文化通常是在领导者的刺激下产生的，具有目的性。如果一个领导者总想找机会把责任推到别人身上，那他就不应该对公司里形成的"别看着我"这种自卫文化感到惊讶。斯坦·斯莱普是一名顾问，著有《把我的心埋在 B 会议室》(*Bury My*

Heart at Conference Room B）等书籍，根据他的观点，"一种文化的存在是为了保护其本身，所以这种文化要适应生存和自我保护的需要"。[3]

如果管理行为能够造成文化功能失调，那么管理行为同样也能够使文化功能充满活力。如果自我保护与提供正确的客户体验紧密相连，那么你就是在借用文化的力量，而不是与文化抗争。

与战略相结合的文化充满活力，可以让你扮演雇主和供应商双重角色——尤其是在服务行业，价值往往是在人与人之间进行传递。西南航空公司能够吸引旅客，不仅因为其价格低廉，还因为西南航空公司声誉好，人人都喜欢它，都乐于乘坐它的航班——因为每次起飞前空乘人员都会在例行广播中讲笑话（不管有趣与否），这体现出了西南航空公司的文化。赛富时的创始人兼首席执行官马克·贝尼奥夫明确地将公司的开放文化与其业务成功联系在一起："我们销售的产品是信任。客户与我们合作是因为他们信任我们，员工为我们工作也是因为他们信任我们。"[4]

客户纷纷涌向诺德斯特龙百货店，是因为他们期待样板服务。谁没听说过客户把一套汽车轮胎退还给服装零售商的故事？尽管这个传说可能是假的，但它仍然存在，这一事实使它成为最强大的文化产物——一个神话般的例子。

有很多关于文化本身的神话，其中最阴险的一个神话说，改变一种文化的方法就是直面解决它。不要责怪你的文化，著名团队及非正式组织专家乔恩·卡岑巴赫警告说："就像你通常无法说服别人放弃一个根深蒂固的信仰一样，你同样也无法强迫人们改变他们对工作的想法和感受。"[5]相反，卡岑巴赫敦促人们，你应该找出需要改变的具体行为，解决实际问题，产生实际效果。他们的想法（还有你的文化）就会开始按照你想要的方式发展。

另一个危险的神话说：伟大的文化都是一样的，充满了温暖，共同管理，通力合作。事实并非如此。伟大的文化是由其能力来定义的，它必须同样出色地为客户和员工服务。亚马逊收费快捷，有着残酷的成本意识，但也因其收费快捷、文化无情而受到批评（这种批评也许是正确的），尽管亚马逊公司及其员工都进行强烈反驳，但没有人会说在亚马逊工作就像在《小狗碗》（*Puppy Bowl*）[1] 里玩耍一样轻松愉快。

设计有助于定义员工的操作界限，确定他们可以做什么，应该做什么，以便提供愉快的客户体验。良好的服务设计将客户期望转化为员工期望，因此包含了满足客户需求的权威感。以服务为导向的文化是设计的剩余财富，而不是管理层督促或驱使的结果。如果设计正确，并通过政策、流程、激励、褒奖来加强，企业文化就会出现。如果服务设计得当，员工在做正确的事情时就不会抵制这个系统。

换一种方式是行不通的。文化是出了名的难以改变，恰恰因为文化是做事的方式——并且很久以来就这样。许多首席执行官都曾以某种方式提到过"文化胜过战略"的说法，而星巴克的霍华德·舒尔茨只是他们中的一个。[6] 舒尔茨在 2012 年出版的《一路向前》[2] 一书中写道："就像制作一杯完美的咖啡一样，创造一种迷人的、互相尊重的、

---

① 《小狗碗》是动物星球频道的一个年度电视节目，节目中使用小狗模仿类似于超级碗的美国棒球比赛。——译者注

② 该书简体中文版已于 2011 年 4 月由中信出版社出版。——编者注

值得信任的工作场所文化不是任何单一因素作用的结果，它是意图、过程和心思的结合体，是一个必须不断微调的三重奏。"

意图、过程和心思的含义是：设定正确的期望值和激励机制，设计正确的工作流程及具体工作，通过展示领导力来树立正确的榜样。做好这些工作，文化将像你的服务设计一样，成为差异化的来源。"美国大约有 46 000 家会计师事务所，[7] 大多数会计师事务所提供的服务都非常类似。"美国德豪国际会计师事务所（BDO USA）的首席执行官韦恩·柏森说，"因此，作为一家公司，你必须根据自己的真实身份来认清自己。这取决于企业文化和核心价值观，以及你所代表的是什么。"

服务设计能够识别与客户互动中的关键时刻，开展员工活动，创造战略所需的体验，并进行设计，使员工生活更轻松，使客户体验更美好。若是如此发展，你的公司文化就成了推动战略前进的风帆，而不是阻碍战略前进的铁锚。

良好的服务文化由什么来定义？

如果公司可以将自己列入近年来"最佳工作场所"的名单，它们有理由自夸。未来的员工有权在社交媒体或像玻璃门招聘网这样的网站上了解人们对公司的看法。企业文化通常是通过员工福利（免费小吃，自助餐厅的寿司吧，带宠物工作，无限期病假）的质量和数量来判断的，而不是看公司在员工工作方面给予什么样的支持。

但是再好的食品储藏室也不能弥补公司缺乏的基本要素。如果你想知道自己是否拥有良好的服务文化，可以通过以下几点来判断。

- 明晰：员工是否了解你的价值主张？如何在客户体验中体现价值主张？你的客户体验和你期望（及奖励）员工的行为之间是否有明确的联系？
- 理解：你的员工知道他们在客户历程的每一步都需要做什么来提供这种体验吗？他们知道哪些接触点最关键吗？
- 领导能力：高级管理层是否参与提供愉快的体验？他们在宣扬节俭的同时，会把自己的钱包塞得满满的吗？他们认识那些职位较低的人吗？有些人虽然职位较低，但是为高级管理层想要的行为做出了榜样，他们会去褒奖这些人吗？
- 透明度：各级员工是否了解影响他们的（你公司的）客户服务能力的一些事项？客户是否能够理解员工行为和你的价值主张之间的联系？
- 独特性：如何确保你的企业文化能够给你的独特性加分而不是减分？
- 关系：你想培养什么样的内部关系（竞争、平等……）？你想建立什么样的客户关系（冷静、热情……）？
- 同理心：所有员工能否直接或间接听到"客户的声音"？能否听到公司的决定？服务设计是从客户开始，还是从内部活动开始？

一些高管通常认为企业文化与做事及赚钱无关。他们往往把重点放在战略和运营上，然后再去做些"企业文化的事"。这是一种错误的做法。文化纽带是沿着组织结构图和服务设计图的线条联结起来的。电话铃声响起时，你决定由谁来接听电话、你将为来电者做些什么，以及谁将获得荣誉，这个时候，文化就环环相扣地开始发挥作用了。文化是力量的来源，它将决定组织如何运作。

因此，应运用服务设计的原则来开发构成文化的实例、程序、空间和工具。

第一条原则：客户永远是对的。 在第四章中，我们讨论了如何鼓励你想要的客户，以及如何阻止那些你不想要的客户。更重要的是，我们要认识到，所有的企业文化力量都会影响你这样做事的能力，比如：人们取悦顾客的自然愿望；喜欢说"是"而不是"否"；传统的褒奖方式，重视销售商品最多的销售员，而不是创利最大的销售员；会哭的孩子有奶吃。

要解决这些问题，没有什么简便方法。你不会因为员工对客户无礼而想要奖励他，就像你不想传达这样一个观点一样：因为客户是对的，所以你的员工是错的。检查一下你的激励措施及服务程序，做一下审查，看看你是否在赞扬或激励错误的行为，或者是否在为不合适的客户提供服务。如果你认识到你正在选择客户、细分客户，你会采取哪些不同的措施，或者应该采取哪些不同的措施？如果找到了合适的客户，你又会做什么，或者应该做什么？

第二条原则：不要让客户又惊又喜，让他们开心就好。 想一想我们在第五章当中讨论过的观点：优质服务首先要把基础做好，这样才能满足你每次设定的期望；优质服务是客户体验和卓越技术的产物；优质服务是水到渠成的。

这一过程从期望开始，期望是公司和企业文化必须清除的障碍。客户期望需要转化为员工期望。如果他们不知道自己应该做什么，不应该做什么，即使是最有能力、业务最娴熟、最称职的员工，也无法成功。"我们的经理用了很多时间去打基础，我们的方案就是共同进退。"诺德斯特龙的肯·沃泽尔强调说，"如果你不去取悦客户，即便你的销量很大，也不会长久。我们一直在提醒大家，取悦客户就是我们赢得胜利的原因。它很脆弱。"

整个组织的一致性也至关重要。这就意味着需要调整目标和评估方式。不要只为跟踪某个部门的活动而去调整服务设计的评估方式，而是要针对客户旅程的各个接触点和各个阶段去设定。如果想要通过客户满意度来激励销售人员，但衡量电话客服中心工作的标准却是减少电话客服次数，而不是解决问题或让客户满意，那么你的目标就会相互冲突，结果自然很糟糕，客户体验也会很差。

应该用快乐原则来决定你雇什么样的员工。这一点与技术能力无关，技术能力是可以学到的，而快乐原则却更关乎内在。员工的动机和价值观与公司一致吗？回想一下第三章，Rent-A-Car租车公司是如何招聘外向的"平易近人的员工"并向他们支付佣金的——这些都是后台设计选择，有助于确保公司的文化支持公司的台上活动。实行会员制服务的冲浪航空公司（见第五章）也采取了类似的行动。"我们拒绝了只有几个小时飞行经验的飞行员，因为他们没有合适的文化适应能力，我们需要的人脸皮要够厚，脑袋里要有服务意识，内心要谦逊。"公司营销副总裁贾斯汀·哈特说，"由于我们的业务建构在高度个性化的服务之上，所以即使是飞行员也必须了解客户最喜欢的饮料和小吃。"

第三条原则：卓越的服务不需要供应商或客户做出英勇牺牲。从个体的角度来考虑一下服务提供商——单个员工。良好的服务文化对员工和客户同样有效，因为服务主要由人来提供，无论其职业是顾问、染色师还是厨师。如果改变设计让客户的生活变得更好，而员工的生活却变得更糟，这种改变会逐渐衰亡——企业文化会终结这一改变，通常要经历一种消极而激进的模式，管理层也几乎无法做出回应。员工文化为生存而设计，要根据需要进行调整，因此高级管理层必须设定正确的基调。

企业文化是通过故事来构建和传递的，而这些故事可以帮助每个人看到你想要什么样的行为。斯坦·斯莱普引用了一个例子：在路易斯安那州卡特里娜飓风过后，美国前进保险公司做出了一个激进的决定，将5 000多辆被认定为受洪水损害的投保车辆报废。该公司可以有另一种选择：将这些感染了"大肠杆菌"的汽车和卡车（通过增派公司员工）进行清洁，获得车辆转售资格。转售这些汽车可能会减少公司的损失，但钱不是重点。"原因很简单，"该地区理赔总经理胡安·安德拉德（Juan Andrade）说，"我们不希望自己的员工在这些车周围工作，也不希望这些车再回到路上。"[8]

第四条原则：服务设计必须在所有渠道和接触点提供一致的体验。与潜在客户互动的每个人都有责任去提供你承诺的体验，不管他们的决策权如何，也不管他们在组织中处于什么样的位置。例如，丽思卡尔顿连锁酒店是一家经典型服务商，要求预订代理人员和电话销售人员像其他礼宾服务人员一样彬彬有礼。如果 Mobile Mini 存储公司单单提高了其存储设施产品的质量（这当然是件好事），却没能解决其取货和交付的问题，其文化认知就会失调。

想想苹果的品牌形象和产品设计是如何体现在其员工身上的——不仅仅是库比蒂诺（Cupertino）的设计师和供应链人员，还有苹果服务（Apple Care）的技术人员和零售店的销售人员。苹果的员工需要提供一种体验，这种体验在公司对其产品的广告宣传中已经有所体现。苹果首席执行官蒂姆·库克2014年聘请博柏利（Burberry）前首席执行官安吉拉·阿伦茨担任苹果公司零售和在线高级副总裁，在此之前，库克已经聘请了英国零售企业高管约翰·布劳伊特负责其零售业务。

而布劳伊特的任期仅持续了7个月。库克在2015年告诉《财富》杂志，布劳伊特"在企业文化上不适合"苹果公司。[9]据报道，布劳伊特减少了工作时间，也减少了福利，这些举措疏远了零售员工。苹果公司一直在纠结应该支付店面员工多少钱，通常公司提供的报酬要胜过零售商的运营费用（但由于支付不够而受到批评），因为苹果公司知道自己的策略取决于服务设计，而服务设计又取决于店内员工（见第十二章）。

苹果公司也知道电子零售商电路城（Circuit City）所发生的事情。2004年，电路城用小时工取代了拿佣金的销售人员，这一做法加速了其破产进程。三年后，电路城公司又解雇了3 400名最有经验的员工（其实是最贵的员工），用最低工资劳动力取代了他们。[10]正如阿伦茨对《财富》杂志所说的那样："如果无论如何你都要雇用员工的话，为什么不让这些员工成为公司差异化的因素呢？"

让顾客购买

第五条原则：永远不要停息。每家公司的文化都有一个创新基因有待表达。这个基因常常被工作规则和政策所压制，尤其是那些剥夺一线员工（对服务非常重要）主动性和自主性的政策。但即使在这些政策方面，以客户为中心改进的精神也可以付诸实践。顾问兼作家马特·梅曾把这种创新精神带到了洛杉矶警察局，他说："好奇心和实验精神是领导者的标志，也是以服务为导向的文化所具有的特征，在这种特征中，问题和答案一样多，与其直接肯定，倒不如多进行一些'假设'式的对话。"

意图：文化和 SD^2 原则

作为马特·梅与丰田大学合作的一部分，他在一个最不太可能的地方——洛杉矶警察局看到了"假设"的价值。在早些时候，由于洛杉矶警察局的腐败，2001 年，洛杉矶通过了一项法令，该法令规定，洛杉矶警察局要在美国司法部的监督下运作，导致洛杉矶警察局内部士气低落。"如果你没有权利去选举或者撤掉所有的行政人员（即使马上就会有一个新的警察局长上任，洛杉矶警察局仍然没有这种权利），那么你该从何处开始？"梅反问道。所以为了寻求援助，洛杉矶警察局找到了丰田大学。

"这是一种没有创新过程的企业文化。"梅说出了他对洛杉矶警察局的看法，"过去的模式一直是'照我说的做，立刻照我说的做'，因为当你处于求生模式时，你脑子里最后一件事就是：试验。那么，我们可以考虑，从哪里开始变革呢？"

最简单的方法是从洛杉矶警察局未宣誓的人员开始：那些戴徽章但不是宣誓警官的雇员。他们没有接受过警察训练，也不携带枪支；他们负责登记被捕者，负责管理监狱，以及做一些其他的幕后工作。"改造的过程始于监狱。我们将向他们展示，如何只稍做改动，就能取得巨大的进步。"他说。其中的一个进步就是加快了处理被捕者的时间。

事实上，宣誓过的警官是登记过程中的"内部客户"，而这一变化改善了他们的体验，因为与之前相比，这个改革可以让他们更快回到街头去寻找坏人。这一变化引起了宣誓警官的注意，他们开始提出问题，最终这种试验文化从未宣誓官转到宣誓警官；组织文化发生了转变。

在丰田不断改进的技术的启发下，梅和他的团队与洛杉矶警察局的高层均同意这样安排：如果一个团队设计了一个可以在一个部署周期（28 天）内运行的试验，这个试验有计划，也有成功的衡量标准，并且团队成员可以在不额外增加人手和资金的情况下自己运行该试验，警察局的高层就必须同意。"我们教给他们一个改进的过程，"梅回忆说，"情况一点一点地在一个又一个团队发生了改变。"

过程：设计和行动的力量

在我们祖父那一代人生活的时代，俄亥俄州立大学有一位名叫史蒂夫·克尔的年轻学者（后来成为通用电气和高盛的首席学习官）曾写过一篇经典的文章，文章的标题完美地概括了文章的主题：《论种瓜盼豆的愚行》。¹¹如果一家公司根据近期结果来确定晋升和奖金，那么这家公司怎么能指望高管们能从长远的角度看待问题呢？克尔提问道。我们来附和一下他：如果一家公司惩罚那些提供样板服务的人，阻碍他们的工作，或者设定目标来阻碍他们的工作，那这家公司怎么可能期待样板服务呢？提供优质服务关乎整个过程，而不仅仅是产品或结果，而且这个过程往往会涉及很多人。

许多公司为了节省资金，采用自动化服务，将人的因素排除在服务设计之外，例如在商店使用自助结账（见第十二章）。即便如此，企业也不能逃避文化。一方面，客户希望从机器那里获得从人那里获得的感觉（态度热情却糊里糊涂；或者效率虽高却简单生硬）。但具有讽刺意味的是，客户也会期望从人身上获得与机器同等水平的服务——他们希望银行的职员能像大厅里的自动取款机一样快速、可靠。

"我们把每一次客户互动都视为一次增加或减少品牌体验的机会。"在线拍卖平台 Invaluable 的首席执行官罗布·韦斯伯格说。客户服务流程图（见第 259 页）将显示与客户互动的人员以及这些互动是否处于关键点。那么，在关键点进行互动的人员是否既有能力影响客户体验，又有动力去做正确的事情，就要靠你自己去了解了。

"我们的核心价值主张之一是，客户服务和客户体验属于每个人。"韦斯伯格说。对于 Invaluable 来说，这意味着不仅要雇用具有相同思维方式的人，而且要让每个人都有能力去解决客户的问题。"在我们的业务中，可能有人会因为意外出错而惊慌。"他说，"我们要确保与客户进行交谈的第一个人不仅有责任而且也有权力去解决客户问题。"

正如韦斯伯格所了解的那样，如果你没有正确的服务设计，再好的意图也不会赋予一线员工权力。如果一线员工既没有信息，又没有权力，那他们就无能为力了。"我得帮你去找别人"和"我得和经理核实一下"都是服务设计失败的标志。

以服务为导向的企业文化会从每件事中学习（包括错误），而且愿意向每个人学习，以此来增强能力。"每个人都是专家，都有自己的方式。"萨凡纳艺术与设计学院的维克托·埃尔莫里说，"如果你有五年接听客服电话的经验，或者有五年的时间都在收银台接待客户，没有人比你更了解这方面的事情。虽然你并不是唯一掌握这方面知识的人，但你的知识应该得到重视并加以利用。"

德豪国际会计师事务所鼓励员工采纳"医生对病人的态度"，以及首行执行官柏森所说的"职业怀疑主义"。他回忆起一次经历，有一位合伙人认为一位潜在客户存在风险，因为这个客户表现出与德豪的企业文化不相容的行为。"我们战略计划的一部分是建立在领导力和责任感的基础上。"他说，"那个合作伙伴提醒了我们，我们意识到有一个潜在的问题。我们非常关切，并采取了行动。"公司不仅倾听员工的反馈，而且要根据员工的反馈采取行动，向员工传达一条信息，让员工知道什么事情重要，而且鼓励员工采取公司想要的行动。

奖励和惩罚可以支持服务设计，也能毁掉服务设计。你会不会向在灾区跳伞救灾的英雄致敬（比如以扑灭油井火灾而闻名的雷德·阿代尔），却不去赞美那些保证灾难从一开始就不会发生的工程师？你公司的创新者会嘲笑管理层吗？而管理层也会反过来嘲笑创新者吗？

员工晋升是因为他们让客户满意，还是只是因为他们完成了计划和预算的数字？如何在鼓励创造力和惩罚粗心大意两者之间保持平衡？极为重要的是：你的公司如何腾出时间关注同理心（从客户的角度着想），并对这种做法给予奖励？

心思：领导力、服务设计和文化

以服务为导向的文化需要一种特定的领导方式，我们称之为服务式领导方式。如果说罗伯特·格林利夫在 1970 年推广的仆人式领导力理念（servant leadership）是尊重员工，那么服务式领导则是对客户和员工的强烈维护。

服务式领导以寻找更好的方式为客户和员工服务为重点。万博宣伟首席人力资源官阿比·戈尔德表示："我们一直都是一个以服务为导向的企业，我们认识到需要像关注客户一样关注员工，这是一个自然而然的演进过程。"

服务式领导的另一个方面是永远不要满足于现状。如果没有那种一直努力寻求改进的领导方式，就不会有贯穿于公司脉络的服务文化。

领导者应如何行事？关于服务式领导有一个有力的例子：奶昔小站首席执行官兰迪·加鲁蒂对公司法式薯条进行重组的处理方式。这个休闲汉堡、炸薯条和冷冻蛋羹连锁店（2004 年在曼哈顿麦迪逊广场公园从简陋的餐车起家，2015 年上市）于 2013 年决定将冷冻的皱切薯条改为手切的新鲜薯条。这需要一笔巨额投资，同时这一转变涉及一系列事宜，包括重新设计厨房、重新培训员工和重新考虑组织工作：手头存有的新鲜土豆与储存的冷冻土豆截然不同，加鲁蒂认为新鲜的手切薯条是口味和质量的升级。

只有一个问题：客户不同意。薯条曾经是该连锁店最畅销菜单项，现在却直线下降。加鲁蒂认为客户只是需要时间来适应这种变化。但客户一直没有适应。"我用六个月时间才承认我犯了一个错误。"加鲁蒂告诉《快公司》杂志。[12]"我们没有完全懂得客人对酥脆口感情感上的依恋，只要一碰到薯条上的楞脊就能带来的那种愉悦，也没有理解这些炸薯条带给所有年龄段客人的那种纯粹的快乐。"加鲁蒂在奶昔小站的网站上宣布改变时写道，"知道这么多人如此关心我们的菜单，真是令我十分羞愧。"

宣布改用新鲜手切薯条不到一年，奶昔小站改回了客人钟爱的皱切薯条，同时也利用这个机会进行了改进。虽然炸薯条仍然是冷冻薯条，但奶昔小站与制造商合作，去除了人工添加剂和防腐剂。通过这样一进一退，加鲁蒂向客户和员工发出了一个有力信息，向他们表明公司使用天然、优质原料的承诺——公司的"反连锁"理念。

巴西化妆品公司 Natura 利用严重的服务危机向内部传递了一个强烈的信息。Natura 公司一直力争实现零缺陷交付的目标，这就意味着没有丢失、延迟交付或损坏的货物。但是 2011 年该公司未能达成目标：99% 的订单准确到位，这意味着 20 000 名 Natura 顾问（其中许多是低收入女性）必须在非常重要的圣诞节前向客户解释订单问题。[13]因为这场混乱，Natura 违背了对客户及顾问的承诺。"任何丢失的货物、任何投诉都很重要。"客户服务总监里卡多·福肯后来说道。那年

让顾客购买

圣诞节，每个失望的顾客都收到了一封福肯亲笔签名的致歉信和一份礼物。

交付问题并没有损害公司的利润：2011年，Natura迎来了史上最好的一年。但真正的问题是，如何向员工表明，利润并不是最关键的。如果没有造成什么后果，那公司不接受更低标准的原因是什么呢？公司政策规定，只有在利润、环境可持续性和服务质量方面达标时，才能发放奖金。由于服务失败，所以没有一位高管拿到奖金，尽管这一年创造了利润纪录。

扣发的奖金既是胡萝卜又是棒子：人们重新把重点放在改善和重新设计物流工作及实施过程上。2012年以来，该公司的服务业绩又回到了以前的标准。

* * *

企业文化像很多事情一样，很简单，但并不容易。服务式领导及创建服务文化的核心是你所雇用的人员、你对他们的期望，以及你想成为一家怎样的公司。德豪国际会计师事务所也在敏锐地关注工作场所人员的变化。"现在，几代人在一起工作，这会影响我们服务客户的方式，也会影响我们构建团队的方式。"首席执行官韦恩·柏森表示，"我们越来越发现，建立具有不同背景、来自不同年代的团队，能够让我们为客户提供最佳价值。因为我们可以利用每个团队成员带来的不同视角和技能。"

作为一个服务提供商和雇主，你必须回答一个问题，即：作为一家公司，你的立场是什么？一个问题的答案将决定另一个问题的答案，反之亦然。"我们的客户就是我们的名片，但是对于员工来说，我们需要能够从常人的角度告诉他们，我们的立场是什么。"万博宣伟的阿比·戈尔德说，"当我们想要将人才引进组织时，他们想要了解我们的计划和政策、我们如何灵活处理工作安排、他们可以有什么样的期望。"

最终，服务文化需要展示，而不是讲述。"我们通常不愿意花很多时间来吹嘘我们在服务方面做得有多出色。"诺德斯特龙的肯·沃泽尔说，"我们更愿意把重点放在让员工以客户为中心，而不是以我们自己为中心。"

让顾客购买

第十二章

全方位：服务和产品的联结

本书的开始部分，我们描述了许多有关实体公司管理和设计的内容。向服务性公司输出知识经常会遭遇尴尬，但偶尔也有成功的案例。例如，ThedaCare 医疗机构和弗吉尼亚梅森医疗中心是众多采用丰田生产体系的医院中的两家。但是，从服务业到工业，这样的流动路径就很少见了。20 世纪 90 年代初，通用电气推出了一个项目，研究和学习其他公司的最佳实践，观察一下美国安普公司（AMP）、查帕拉尔钢铁公司（Chaparral Steel，也称丛林钢铁公司）、福特、惠普和施乐这些电子元件制造商的装备。正如通用电气的一位高管所说，"制造涡轮机的人认为他们无法从大卫的曲奇（David's Cookies）中学到任何东西"。

值得玩味的是，那时，通用电气正处于过渡期：从制造业收入占 1980 年总收入的 85%，过渡到 2000 年服务业收入占总收入的 75%。正如我们在第二章中所讨论的那样，IBM 也经历了类似的发展过程。劳斯莱斯与通用电气在飞机引擎业务上是竞争对手，到 2004 年，劳斯莱斯服务业的收入占其总收入的一半。2010 年，根据经济学人情报部门（Economist Intelligence Unit）的数据，1/4 的制造商提供设计服务，1/5 的制造商提供维护服务，大约 1/5 提供额外的咨询服务。[1] 40% 的电气设备制造商提供设计服务。

提到学习，学生已成为管理方面的老师——管理界不仅仅把"服务转型"当作一种宏观经济现象来研究，而且也当作个体企业的必经之路来研究。在一些行话中，它有一个非常可怕的名字：服务化。

本章，我们的重点将转移到另一个话题：商品制造公司如何进行服务设计、与现有服务部门进行有效合作或与服务业务达成合作。像通用电气和 IBM 这样的公司，如果要向客户提供一致的体验或向投资者提供强大的价值观的话，它们就不能再根据对商品和服务的随意区分来进行自我管理，取悦客户的机会再也不能在装货码头就戛然而止了。你对客户的体验负有一定的责任，不管你是否有所准备，你的客户都会坚持让你接受这种责任。SD^2 原则不仅适用于生产制造商，在任何领域，这一原则都很必要。

混合优势

用服务的标准看待制造业时，通常需要了解如何通过产品标准化（使服务更像产品）或工作自动化（使服务传递更像产品生产流水线）来实现规模经济。换个方式来讲，这常常是因为制造商希望服务公司能够向它们展示如何在保持规模经济的情况下提高灵活性、规格制和个性化。[2] "服务化"（即刻起，此术语将停止使用）的过程可能比这复杂得多：如果发挥得足够好，它能帮助公司与客户建立直接联系，为公司获取收入、增加利润，并挽回先前被中间商攫取的客户资本。

对 348 家德国公司的一项研究表明，"混合创新"（一家公司同时引入产品创新和相关服务创新）产生的收入和利润比仅凭产品创新或服务创新产生的收益更多。[3] 比如阿姆斯特丹史基浦机场的照明系统。

让顾客购买

飞利浦和一家叫 Cofely 的能源服务公司共通拥有、管理这些照明灯；史基浦机场支付照明系统的使用费，这与许多科技公司提供的 SaaS（软件即服务）模式颇为相似。飞利浦和 Cofely 认为，通过将新技术和设计创新结合，可以将能源成本削减一半，并获得利润。[4]

租赁的汽车，租赁的软件，租赁的照明：服务和产品之间的界限早已模糊，未来还会变得更加模糊。在一个各色设备连接起来的世界里（物联网），几乎每件产品都有一个 IP 地址和通信能力。卡特彼勒公司和一家名为 Uptake 的分析公司创建了一款预测诊断工具，这样一来客户就可以监控设备、实行计划维护和提高正常运行时间。[5] 冰箱、杂货店、亚马逊账户会提醒你，你的橙汁和希腊酸奶所剩不多，如果你需要的话，可以订购。这是一件产品还是一项服务？骨科医生会对你的骨盆进行 X 光检查，并将数据从手术室送到大厅下面的一个房间，那里有一台 3D 打印机，在你准备手术的时候，会给你定制出一个独一无二的新型人工髋关节。那么这又是一项服务还是一件产品呢？

要想了解服务设计是如何帮助制造商取得成功的，不必援引科幻小说来说明，只需在你当地的苹果直营店门口转悠几个来回。苹果直营店的成功无疑是一个传奇，直营店的每平方英尺销售额在历史上是最高的，比蒂芙尼高出了 2/3。[6] 但是在 2001 年，第一家苹果直营店开张时（第一台苹果播放器发行的 5 个月前），许多专家预言苹果直营店会彻底失败，其中有一个人预言苹果直营店撑不过两年。持怀疑态度的人表示，苹果之所以开店，只是因为苹果与百思买集团、电路城以及许多小型商店之类的零售商没法共享发展。

苹果直营店的故事众所周知，史蒂夫·乔布斯专注细节，甚至连楼梯都是仿照坐落在四季连锁酒店礼宾台后面的天才酒吧的造型。但为什么这么有效呢？其部分魅力来源于结构设计，但真正的秘密是其零售服务设计：各个方面的服务设计充分展现并拓展了苹果的产品设计，让所有客户在整个购物流程（逛苹果直营店、购买产品、获得产品、技术支持）都能享有一致、简洁的体验。

作为服务设计类型学的潮流型服务商，苹果公司一直认为客户体验比技术运算能力更重要。在第一家苹果直营店开张前的几个月，史蒂夫·乔布斯在 Macworld 贸易展上提到："购买汽车不再是最糟糕的购物体验。购买电脑现在已经位居第一了。"[7] 苹果从对产品不感兴趣的大众市场连锁店和没常性的苹果狂热商店手中夺回了客户体验控制权。苹果在 2011 年向美国证券交易委员会提交的年度报表——这是最后一份乔布斯亲自监督的表格——有一个非常显著的部分，名为"商业战略"，该部分明确地将苹果的产品战略与服务设计联系起来。[8]

"商业战略"的开始就说，苹果公司会把硬件、软件和服务完美结合，"为用户提供最佳的体验"，并具体说明其门店的设计和人员配备旨在"简化并增强"其产品，并将"与客户的直接接触"视为展示其产品优势的最重要组成部分。商店、服务、软件、产品：这都是同一种体验。可以说，苹果对客户体验的整合对股东来说比公司用硬件和软件集成的"封闭系统"更有价值。当然，直到服务设计和产品设计结合起来，公司才开始复苏和转型，这是混合优势发挥了惊人效力的一个例子。

这样的例子虽然惊艳，但绝非独一无二。雷克萨斯于 1989 年进入美国汽车市场，仅用了两年时间就成为豪华进口车的翘楚，仅用11年的时间就成为顶级豪华汽车。[9]雷克萨斯打出了一套精妙的产品和服务组合拳。得益于丰田的生产系统，雷克萨斯能够以低于奔驰、宝马、林肯和凯迪拉克的价格生产豪华完美的汽车，因为雷克萨斯不需要那么多检查和返工。该公司用节省下来的资金建立了一个新的经销商网络，完全独立于丰田现有网络系统，并在汽车需要入店时提供免费接送和出借汽车服务，这些服务非常引人注目（也能赢得客户）。

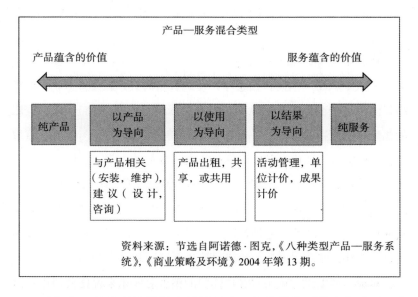

资料来源：节选自阿诺德·图克，《八种类型产品—服务系统》，《商业策略及环境》2004年第13期。

　　近年来，其他奢侈品牌也纷纷反击，尤其是德国的汽车公司。奥迪在造型和性能上完胜雷克萨斯，并在其服务优势上也斩获了一席之地，进一步证明创新之路永无止境。但在市场份额变化缓慢的行业中，雷克萨斯的突飞猛进进一步阐释了制造商应如何使用精心设计的服务来吸引客户、惊艳客户、赢得客户。

为福祉而努力

Natura 化妆品公司的年销售额为 27 亿美元，在巴西占据了约 1/4
的化妆品市场份额，具有独特的用户交互界面："她"是你的邻居。
在巴西和其他五个拉美国家以及法国，约有 170 万人（主要是女性）
担任 Natura 的"顾问"，上门推销化妆品、洗浴及美容产品，代表着
公司的脸面。

从技术上讲，Natura 是一家制造商，有 6 500 名员工、多个实验
室、一家工厂和一个高科技仓库，每天直接向客户发送 6 100 万单货
品。但公司的商业模式是从客户的角度来设计的。"我们受两种情感
的驱使——产品和关系，一切都是围绕着它们展开的。"研发总监维
克托·费尔南德斯解释说。Natura 不是一家把客户拒之门外的工厂，
而是一个精心设计的客户体验——一种围绕着工厂展开的服务。

这一经验总结体现在公司的口号"为福祉而努力"（*Bem Estar
Bem*）中。这一口号就是要表明，公司深信，人的福祉和环境福祉不
仅是一个社会使命，也是一种利润驱动力。

Matura 以四种相互关联的方式展现出这一口号的意义。第一是
个人接触，如邻居之间，女人之间。第二是产品线。Natura 将产品线
分为四个概念，每个概念都表达了与生活体验有关的价值，而不是与
形体美有关的价值：Ekos，其原料从巴西森林中收获，具有可持续性
（"呵护自己，关爱世界"）；Chronos，这个系列产品不是用于遮掩皱

纹，而是用来歌颂美丽，无论年方几何（"每个女人都拥有属于自己的美丽"）；Mamãe e Bebê 系列配套母婴洗漱用品（"最深沉的爱"）；Tododia，为了日常的美（"珍惜每一刻"）。

第三点有些枯燥但让人惊叹，就是 Natura 有能力派送数百万个小额订单（一瓶洗发水，两个唇膏，一个睫毛膏），且毫无差错、经济快捷。一旦出现失误，就会造成仓库一片混乱，同时也会占用顾问的时间去赔礼道歉，改正错误；Natura 从 2011 年所跌的一跤中恢复后（见第十一章），现在可以 100% 精准地开单、挑选、运送、交付货品。Natura 的仓库非常先进，所以 Natura 正在将员工的 30% 调整为有发育障碍或身体残疾的人士——其社会使命以这种方式在运营中体现出来。

第四点是持续创新——每三周发布一次新产品目录，进行现有产品的季节性促销，这为顾问人员提供了理由，去摁响客户的门铃。Natura 还具有开放和网络化的创新战略，包括与巴西和其他地方的200 多家组织（包括麻省理工学院）开展合作，以及向客户、顾问和公众开放的共同创造计划。这些合作伙伴为 Natura 60% 的创新项目提供了帮助。[10]

"Natura 最重要的能力关乎人际关系。我们不会让每个人都穿件红色夹克，或给每人一辆粉色的凯迪拉克，我们会把每个人当作个体对待，让他们成为自己。"[11] 亚历山德罗·卡卢奇说。卡卢奇曾在 2014 年前担任 Natura 的首席执行官，现任商务社会责任国际协会（Business for Social Responsibility）主席，该协会是一个非营利组织。"有几种方法可以将价值具体化。一种是通过产品，另一种就是通过服务，如供应和物流。"卡卢奇说。

别傻了，旅程更重要

客户很少注意到制造商和销售商之间的区别。公司通过客户的全部体验获得客户的忠诚度，而不是通过客户的部分体验。在医疗保健领域，服务提供者能够遵循治疗方案当然是好事，但真正的问题是，患者是否完全康复并保持其生活质量，而且要避免经历地狱一般的治疗过程。[12]无论提供什么，无论商品生产商和服务提供商之间有什么安排，最重要的一点就是开发和设计一个客户旅程，以实现你承诺的价值。

我们在第三章中提到了关键客户互动的重要性——体验的接触点要么让客户印象深刻，要么让客户想去忘掉。但正如我们在本书中所说并一直强调的那样，仅仅在成败时刻取得成功还远远不够。麦肯锡咨询公司的一项研究证实了从整体上管理客户旅程的重要性。根据咨询顾问的说法，"旅程绩效与客户满意度的相关性比接触点绩效与客户满意度的相关性高 30%~40%，旅程绩效与业务成果（如高收益、重复购买、低客户流失率及良好口碑）的相关性比接触点绩效与业务成果的相关性高 20%~30%"。[13]

如果产品或服务已经与客户建立了强烈情感联系，或想要和客户建立强烈的情感联系，需要特别注意价值链合作伙伴对客户体验的影响。对于制造商和它们的客户来说，购物支持和技术支持是基于情感和基于实际的考虑因素。联结也会以另一种方式展开，即从服务

让顾客购买

到产品。如果一家餐馆说该餐馆使用尼曼牧场（Niman Ranch）的牛肉或猪肉，那么该餐馆正在使用产品属性来证明其卓越服务。Finest Carrier 是南加州一家专门运输古籍经典、古董和赛车的公司，他们向客户保证："我们只使用最好的设备。"

想想 2015 年 12 月底《波士顿环球报》遭遇的灾难吧，当时，从技术上讲，这家报纸是一家制造商，它换了一家新的承包商提供送报上门服务。这个新的承包商是一家加利福尼亚公司，雇用的司机太少，送货路线设计得也不合理，结果把这份工作搞砸了。一位专栏作家说，他十分羡慕自己的许多报社同事，行遍了 150 多条路线去配送周日的报纸，他形容那些路线就像"把神奇画板（Etch-a-Sketch）交给一个烂醉的家伙，然后告诉他转动旋钮"之后得到的东西一样。[14]报社员工的英勇行为表现出，他们认为，对读者而言，产品和服务之间没有界限。

一段时间内，报社和承包商都在互相指责，[15]但最终，就像报社社长约翰·亨利写给读者的道歉信那样："实际上，投递商往往是我们公司的脸面。两年前当我购买《波士顿环球报》时，半数以上没有续订的用户告诉我们，是因为送货服务的问题……在我来到报社之前，《波士顿环球报》已经终止自己的送货服务了。这的确是个错误……于是我们开始寻求送货服务的替代者。"[16]

更换送报商的举措让《波士顿环球报》在新年时遭遇了溃败。幸亏采取了迅速的行动，并得益于客户资本的红利，《波士顿环球报》才恢复了元气。该报于 2015 年 12 月 28 日变更了送报纸的合作伙伴。到 2016 年 1 月 4 日，一半的线路又回到了之前的分销商手中；截至

3 月 14 日，这一过渡已经 100% 完成。具有讽刺意味的是，截至 4 月 1 日，客户对送报的投诉低于 2015 年 12 月 28 日采取举措之前的水平。取消订阅的用户收到了免费的报纸；5 周后，50% 的人选择了重新订阅。据该报报道，截至 2016 年 5 月，他们每周的订阅量都会回升 10%。"因为客户讨厌产品而失去客户，与无法按时提供客户喜欢的产品而失去客户是完全不一样的。"首席执行官迈克·希恩说，"后者更容易恢复过来。"

我们从中可以吸取两个教训：一是消费者花钱要看的是整部戏，而不只是你在其中扮演的角色；二是制造商在服务设计和传递中的损失（或盈利）会和服务公司一样多。

知易行难

要明确一点：我们并不是说制造商应该将下游业务整合到服务中（例如，《波士顿环球报》应该自己管理送报业务），也不是说制造商应该积极地为其产品提供增值服务，也不是说服务公司应该整合上游业务，成为商品生产商。你可以找到这样一些公司，它们成功地实施了每一项战略（零售业的苹果公司、提供自产飞机引擎服务的通用电气和劳斯莱斯，电影和电视连续剧制作公司网飞）。

也有一些失败的案例，其中许多甚至是灾难性的。2009 年，施乐公司斥资 64 亿美元收购了联盟计算机服务公司（Affiliated Computer Services），想要将技术外包服务添加到其复印机和文档管理功能中。这一举措最终消耗了核心资源，却没能以销售协同效应的形式将其收回。2016 年，该公司宣布将自己一分为二，基本上就是把公司拆分为产品公司和服务公司。[17]

制造和服务的混合体非常复杂。首先，大多数制造活动在几个中心位置完成，而大多数服务通常需要部署在比较遥远的地方；再加上优化大规模生产（产品的需求）和定制服务（服务的需求）的组织难度很大，现在还要与每个客户协调更多的联系点，而制造维护库存（储备产品，包括你不再生产的产品，以备不时之需）与管理制造库存（你希望产品能及时到达用户手中，库存越少越好）是一对矛盾体；另外，并非所有产品都希望附加"解决方案"；等等。这些都加剧了混合体的复杂性。

类似的紧张关系不仅存在于服务与制造业之间，也存在于制造商和服务公司内部。其原因是：一方面，公司在非常简单的交易中（适用于交易量规则）向众多客户销售商品或提供服务；另一方面，公司在复杂的交易中（适用于定制规则）只向少数客户提供商品或服务。零售经纪人嘉信理财想要整合美国信托的财富管理服务时，情况的发展就像第三章提到的那样。

咨询顾问杰弗里·摩尔在一篇名为《策略及优势》（Strategy and Your Stronger Hand）的文章中指出，一家公司几乎不可能同时既擅长规模化运营，又擅长复杂服务。这两种商业模式本质上存在冲突，只有其中一种模式可以占据主导地位。[18] 这种困难来自客户体验，再回到会计室。资产回报率等指标可以准确评估资本密集型工厂，但对于知识资本密集型服务企业来说则毫无意义，因为其固定资产只有办公桌和计算机，对这样的企业来说，最重要的资产是人员和关系。计算生产力时，人们会使用不同的输入数据和输出数据。评估产品—服务混合方案的预算要求非常困难，更困难的是将其与单独的产品或服务方案进行比较。激励薪酬可能更难支付。

总而言之，在不了解经济、组织和设计要求的情况下，制造商增加服务无疑是增加了让客户和股东同样失望的可能性。然而，无论谁拥有谁，无论业务模式如何，我们都有充分的理由一起设计一个端到端的客户之旅：当公司相互联系时，类似"这不是我们的责任"这样的借口没有任何意义，就如同客户找到我们，我们找借口说"我不在这个部门"一样，没有意义。如果客户之旅不是出于共同设计，产品就会遭受损失，服务也会遭受损失，客户也难逃损失。

因此，服务设计图就会变得更大。对于经营商品的服务公司来说，比如分销商和零售商，服务设计会回归工厂，然后进入维修和服务环节。服务设计有反馈和前馈循环，如果需要的话，可以跨越公司边界。而在后台，从服务电话中收集的信息反馈给生产部门以及产品研发部门。实时销售数据流程通过组织对采购、生产、分销和营销进行微调。而在实践中，还是在尽可能多的地方鼓励共创。

不经营实体商品的公司的服务设计图也可以扩展，通常会涉及其他服务提供商。如果第一幅图从旅程的一个阶段发展到另一个阶段，那么这个流程图也一定会垂直移动，在每个阶段都包含多个服务提供商。有了大流程图在手，精心设计服务的公司就能够获得全方位的客户体验数据，可以更智能地制定客户期望，寻找机会与其他公司进行建设性的合作，实现共同利益，吸引客户，惊艳客户，赢得客户。

让顾客购买

第十三章

首先做什么，然后做什么

如果告诉瑞安航空的首席营销官肯尼·雅各布斯，他是一个 SD^2 宗教的典型信徒，他会笑——很轻松的那种笑，而不是不自然的笑。很少有哪家公司能像瑞安航空那样，长期以来以提供糟糕的客户体验而著称。事实上，即使深陷在这个行业里，经常因为对客户的需求和投诉充耳不闻而遭到批评，瑞安航空还是做到了脱颖而出。2007 年，《经济学人》将这家位于都柏林的低成本航空公司描述为"骇人听闻的客户服务的代名词"，说这家公司"对阻碍其发展的任何人或任何事都嘲讽无礼"。[1]

瑞安航空在整个欧洲提供廉价航班，便宜得令人难以置信，为数百万人提供了航空旅行的可能性。该公司的名声是"吝啬至极"，但公司对此却引以为傲；首席执行官迈克尔·奥利里甚至在公开场合"谨慎地"谈到考虑向乘客收取厕所使用费。他们采用霍布斯式（Hobbesian）飞行策略，经营着便宜、肮脏、野蛮的短途航班，这个策略的确有用——可是后来就不再奏效了。

经过多年的利润增长，瑞安航空于 2013 年 9 月发布了利润预警；瑞安航空 2014 年的净利润从 2013 年的 5.693 亿欧元下降至 5.228 亿欧元。[2] 在瑞安航空目睹其利润下降的同时，低成本竞争对手易捷航空的利润却翻了一番。[3] 并非巧合的是，2013 年末，带着爱尔兰人的直率，奥利里说，公司必须"停止不必要地激怒"客人。①

负责解决这一问题的人是雅各布斯，他于 2014 年 1 月加入瑞安，之前在食品零售业从业 13 年。雅各布斯告诉我们，他当时的想法是，"我在客户营销领域所做过的工作中，这个工作要么是最糟糕的，要么就是最好的"。⁴

加入公司不久，雅各布斯起草了瑞安航空公司新的营销口号："一直在进步。"这句话也是一个团结口号、一个变革宣言。"要让一切走上正轨，你需要做的事情显而易见。"雅各布斯说，"也就是说，如何做出改变，去改善客户体验，比人们想象的要困难得多。"

瑞安航空面临的挑战是要坚持其价值主张（瑞安航空提供廉价服务，而且是最低价的服务，就是这一事实让瑞安航空赢得了客户的青睐），同时还要思考如何改善客户体验。"我们处在十字路口。"雅各布斯回忆道，"在某些领域，我们已经把事情做得过头了，因为我们的声誉和模式在很多边缘地带都显得过于令人不快。这需要我们审视自身，我们说，'对，我们要想办法保持低票价，我们要想办法保持成本优势，要想办法保持股东的高回报，但我们怎么才能快速而又非常显著地改善客户体验呢？'"

瑞安航空将重点放在客户服务进程中三个关键的体验上：以更友好、更直观的网站提供数字体验；以更精简、更高效的运营提供机场体验；在飞行体验方面，允许人们携带行李并提供指定位置（收费）。注意：

---

① 奥利里在同一篇文章中还说："商业书籍都是胡说八道，大部分都是流浪汉写的。"

- 每一条都针对公司所关注的航空旅行三个主要阶段中的一个可能产生消极体验的阶段。
- 没有一条违背航空公司的低价承诺。
- **成本极低。** 事实上，每一条都可以节省公司的精力和金钱——使公司实现双赢：提供更好的服务，保持更低的成本。

总之，雅各布斯说，"我们已经成为更加无情的价格领导者，我们热爱创新、热爱数字化，并且不懈地追求卓越的客户体验。"航空公司不是在迎合客户的情感，而是在迎合客户的理智。"我不指望顾客说'我爱瑞安航空'，"雅各布斯说，"我们希望人们说，'从都柏林到伦敦，从伦敦到马德里，这是一种商品化、功能化的体验'。"

到 2015 财年末，瑞安航空每架航班的载客量比两年前增加了 19 人，向雅各布斯证实了瑞安航空公司履行了"一直在进步"的承诺。这一承诺带来的回报其实更多。"过去两年里，我们降低了每位客户的成本，这也是股东喜欢我们的原因。这 19 名额外的乘客助推了我们的计划。我认为如果不改善客户体验，我们就不会有这 19 名额外的乘客。"

* * *

我们在本书中采用了服务之旅的比喻。因此，我们应该以瑞安航空的故事作为结尾，因为瑞安航空的业务就是旅行。对我们来说，研究和撰写服务设计也是一段旅程，正如许多商业领袖所经历的那样，我们希望对你而言也如此。服务设计提供了一个令人兴奋的机会，可以去探索全新的事物，无论是对于管理思维、业务实践，还是对于许多业务领导者来讲都是全新的事物。这是一个确认、发现、实现、认可的旅程。

我们研究过的许多公司（其中有一些公司我们提到过，另一些公司提供了背景材料及证明材料）和我们一样，正逐渐意识到设计思维，特别是服务设计能够改变企业，改善与客户的关系，从而塑造公司的命运。

在一些人看来，服务设计是在策略、业务计划和运营体系之间有意识地构建起来的一个连接组织。Edmunds 网站完完整整地展示了其设计思维在公司中的作用及商业途径。还有一些领导者是服务设计师，在与我们交谈之前，他们从未听说过服务设计这个词；就像莫里哀笔下的茹尔丹先生一样，他们一直在探讨着这件事，却浑然不觉。有些人是从其他管理学科（如精益管理）中了解到服务设计的；另外一些人是从想要弄清"以客户为中心"的含义入手的，他们已经卷入了设计的过程，自己却浑然不觉。

让我们总结一下我们这一路上的发现。

管理客户体验的方法就是将其视为你和客户共同经历的旅程。这个旅程有很多步骤（很多接触点），每个都很重要。但这个旅程并不只是一系列分散的互动或者交易。这个旅程是无缝的、有意义的、有感觉的，就像 Continuum 设计公司的乔恩·坎贝尔所说的那样，是"不可避免的"。这个旅程有开始，有过程，也有结尾。

这是一个共同的旅程：你和你的客户是这一路上的伙伴。如果你没有通过管理内部交接来跟上客户的行程，没能随时向客户提供承诺的体验，那么你就无法管理客户的旅程。如果你的企业文化、激励措施和组织设计中出现阻碍，你就无法管理这段旅程。

其他元素也会加入你和客户的旅程，它们是你的生态系统合作伙伴。你们可能无法控制整个旅程，但不能忽视旅程的设计。正是因为Edmunds与经销商的精心设计，极大地优化了为购车者提供的服务，而所有参与者（买家、Edmunds网站和经销商）都会从中受益。

你希望每一次旅程的结束都标志着你和客户新旅程的开始。客户不断地与你建立业务联系，也反映出你给予客户的价值以及你们共同创造的价值。决不能忽视客户对你的价值，也不要忽视价值交换和共同积累价值的重要性。

同理心是旅程的起点，也应该始终伴随整个旅程（就像蟋蟀杰明尼①那样），因为客户体验要由你来设计。同理心可以让你了解客户体验到的一切，甚至可以预测客户没有用语言表达出来的需求和愿望，并通过你的设计和传递将这些需求和愿望转化为行动。同理心让你能够自由地进行创新、试验并且不断改进，这是卓越服务设计和传递所必需的元素，因为同理心能够让你从客户的角度去了解他们的需求，即使这些需求还没有说出口。

还记得那个疯狂的手表销售员吗——"要手表吗？你不喜欢这块表吗？我还有一块……"同理心提醒我们不要去叫卖手表，而是要了解为什么客户需要知道时间。如果你真的致力于卓越的服务设计和服务传递，就需要由外而内进行设计。即使你设计和提供的服务不易让客户感受到你的同理心（实际上，这就是瑞安航空最初的做法），你

---

① 《杰明尼蟋蟀》是中国最早从欧美引进的科普系列动画片。——编者注

仍然应该了解客户需要什么、客户对你有什么样的看法。

同理心也提醒着我们，客户是个体，不是群体——是人，而不是"客户"。在 ThedaCare 医疗机构，洛丽让客户更人格化：洛丽有时指病人，有时指病人的母亲、配偶或女儿，洛丽随时都在。团队会议上会提到洛丽这个名字。现实生活中的洛丽们也经常参加医院的会议，讨论问题，审查新的想法。洛丽已然成了一种方式，这种方式可以确保设计、流程和治疗的便捷，并不是为了方便工作人员、医生、保险公司或其他任何参与者，而是为了更加合理地安排科学、技能和保健系统，让洛丽和她所爱的人从中受益。

每个公司都需要一个或者几个洛丽。我们称之为"用例"。但如果你能叫出客户的名字就更好了。

同理心必须受控于设定的期望和想要去满足的期望。不受约束的同理心会让你什么事情都想做。期望能让你和客户保持一致。期望是你所做的承诺，因此你必须信守。这些期望需要清晰地表达出来，在内部和外部都需要。

因为期望是一种承诺，所以设定期望必须从了解自己的能力开始——你具备哪些能力，具备什么能力才能保证每次都成功。为了给客户提供竞争对手无法提供的服务，你能（或必须）比其他人做得更好的有哪几件事？ Natura 的召回事件使用了多种能力，包括管理和支持一支庞大直销队伍的能力，迅速创新的行动能力，管理系列品牌的能力，非凡的分销系统和生态理念，这些能力放在一起决定了客户可以期望什么，为了满足期望，这些能力必不可少。例如，他们还确定了顾客不应有的期望——那种为了在药店货架上脱颖而出而设计精美的包装。

或者仔细思考一下冲浪航空。对于经常去加利福尼亚的商务旅客，冲浪航空公司承诺以正常商务旅行价格或更低的价格提供私人航空的无障碍体验。这是一个很高的期望，但是通过所提供的服务和不提供的服务（冲浪航空只飞主要机场、不提供常客计划、不连接到国家航线系统、不提供多种等级的服务），冲浪航空公司实现了这一期望。从旧金山湾区到洛杉矶，从圣卡洛斯到霍桑，冲浪航空给了我们最好的体验。

你满足客户期望的能力和意愿可以有力地证明你是否确实对服务进行了实际设计。

服务设计和传递是一个战略原则。从一开始，通过利恩·肖斯塔克和其他人的工作，服务设计强调将几代制造商使用的工具和操作规程引入无序的服务当中。这种工程思维模式在一代人之后开始与设计思维相互作用，那时，服务设计就成了一种创意工具，同时也成了一种运营工具。然而，从这两个方面来说，服务设计师的圣殿，是团队的工作室，墙壁上贴满了便利贴、流程图和各种图表。

服务设计也需要董事会的讨论。战略的三个基本问题（在哪里竞争，在哪里销售，如何取胜）都与设计密不可分，服务业甚至比制造业更强调这一点。这是因为当你通过服务创造价值时，你的客户和你在一起，甚至就在你的面前。你和客户会在你设计的竞技场相遇，不管这个竞技场是像酒店大堂这样的物理空间，还是像银行家与客户合作时所使用的流程那样的操作空间。

用策略来确定 SD^2；使用 SD^2 来执行和强化策略。你的目标是设计一种愉快的体验，并提供给客户，在这个竞技场，你有权取胜。高管（包括董事会在内）应该审查 SD^2 成绩单（我们将在下一节向你展示如何制作成绩单），将其与以前的业绩及竞争对手的服务设计概况进行比较，并讨论如何通过设计来让你与众不同、无与伦比。

你的服务产品设计应具有连贯性、一致性和协调性，否则你的设计会在服务传递过程中浪费掉。有很多原因会导致偏离战略，其中大多数原因在当时看起来没什么问题：成功模仿竞争对手的自然愿望；不协调的激励措施；客户向你提出需求，而你知道这些要求不该满足；同一服务价值体系中不同公司之间的利益竞争；职能部门或业务部门之间的内部竞争，每个部门都设定自己的目标；公司增长（发展）的压力；这一切都可以让你脱离正轨。因此，你必须了解与哪些客户的互动最为关键，在征得公司范围内的同意后，通过领导者的授权来强化遵守这一协议。你应该尽可能地将客户旅程作为一个整体来进行规划和评估，而不是仅在每个接触点做出规划和评估，这样，作为回报，你就可以参与整个客户服务的旅程，而不仅仅是部分旅程。

这样做也会帮助你确定优先顺序。现在和将来都会有几乎无数种方法来改善客户体验。如果你不知道哪些认可和怀疑会对你与最重要客户的旅程产生重要影响，你就无法知道从哪里开始，也无从知道如何分配资源。

此外，通过实地和幕后精心参与服务设计，你应该让员工自然而然地去做出选择，然后提供可靠的、令人愉快的服务。唐恩都乐把一切（从菜单上的食品到员工使用的机器，再到商店本身的设计）都设计得很方便，客户可以得到想要的东西，并且快速离开。

如果员工必须违背制度才能去做对客户有利的事情，他们很快就不会再去做正确的事情了——换句话说，只剩下少数英雄会继续做正确的事情，而其他人则被动地站在一边。但是，如果可以自然而然地做正确的事，那么即使不告诉员工，他们也会去做。你应该还记得，Mobile Mini 的领导者会去跟踪一个"客户精力分值"，询问与该公司做生意的容易程度。我们还没有看到哪一家公司要求员工对客户正确行事的难易程度进行评分，但我们认为这会是个好主意。

每个人都有责任让客户满意。让客户满意不仅仅是一线员工的事，他们直接与客户互动，而且事实上在多数情况下创造了你销售的服务。让客户满意也不仅是靠努力了解客户需求的营销活动，或者靠努力解决客户遇到的问题。在一个真正以客户为中心的组织中，每个人都应该被安排在客户周围，每个人都可以为成功走完你们共同的旅程做出贡献。

这个说起来很容易，也很容易达成一致，但做起来却十分困难。之所以困难，有一个原因是：需要用平常心去面对、维持内部的和谐，尽管压力很大。我们来假设一下，有个人一大早上班时就发现两条紧急信息，每条信息都说："到了就给我打电话。"一条信息来自一位大客户，一条信息来自这个人的老板。他应该先答复哪个？而如果这个人在你的公司，他会选哪一个？

第二个原因是：许多员工只是间接地、远距离地接触客户。管理者有时会试图用"内部客户"的概念来代替那些在后台或生产上游的人，从而为他们创造一种责任感，但"内部客户"并不能代替真正的客户。[5] 你的服务设计图（我们将在附录中向你展示如何创建服务设计图）是一个重要的方法，可以在后台工作和现场体验之间建立起直接的、可评估的联系。

在许多方面，服务设计都很简单，但简单并不能掩盖这样一个事实：服务设计是一个永无止境的过程。你永远都不会完成；同理，什么时候开始服务设计都不会太晚。

简单来讲，服务设计的指导原则（我们概述的五条原则）都合乎逻辑，而且都是植根于良好的商业和管理实践背景的。在某些方面，提供卓越的服务比提供卓越的产品更为简单，因为卓越的服务不是从一个掌握科技的庞大工厂开始的，而是从握手开始的：你和你的客户见面的那一刻，交易达成，或者你可以在完成后说声谢谢。还有什么比这更简单的吗？

还有什么比这更复杂的吗？每个客户都不同于其他客户。每个客户，从一个接触点到另一个接触点，或者从一个旅程到下一个旅程，都有所不同。此外，你们互动的环境也会随着信息技术的快速发展而不断变化。

因此，你永远不会做完，因为随着你满足客户能力的提高，客户的需求和品位也在发生变化。理想状态下，一方不应远远超过另一方。

无论何时开始都不会太迟，但永远都不开始就是错误的选择了。越来越多的公司意识到 SD^2 的重要性，服务（其中许多服务都大规模商品化了）在经济体中所占的份额越来越大，客户忠诚的理由则越来越少，而满足客户需求的竞争对手或替代性解决方案越来越多，如果企业不能抓住机会，通过设计来实现差异化，那这个企业必然会遭受损失。

努力争取客户，努力打动客户。理想的话，你和你的客户都会从中获利。

服务之旅需要的工具

我们已经将服务设计上升为一种战略原则，也就是说，服务设计可以用于更好地制定战略决策，有效地执行战略决策。但服务设计同时也是一种非常实用的问题解决手段。服务设计的工具和方法可以帮助你搞清楚客户不满意的根本原因，并找到新途径来取悦客户。服务设计可以通过新的客户服务产品来提高你的成功率。服务设计是一种管理工具，和项目管理、精益管理、预测分析、基准测试等一样。服务设计可以帮你降低成本，而且可以改善销售与营销、运营与后勤人员之间的协调性。

服务设计从业者的世界是一块白板或者会议室里的墙壁，上面贴满了花花绿绿的便利贴；是去实地观察客户行为；是构思理念、快速开发原型和迭代实验。每年都会有数十名服务设计师获得服务设计的高等学位。

接下来的内容中，我们将介绍一些工具和方法来帮你增强服务设计思维，并列举一些把理论转化为实践的具体项目。我们没有试图包罗万象，也不想把这个当成装在盒子里的文科硕士学位。我们会在本部分末尾列出一些实用的工具包，包括纸质版和网页版。

按照本书的逻辑，我们已经研发（少数情况下改造）出了一些工具和项目。第一组由两个基本工具组成，可以用来强化本书第一部分"情景下的服务设计"的理念。我们要求你首先建立一条基线，即平均服务设计绩点（Service Design Grade Point Average），这样就可以通过该分数衡量当前的 SD^2 能力，并根据该分数判断进展情况。我们还将告诉你如何衡量成绩单上的分数，以此来突出服务设计和服务传递过程中哪些元素对你的价值主张最为重要。

然后我们会向你展示一幅服务流程图的原型（这一点对该领域的学生来说并不稀奇），你可以根据这一流程图引导客户。你一定希望开发自己的流程图，可能就像那面贴满便利贴的墙一样。我们描述的只是一个示例，你可以根据这个示例构建自己的流程图。

第二部分提出了七个服务设计改进项目，涉及识别和加强与关键客户互动以及建立客户资本。每个项目都关系到本书的某个关键主题。其中几项重点关注 SD^2 的五条原则，例如创建跨平台优势项目。在个人努力和共同努力的基础上，这七个服务设计项目会帮助你提高吸引客户、愉悦客户和赢得客户的能力。

最后，我们还会加入关于工具和诊断法的内容（衡量客户价值、诊断产品与服务之间的冲突等），因为我们认为这些工具和诊断法在 SD^2 的旅程中会特别有用。这些工具和诊断的目的是引发洞察，进行诊断，并激发讨论，这样就可以开启你的服务设计旅程，并清晰地了解要去哪里、要做什么。我们鼓励你寻找对你有帮助的工具或诊断，也可以自行开发——这是一个新的领域，你可以成为其中的创新者。

基础工具

你的平均服务绩点是多少？ SD^2 成绩单

要想设计一次旅程，成功地做好服务设计，你必须清楚自己的起点。SD² 评分表将为你和你的团队提供一条基线，可以用成绩单来评估你当前的服务设计能力，并找出有待改进的地方。你可以利用第一章中列出的关于 SD² 优越性的 10 个要素，对每个业务部门或每条服务线进行评分。

你的 SD² 评分表

	业务部门或 A 服务	业务部门或 B 服务	业务部门或 C 服务
客户评分（0 分为最差，4 分为优秀）			
同理心：我们有没有考虑过，如果我们是客户，会是一种什么样的感觉？			
期待值：我们和客户都十分清楚客户该有（或不该有）什么样的期待吗？			
情感：在我们提供的服务体验中，我们足够了解客户的情感所在吗？在我们设计或提供的服务中考虑到此因素了吗？			
简洁：我们提供的服务是干净、简便、易操作的吗？有没有"过"或"不及"？与我们合作简便吗？			
参与度：我们有没有追踪与客户的互动点和互动类型？			
企业自评			
执行力：我们能够做到每一次都履行自己的价值主张吗？			
管理：我们的处理和交付能力强大有效吗？我们的运营足够精细吗？有没有哪些管理是以牺牲客户体验为前提的？			
经济性：我们的服务定价合理吗？客户得到应有的回报了吗？我们的收益可观吗？			

	业务部门或 A 服务	业务部门或 B 服务	业务部门或 C 服务
实验：我们有没有持续改进自己的服务？我们是否愿意通过实验来尝试新事物？我们有没有定期推出成功率较高的新产品？			
等价当量：作为卖家，自我感觉满意吗？			
总分			
平均分			
（SD² 平均服务绩点）			

以五级评分制，对下面的每一项内容进行评分。我们喜欢用 0~4 而不是 1~5 来进行评分，因为 0 分意味着"我们根本不会这样做"，4 分表示"我们是世界级水准"。使用 0~4 组成五级评分制（统计学家喜欢采用），你可以将结果同绩点结合起来看，例如 3.2 分，相当于 B+。

为了获得更准确细致的结果，请与团队中来自企业不同部门的成员一起完成评分表——客户服务台可能有针对这些问题的不同看法，而销售总监或运营总监不会。你可以使用评分表作为客户调查或焦点小组的基础来进一步了解情况。你还可以从"应该"是客户（例如，适当的履历），但实际上并不是客户的人那里获得有价值的信息。

评分表的结果就是起点——基线。有了它，你就可以知道在哪里使用服务设计来提高等级，改进业务，以及哪些服务或业务部门有很好的惯例，你可以在内部宣传。你也可以为你的竞争对手做一份评分表，并将你们的得分进行对比。

如果你喜欢雷达图（和我们一样），可以用雷达图来展示这些数据，这样就可以在你的公司和竞争对手之间做个比较，或者分析一下不同的业务部门和不同服务各自的优势和劣势。

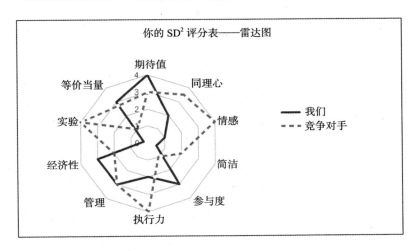

给你认为对客户来说最重要的要素评分

回忆一下第五章所述，评分表上的 10 个要素可以分为两部分，一组是评测客户体验，另一组评测技术优势。二者都很重要，但哪个更重要呢？能否赢得客户青睐取决于能否把对你和对他们都很重要的事情出色完成。客户体验和技术优势同等重要吗？ 60% 的人认为客户体验比较重要？或许只有 30% 的人认为技术优势更为重要？

在得出成绩单后，你就可以着重关注 10 个要素中对你的战略和价值主张最为重要的那个——就像你会更看重自己专业课的得分，而不会过多地关注健身房或商店里的评分。加权平均分将帮助你判断在服务设计时如何投入时间和金钱，并交出满意的答卷。

了解一下什么最重要。 你可以自己在公司内部完成这一步，也可以与同事讨论，但要保证包括来自所有组织的人员，最好能让客户及其他人参与到对话当中。

- 销售人员在拜访客户时，需着重关注评分表上的哪些要素？
- 处理投诉时，你的服务团队能够发现哪些要素？
- 当客户解释为什么选择与你做生意时，会着重提到哪些要素？
- 当客户说他们为什么留下来时呢？
- 当客户解释他们为什么会离开时呢？
- 在这 10 个要素中，你将如何给你的竞争对手打分？
- 这 10 个要素中，客户会给你的竞争对手打出什么样的分数呢？
- 从 SD^2 的 10 个要素来看，自主信息来源的评级对你和你的竞争对手意味着什么？

将这些数据输入你的评分卡里，并将反馈分为"技术优势"和"客户体验"两类。大多数意见会集中在哪一类？

现在，有两个战略要点：你认为第三章中提到的与关键客户互动的本质是什么？是经验化的互动，还是技术性的互动？还是两者兼而有之？另外，这些类别的哪一个要素给了你最大机会来实现差异化？每一家航空公司都必须达到先进技术的标准，那些标准是必不可少的，而在客户体验方面出现差异化的可能性是最大的。对于另一项业务，情况可能恰恰相反，例如网络安全服务。在对客户体验与技术优势进行权衡时，要注意极为重要的个别因素，例如期望的设定、经济条件等。

创建权重分数。这个不需要在数学上有多精准，但必须获得一致认可。比如你正寻找的近似值（60/40，或者40/60），每个相关职能或部门都可以接受。当团队设定优先考虑事项时，需要用这种共识来使冲突最小化。

现在，回到初始的评分表，并加入加权分数。初始评分表满分设定为40分：其中关于客户体验有4项，每项5分，关于技术优势有4项，每项5分。现在根据加权项的要求，需要重新分配评分点。如果认为体验比优势更重要，那么它应当占40分中的25分。现阶段服务表现和定义中的让客户满意的服务之间的差距将相应地扩大或缩小，所以应该抓紧时机，努力弥补较大的差距。

绘制客户服务流程图

设计思维的本质是同时研究一个问题的多个解决方案，而不是研究完一个，再研究下一个。服务设计需要类似的敏捷思维：从客户的角度看待事物，尽可能考虑所有可能的结果，并提出符合公司战略的同理心解决方案。这需要你了解你想要提供的体验（在第一章中你对此给自己评过分），然后检查并绘制出客户与公司的每次接触（通常称为接触点）。注意，每次接触都是一个机会，可能让客户满意，也可能让客户失望。

流程图是服务设计的一个关键工具，其目的是标记公司与客户之间的所有互动。因为服务是一个旅程，所以流程图必须在服务开始之前（例如，通过广告）开始，且持续到服务结束之后（例如，通过接收客户反馈并从中学习）。因为服务就像是握手，所以流程图要描述出买卖双方的关系。另外，因为服务就是一次次体验，所以流程图不仅要捕捉每次行动与交易，更要记录反应：比如客户满意、不太满意、非常满意。

人们很容易把流程图弄得过于复杂。人们也很容易把流程图弄得太过简单，只关注动作和过程。一幅好的流程图应当做好以下八件事。

- 确定好你想设计和传递的总体体验：你的价值主张以及你的特色。
- 提供证据点，你和你的客户共同通过证据点来检测客户体验是否达到预期目标。
- 找到你与客户之间的接触点。
- 描述你采取的行动，客户会看到这些行动。
- 描述发生过但客户看不到的事。
- 注意其他公司或组织会在哪个部分参与到服务过程中来。
- 抓住机会兑现各个服务环节所做的承诺。
- 帮助你监控工作的体验和技术质量。

我们在这里描述的是你的客户服务流程图的概要和框架。当然，每家公司的服务流程图都是独一无二的。理想情况下，开发流程图应该是一个跨职能的小组项目。一面墙，还有一堆五颜六色的便利贴会发挥极大的效用。随着时间的推移，你将会对你的流程图进行详细设置，主要集中在某些特定接触点或阶段（例如，医院可能对肿瘤患者、产科病人及其他患者设计不同的服务流程图）。你还可以完善你的后台流程图，远比我们在这里所描绘的更全面。（一些服务设计师会把客户服务流程图和服务设计蓝图区分开来，服务设计蓝图是详细的"后台规划"。）

在开始的时候，要准确把握要点。

你的路线模板应如下图所示。根据业务的重要服务环节，尽可能设置数量合适的主要阶段。

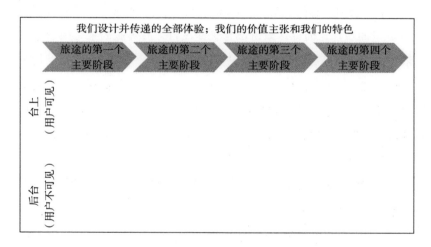

让我们以新加坡航空公司为例来解释一下整个过程。新加坡航空的母公司经营着四项服务：新加坡航空公司本身、两个亚洲区域品牌［胜安航空（Silk Air）和老虎航空（Tigerair）］和成本较低的酷航（Scoot）。我们将重点关注旗舰公司的服务，尽管有些能力是这四家公司共享的（主要是后台服务，如 IT 和维护）。

确定你想提供的 SD^2 总体体验：你的价值主张以及你的特色；提供证据点。

定义公司的句子应该清晰明了，让外行也能看懂。对于新加坡航空公司来说，可能是这样的：

新加坡航空公司为您提供最优雅、最舒适和最时尚的高标准国际旅行。

证据点：在《康泰纳仕旅行者》杂志（*Condé Nast Traveler*）的 27 次评选中，新加坡航空公司 26 次被评为"世界最佳航空公司"。新加坡航空公司所有的航班都是国际航班，因为新加坡是一个跨度不足 30 英里的城邦，而许多航班都是长途飞行。头等舱的乘客喝唐培里侬香槟王；在商务舱，乘客会选择泰亭哲香槟。公司的使命宣言称："新加坡航空公司是一家全球性公司，致力于提供最高质量的航空运输服务，为股东及员工提供最大化的回报。"而且，新加坡航空公司也是一直保持盈利的航空公司之一，一直盈利的航空公司在全世界为数不多。

找到你与客户之间的接触点，并将客户看到的你采取的行动绘制出来。

当乘客乘坐新加坡航空公司的航班时，他们看到了什么？你可以用四个基本阶段和一系列接触点来描绘，其中一些因服务级别而异，一些不适用于所有情况，还有一些由其他人来提供。

描述发生过，但客户看不到的事情。现在详细说明一下发生在幕后的活动，有了这些活动支持，乘客才能享用现在的服务。

新加坡航空公司为您提供最优雅、最舒适和最时尚的高标准国际旅行。

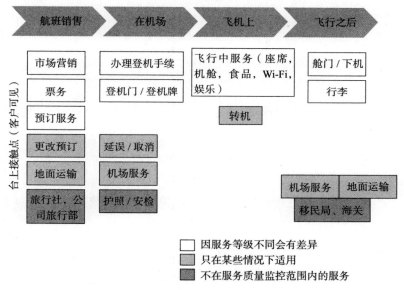

完成流程图后，你还要加一栏合作伙伴和中介机构的内容（如机场管理、安全服务、海关和移民局），因为它们会影响客户的旅程。

图上的所有地方，都可以更深入，详尽的流程图会为你解释台上及后台的所有细枝末节。事实上，一些服务设计师对服务流程图（大致勾勒出客户的行程和接触点）与蓝图做出了区分，蓝图对任何地方提供服务所需的细节都做了详细说明。

网络上有许多服务设计图和蓝图的例子。你可以从这些图当中寻找更多灵感。服务设计工具网站（网址为 www.service design tools.org）就包括了客户流程图和蓝图。拼趣上也有许多服务设计蓝图。

新加坡航空公司为您提供最优雅、最舒适和最时尚的高标准国际旅行。

| 航班销售 | 在机场 | 飞机上 | 飞行之后 |

乘客管理系统

| 预订；常客，办理登机手续 | 食品制备 | 转机 |

| 代理关系 | 机场管理局关系 |

飞机管理系统

飞机保养

| 给养，本次航班的清洁 | 周转下一航班 |

工作人员管理系统

招聘，培训，鉴定，调度

后台接触点（客户不可见）

| 行李管理 | 行李派送，转机 |

| 登机管理 | 下机管理 |

七个改进 SD^2 的项目

评分表和流程图都是服务设计的基本工具，前者提供基准，识别优缺点，后者为客户既定旅程提供总体概况。当然，将结构可视化或仅仅将问题停留在思考层面还远远不够。一般来说，设计思维，特别是服务设计都是整体性的，如果把问题和机遇分开，一个一个来看，无法很好地解决问题，也无法很好地利用机遇。那么该从哪里着手呢？

接下来的项目是可以管理的，你可以界定范围和交付要求，并可以按照所有其他项目管理和敏捷项目管理的要求做事。这些项目兼具广泛性和整体性，处理跨职能问题及在业务中将会多次遇到的主题。这些项目也可以重复：一旦你完成了这些项目中的任何一个，就可以开始另一个类似的项目，就像那些重新粉刷金门大桥的工作人员，刚到达大桥的另一头，就又回到起点重新开始了。

1. 识别与关键客户的互动，并加强这些互动

并非与所有客户的互动都同等重要。正如我们在第三章中所描述的，许多接触点只是普通交易：这些互动不会为你赢得客户，但如果你出了错，这些互动会消耗你的客户资本。其他许多互动却是关键时刻。这些互动之所以重要，是因为它们定义了你是谁（例如，一家全方位服务的银行如何管理与客户的多种关系），或者交易时刻对客户来说极其重要（例如，保险公司如何处理索赔）。

与关键客户的互动值得特别关注。下面的框架将帮你识别与关键

客户的互动，并改进这些互动。

- 找出客户更倾向选择你的三四个原因（不用太多），要找无形资产而不是某项特定的服务产品，例如，"我们是低成本供应商""我们最具创新性""我们有得天独厚的地理位置优势"。
- 在与客户的关系中，找出可以轻松看清购买原因的事件："我们的速度有多快""我们如何密切地倾听客户的财务需求""我们交叉销售的效率有多高"。
- 找到这些事件在你的服务流程图上发生的位置，注意它们可能在不止一个地方发生（例如，新加坡航空公司，区别在于客舱体验，而不是票务）。
- 弄清楚这些事情是由你引发（你联系客户）还是由客户引发的（客户诉求，然后你将这一诉求转换为关键事件）。
- 针对每一个事件，制订一个计划。

☐ 让服务设计更符合你的要求（便宜、一流等）。
☐ 让你的设计有防御能力——建立准入门槛。
☐ 建立筒仓式连接（功能、服务路线、生态系统合作伙伴）。
☐ 充分了解客户需求，包括让客户参与共同创造价值。

让顾客购买

- 确定阶段要素

□在你的服务流程图上确定这些情况发生的位置。

□确定这些是由你触发还是由客户触发的。

□用 SD^2 评分表中的 10 个要素来评估你的传递能力。

- 确定桌上筹码

□在你的服务流程图上确定这些情况发生的位置。

□确定这些是由你触发还是由客户触发的。

□使用 SD^2 评分表的 10 个要素来评估你的传递能力。

- 找出非主要要素——干扰项

□在你的服务流程图上确定这些情况发生的位置。

□确定这些是由你触发还是由客户触发的。

□把干扰项的成本加起来，并计算去除干扰项会产生的影响。

2. 改进管理客户情绪的方式

不管是理发店，还是银行办公室，每一位客户都会带着某种情绪进入服务环境，这种情绪会影响他的期望。了解这些情绪可以帮助你开发更有效的服务设计，帮你取悦客户并强化业务。如果你了解客户的情绪，就可以更清楚地意识到与关键客户的互动；更清楚地知道该雇用谁，以及如何对他们进行培训；甚至可以专门设计服务来把客户的情绪转变成其他东西。霍华德·舒尔茨和星巴克设计了一家咖啡馆，大致模仿了他在意大利的所见所闻，并在整个体验过程中注入了新的情感，而在此之前，在美国买一杯咖啡只是一次低承诺的交易。

从多个方面来观察客户的情绪，这样做十分有用。

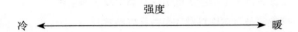

客户可能会有多大情绪？客户赶时间吗？你想改变他们的情绪状况吗？如果是，你会怎么做？例如，你可能希望拨打投诉热线的客户冷静下来，又或在销售电话一开始希望客户热络起来。

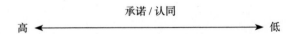

客户是否能够感受到你真挚的承诺？是否认同你的品牌？你有没有办法像星巴克那样，把一个普通的产品品牌化？你能认准机会，将客户对你的漠视转化为忠诚吗（例如在处理保险理赔业务时）？

客户是花自己的钱还是公司的钱？误解客户的目的和心态，就是犯错误，就像穿西装去吃烧烤一样。你如何对一个多功能环境进行设计呢（比如机场）？

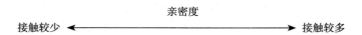

客户是希望与人接触，还是更想选择自助服务？你希望选择自动化服务来节省资金，还是选择提供个性化服务来增加销量呢？你能为客户的每一个选择都单独设计一种渠道吗？

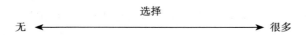

客户是个免费的代理商（"我听说你有城里最好的牛排"）还是专属客户（"这是汽车管理局的业务吗"）？你能设计一些方法来帮助专属客户，让他感到更自在吗？

了解了客户的情绪，你就知道该如何回应他们，在开始服务设计时，就可以做出具体的调整。萨凡纳艺术与设计学院学习服务设计的学生们可能会在服务流程图（与台上活动同时进行）上加入一部分关于情绪的内容，以展示在客户体验的不同阶段客户有什么样的（或者可能有什么样的）情绪。

3. 拿最有价值客户多做几次练习

为适合你的客户提供设计是最重要、最有意义的战略练习，可以帮助你了解和客户相关的经济原则。一枚硬币有两面：客户能从所花的钱中获得价值吗？你的利润可观吗？这两个问题的答案都必须是肯定的。

除经济学原理，服务设计评分表中的另外两个要素也起了作用：等价当量（从非货币的角度来理解你的满意度）和期望。你用来管理欲望冲突及挑战客户经济学的强大工具，归根结底会用于设定期望，你可以从服务中盈利，也可以取悦你想争取的客户。

经济学原理。衡量客户可盈利性的方法有很多。我们稍后将进行介绍，但是，你应该选择最适合你业务需要的工具。无论你使用什么工具，只要它能为你提供细化的数据，就对你的服务设计更有帮助：你应该能够观察不同的客户群体、不同的接触点，确定你（和你的客户）将在哪里增加价值和产生成本。可以利用一些活动来收集最有用的信息，尽管利用起来可能更为复杂。

你希望按服务及客户来分析盈利能力。你是从投资银行而不是从贷款上赚钱吗？是从酒类上而不是汉堡上赚钱吗？

有了这些信息，你就可以

- 寻找机会打造捆绑式服务——鼓励尚未带来利润的客户为你带来赚钱的服务项目
- 或者使用别的方法，比如使用随机供应和定价策略来改变客户和服务的组合
- 删减或外包不能盈利的服务——或许可以找些生态合作伙伴，他们可以在你做不到的事上赚到钱（见第七章）。

在解释为获得客户和留住客户而进行的投资时，等价当量的概念会进入你的思维。如果可以的话，将它们量化；如果不可以，回想一下"客户寓言"，从营销、销售、运营和服务团队中采集信息：有哪些客户和服务造成的麻烦似乎高于他们带来的价值？你需要在哪里多费些心思才能发现客户并留住客户？简单地说，哪些客户需要费很大气力才能留住？即使在缺乏财务信息的情况下，这些想法也能让你知晓长期亏损的客户或服务，或者（如果有可能盈利的话）需要重新设计，以便可以在不消耗公司过多成本的前提下传递服务。

利用这些见解，

- 制定能够避开"无效"客户的定价和营销思路
- 管理收购成本，将你的业务调整到利润更高的客户或服务上去
- 管理留客成本，以便只在有益于你的客户上多花心思
- 重新设计后台工作流程，消除或减轻员工承受的消极情绪。

期望设置是为正确的客户提供正确服务的第三要素。从前面两个练习中学到的知识会有助于你确定如何设定客户期望，如何管理客户期望。在美国运通公司，持有绿卡、金卡和铂金卡的客户可以看到优惠项目和相应的价目表。富达投资集团（Fidelity Investments）和该行业中的其他公司提供不同的服务，具体取决于客户在其公司投入的资产数量；若某员工的老板与富达签订了员工资产管理服务合同，他们还会向员工个人单独提供明确的产品和服务政策列表。有时公司也可能不会在客户之间做出如此明确的区分——尤其是在 B2B 情况下，这

种细分可能是隐含的，不会直接表达出来。

公开（像创建诸如绿卡、金卡或铂金卡等各种细分市场）或在心里默默地考虑，如何

- 创建服务层次。例如，向低端客户提供自动化服务，向高端客户提供个性化服务。或者，像专业服务那样，让助理为不太重要的户提供服务，管理商品化程度较高的服务产品，让合作伙伴处理更大、更复杂的交易
- 更清晰地设定和传达你所提供的产品，这样客户的期待才能更好地得到满足，而且你也可以从中盈利
- 设计开发补贴等优惠政策，鼓励低端客户走入高端行列
- 为员工（特别是那些一线员工，还有客户经理）制定明确的导向，并为其服务边缘客户时设定一定程度的灵活性
- 检查客户投诉和员工诉求，看看是否有可能，比如，将你曾拒绝客户做的一些事情变成一项盈利的新业务线？

4. 为客户和员工提供方便，不管是何渠道或平台

如果你让客户觉得难以合作，他们会离你而去；如果给员工造成麻烦，他们就会去找捷径——然后客户就会离你而去，当多渠道供应的产品带来的困扰远超其价值时，你就把原来的一块海绵变成了一根漏管。在第六章和第七章中，我们讨论了不要让大家去做英勇牺牲，这一点很重要。另外，创建跨平台一致性也很重要。不管是单独来看，还是整体来看，如果这些原则落实到项目当中，都会为你带来巨

大的收益。

节省客户精力。人们总是想从多个方面来评判客户服务的质量，例如，接听电话的速度够快吗？打过一次电话就能解决客户的问题吗？客户对服务结果满意吗？客户会把我们推荐给别人吗？这些问题的确不错，但它们却都回避了中心问题：你（客户）承受了多少痛苦？据我们的经验来看，直接测量要好于从间接测量中推断。但是直到 2008 年，才有人直截了当地提出问题："遇到问题时，处理起来有多大难度？"

"客户精力分值"这一衡量标准，是由研究咨询公司 CEB（Corporate Executive Board）[①] 开发的，该公司研究了那些有疑问或有问题的客户与呼叫中心的往来信息。研究表明，节省客户精力对客户忠诚度的影响，比通过退款、折扣等其他方式来解决问题要大得多。[1] CEB 的基本问题都是关于服务热线的，例如："对于'公司帮我简化了处理问题的方式'这一说法，你同意还是不同意，在多大程度上同意或者不同意？"（你可以回忆一下第六章中 Mobile Mini 移动存储公司运用客户精力分值的例子。）

此后，CEB 公司开发了几款工具（可在其网站 https://www.cebglobal.com/sales-service/effortless-experience/bonus-materials.html 上获得，需注册）[②] 来观察客户工作的其他方面，例如网站、呼叫中心和交互式语音响应系统的审计工具。该工具会提一些问题，比如：网站上

---

① 截至翻译本书时，该公司已更名为高德纳（Gartner）市场调研公司。——译者注

② 此网址已经失效，会自动跳转到 https://www.gartner.com/en/sales-service/salesleaders 这一网址，为新更名公司高德纳的网页。——译者注

的信息是不是用客户（而不是公司）语言编写的，是否针对你最想争取的客户对导航进行了优化，客户是否可以在线跟踪订单，电话号码是否容易找到，等等。

CEB 公司的客户精力工具虽然有一定价值，但价值有限。第一，它关注的是客户服务功能本身，算是个不错的起点，但如果公司在整个服务过程中一直都在浪费客户的时间，那只关注客户服务功能本身就不够充分了。第二，与专业服务公司相比，CEB 公司本身更适合交易频繁或客户众多的公司，[2] 但每家公司都可以并且应该设计一些客户精力指数。这个问题应该扩展到客户服务之外，应该更广泛地问："与我们做生意难度如何？"

交易的便利性延伸到了网上预约、电话预约医生、了解保险索赔明细，或者让采购小组更方便全面地了解你与客户之间的互动。要设计这些衡量参数，先确保你询问的问题是客户认为最重要的。在复杂的服务中（工程、专业化服务、咨询等领域），在获取难度较大的商业信息时，调查可以起到的作用极其有限：你需要坐下来，谈一谈，仔细计算。在这些行业中，问题及其解决方案可能在于个体合作伙伴或高管的培训方式和行为方式，而非设计本身。

节省员工精力。与客户精力相对的是员工精力，请牢记，第二个原则认为，不应要求客户或员工做出过分夸张的努力。

我们从未见过员工精力的衡量标准。敬业得分，是的，很多很多，其商业目的主要是检验员工是否投入了额外努力，或者寻求方法来降低有价值员工的离职率。还有一些研究更有说服力，当员工能够连续取得（并被认可）"小成就"或有其他进步的迹象时，他们感到最快乐，且工作最有成效。但是，我再问一次："为什么不直接问出来呢？"

这个通用的问题就是，"做客户认为对的事情，对你来说有多难？"这个问题应该问一线员工，如销售代表、技术人员、客户经理以及任何其他与客户直接接触的人员。但这个问题也可以根据你的业务需求放宽或深化：

- 你的员工容易了解到如何引导客户解决疑问吗？
- 在营销和销售方面保持领先有多大难度？
- 为了启动新项目，给新客户配备员工、设备和其他资源有多复杂？
- 那对现有客户呢？
- 什么样的政策、激励、程序或习惯使团队的跨职能合作变得更困难？
- 在为客户服务时，还有哪些内部要求会给你带来不便？

打造跨平台的便捷性。第四个原则（一致性原则）要求公司完成两件困难的事情：在每个渠道或平台中提供端到端的高品质服务；允许客户完成从一个渠道到另一个渠道的无缝切换，而不会落下一个步骤。

第一种是多渠道的体验：它会识别出帕特丽夏可能更喜欢与人打电话交流，而汤姆喜欢在网上享受自助服务；汤姆可能更喜欢印刷版，而帕特丽夏更偏爱网页版，而你喜欢点击朋友在脸书上的链接来获取你想要的版本。

第二种是全渠道体验：客户是否可以在网上开启交易，而后在商店完成交易？如果可以，你（卖家）可以让新途径与你先前中断的渠道实现对接吗？对全渠道优越性的疑问让我们想起了《超级马里奥》这类电子游戏，玩家必须从一个平台跳到另一个平台，从一个等级升至另一个等级，以躲过即将到来的障碍和威胁。[3]

在以下"工具及诊断"部分中，我们会提供一份工具清单，帮你审计多渠道和全渠道的优越性，然后设计改进。

5. 回答 21 个问题，加强端到端的创新

服务中的创新往往不同于制造公司的创新。正如我们在第十章中提到的，服务创新的作用可能被低估了，因为许多单位和职能部门认识不到它们也可以开发新的客户体验，或者更好地调整客户体验。出于同样的原因，服务创新也可能造成混乱。服务创新很可能高度分散（至少与制造业相比），因此容易产生冗余——不同的创新项目可能从公司的不同部门开始进行，通常高级管理层也不甚明了，然后这些创新就会沿着不同的方向发展，甚至发展方向也有可能彼此不兼容。

IBM 服务科技中心在服务质量、服务效用和服务创新方面的研究议程为我们提供了一个框架。在该框架内，你可以考虑根据公司的运营方式来进行设计创新（见第二章）。

考虑到这些因素，下面的 21 个问题可以帮你更好地进行创新：

检查后台的每个接触点。

（1）质量：错误出在哪里？执行了哪些非增值的检查？

（2）生产力：哪些步骤或过程可以合并或省略？

（3）创新：哪些技术变革可以用于改变我们在此接触点所做的工作？

回顾每次与客户的台上接触，要特别注意与关键客户的互动。

（4）质量：客户对我们的投诉或批评反映了工作的哪些问题？

（5）生产力：哪里需要客户等待或浪费客户时间？

（6）创新：哪些技术变革可以应用？我们可以利用哪些客户已有的技术？

（7）我们在每个接触点可以创造什么样的附加值？

（8）看到什么样的客户行为会让我们感到惊讶？

观察一下服务流程图之外的领域。

（9）你对客户旅程的定义是否过于狭隘？

（10）你还可以满足其他客户的哪些需求？

（11）你忽略了哪些接触点？

（12）还有谁在同一个客户服务流程中赚钱？

开发创新流程。

（13）是否有针对创意的正式创新流程？

（14）是否有针对选择的正式创新流程？

（15）是否有针对执行的正式创新流程？

列出20项或更多项创新，从大（新服务产品）到小（一个新的网上结账流程）排列。

（16）这些创新体在价值链（流程图）的何处发生？是否有很多创新集中区域，是否有很少创新的荒漠区？

（17）都有谁参与了这些项目？

以最新的创新项目为例。

（18）此次创新来源于哪里？都有谁参与了这个过程，扮演了什么角色？

（19）服务设计人员在创新过程中是否发挥了明显的作用？

（20）你在哪里进行实验，如何进行实验？

（21）你用什么衡量标准来评估这些创新项目？

我们将在"工具及诊断"部分回到创新这一主题，并给出一个衡量服务创新收益的标准（见第289页）。

6. 客户资本增长设计

卓越的 SD^2 既可以培养客户资本，也可以从客户资本中受益：这既是一种投入，也是一种结果，可以确保客户获得你想提供的客户体验。在服务设计中，你所做的一切都在建立客户资本，但你也可以明确地管理客户资本，如果你

让顾客购买

- 重新想象客户在创造整个客户体验（不止是交易时刻或任何一个接触点）中可以扮演的角色
- 要与客户保持持续的沟通，以便得出双方都能认同的见解
- 让客户加入活跃的"同侪劝说"客户社区，他们会是你最好的批评者、最热心的福音传播者
- 对直接和间接提供的数据进行分析，无论数据大小，这样可以提供给你的客户一次量身定制的体验，或者提供对他们来讲意义非凡的体验
- 让客户直接参与到价值创造的过程当中。

回顾客户资本形成的四个平台：开放反馈渠道、共同解决问题、共同创新及共同创建服务（见第十章）。你制定的流程图（列出了与客户的接触点及幕后场景、客户看到的情况以及客户与你碰面和互动的方式和时间）具有重要意义，可以帮你确定在什么范围寻找机会，应该开发什么，不应该开发什么：

- 在哪里可以增添实时或定期反馈？
- 在哪里可以让客户（单独或分组）参与突破瓶颈的过程？
- 在哪里可以与客户共同进行创新？
- 在哪里可以增加机会让客户来定制或配置服务产品？即使是小的定制工具（比如飞机选座）也会让客户产生好感。

全面的共同创造不仅涉及单个的接触点或阶段，而是包括整个

旅程。当然，全面的共同创造不可能适用于所有情况或所有客户（例如，航空公司或其他受管制的企业共同创造的机会就很有限），但这个项目会带给你很多回报。为此，可以采用 C.K. 普拉哈拉德和文卡特·拉马斯瓦米在他们的共同创造工作中开发的飞镖（DART[①]）框架。[4]

工具及诊断

1. 如何衡量客户的价值

一位忠诚客户的价值是多少？以再熟悉不过的美元为例，你会把富余的美元投资在寻找新客户上，还是投资在留住客户上呢？你打算寻找哪些新客户、留住哪些既有客户呢？有哪些体验是最有价值的呢？

衡量客户价值和盈利可能性的方法有很多。为此，谷歌做了一项关于"如何衡量客户盈利能力"的调查，有望找到不错的方法。接下来要介绍的方法与汤姆的第一本书《智力资本》中提到的方法比较相似，都是测量客户的净现值（Net Present Value，NPV）。测量净现值的方法虽然有很多，但对服务设计来说，这种方法极为有效，因为这种方法需要你非常明确地知道设计可能影响哪些成本和收入来源。测量本身并不困难，尽管数据可能比较难以收集。

---

① DART 四个字母分辨代表 Dialogue（对话），Access（接触），Risk Assessment（风险评估），Transparency（透明度）的首字母。——译者注

- 第一步，确定对客户进行跟踪的有效期（对一家儿童零售业的跟踪期大致为几年，抵押银行为几十年）。
- 第二步，计算在跟踪期间这些客户每年能让你获得的利润。这自然也会因部门或业务的不同而异。

□首先要扣除获得客户和留住客户的成本。第一年包括广告、佣金等所有引进新业务的成本。接下来的几年里，还会增加新的成本，比如客户服务、维持客户关系的时间投入、免费赠品等。总体来看，留住客户的成本虽应然低于获得客户的成本，但还应持续减少。如果留住客户的成本有所增加，那么一定是你的业务出现了问题。

□接下来，增加销售收入（扣除货物成本）。随着满意的客户更多光顾，销售收入会越来越多。同时要提高利润（减少服务客户的成本），持续提升销售额（支票账户、储蓄账户、汽车贷款、抵押贷款……）以及转介价值。

□为了将数据进行可视化处理，你可能会为每项业务或每类客户创建一个简单的柱状图，用于汇总每年的各项收入（减去成本）。你最希望看到的就是图表上的每一条柱都高于先前的那一条。

- 第三步，计算客户"预期寿命"，即你的客户流失率（同样，按业务和部门计算）。
- 第四步，计算客户的净现值。议定贴现值。我们建议你选择目标资产收益率，因为客户的忠诚度都是资产。将其计入你的年

收益，然后根据客户离开的可能性进行调整。

如果你的贴现值为 15%，第一年的净现值将为利润 ÷1.15。第二年的净现值为（第二年利润 × 客户留存率）÷1.15^2，以此类推，直到开始设定的有效期结束为止。第一年到第 n 年得出的总和就是你拥有那些客户时期望从他们那里获得的所有利润的净现值。从理论上讲，这就是你所能得到的，如果你把客户（或业务）卖给别人的话。

你可以通过多种方式运用此信息。这个信息可以告诉你哪些客户最有价值，值得争取，以及你是否花费太多或（更可能的是）太少而没能留住最有价值的客户。可以将这些数据与你所知道的有关赢得或失去客户忠诚度的信息联系起来。然后，你就可以着手进行实验设计，并在实验及变化的基础上确定哪些客户对你而言更有价值。此外，你还可制定战略，设计一些途径来吸引客户，让他们通过多种业务、多种平台与你产生业务往来，从而从他们的钱包中赚取更大的份额。

2. 如何衡量跨平台能力

弗雷斯特研究公司（Forrester Research）开发了一个十分有价值的"成熟度模型"，向人展示了特定运营渠道的企业是如何实现从多渠道发展到全渠道服务、跨渠道整合，然后利用洞察力优化营销，最后协调"实时内容营销"。[5] 我们更应该把这个模型作为诊断方法使用，而不是作为行动计划来使用。当下，如果你首先建立并优化单个渠道或平台，希望稍后再去集成，可能会给以后带来很多麻烦，莫不如从一开始就建立全渠道能力。

下面的表格提供了一些问题（其中一些问题来自弗雷斯特研究公司），可供自测。

诊断多渠道之间的一致性

	是	否	备注
每条渠道或每个平台内部			
你能否在每个渠道／平台都提供一个端到端的、完整的客户旅程（例如，是不是不管客户是否愿意，都必须改换渠道）？			
客户是否会从一个渠道转向另一个渠道（或放弃）？（例如，客户是不是在网上与你预约，却用电话来检查订单状态？）			
是否每个渠道都非常可靠？或者只是比较可靠？			
是否经常收到一个或多个渠道的重大投诉？还是所有渠道都有？			
你的服务成本是否在每一个渠道都是行业最佳？或者在任何行业都是最佳？			
每条渠道都有"仪表盘"吗？不同的"仪表盘"可以相互比较吗？或者它们根本没有可比性？有没有衡量对最佳客户来说最重要的是什么？（见263页"创建权重分数"。）			
跨渠道或平台			
客户是否可以在一个渠道或一个平台上开始旅程，然后在不费任何力气的情况下切换到另一个渠道或平台？			
客户是否可以在不消耗你的大量精力或成本的情况下切换渠道或平台？			
在任何渠道你都能识别出最有价值的客户吗？			

	是	否	备注
你们内部对客户的看法一致吗？			
你能提供个性化的客户体验吗？			
所有平台和渠道上的导航、外观感觉和品牌体验质量是否相同？每个方面都能达到"感觉就是你的"吗？			
你可以通过行程来衡量端到端体验及其优越性，而不用考虑是哪个渠道吗？你能根据业务和客户细分来进行分析吗？			
你能同时在所有平台上进行实验、开展创新或实施创新吗？			

3. 如何衡量服务创新的回报率

创新衡量是一种不太精确的科学；服务业的创新衡量不仅不精确，而且基本未曾有过尝试。传统的创新衡量方法源于产品制造业；这些方法包括新产品的销售额百分比、满足财务目标产品的百分比以及研发投资回报率。

就目前而言，这些方法都没有什么大问题。但这些方法与服务的相关性有限，因为许多创新不是从有研发预算资助的实验室开始，而是从一个改善用户界面的 IT 团队开始，或者从一个为某个特别客户群体开发服务产品的营销团队开始。

根据两位澳大利亚学者的观点，服务创新可以分为五类：商业模式创新、客户界面创新、服务产品创新、流程或系统创新，以及市场渠道创新。[6]第一种类型非常少见，因此我们没有把这种类型包括在

下表中。你可以使用表格来衡量创新效率，并为公司定制一个专门的表格，通用表格可能如下所示：[7]

服务创新衡量框架表

	客户界面创新	服务产品创新	流程或系统创新	市场渠道创新
新市场收入（%）				
过去 × 年创新收入（%）				
创新成功率（投资回报率 vs 最低预期回报率）				
核心客户群体增加的收入				
新客户群体收入（%）				
特许权或许可收入				

4. 如何建立客户资本"仪表盘"

客户资本是个共有的银行账户，你和客户经常在这里存款取款。我们讲过如何衡量一个客户的价值（见第 284 页），但是没有哪个现实的方法可以来量化客户资本账户的价值。不过，仍有别的方法来密切关注客户资本：你可以知道客户资本是否增长、增速多快，还可以设计干预措施，以增加存量，减少取量。

以服务为导向的公司应该建立一个"仪表盘"。你的"仪表盘"应该是你公司独有的〔至少在作为无形资产的"公认会计原则"（Generally Accepted Accounting Principles）建立之前〕。以下是一些简单的测量方法，以及一些绕了点小弯的测量方法。

- 客户流失率——更新率和缺陷率。应该通过业务、渠道或平台全面跟踪客户流失率。
- 客户参与度。"参与度"通常用于衡量网站上的或数字性的活动，还有社会营销活动——打开电子邮件的百分比、转发的推文数量、用户查看的网页数量。这些都是很好的测量标准，是数字世界中全新的独特方法，但是有一些模拟的方法可以测量出更有价值的参与度结果。其中有：

□ 钱包份额（客户是否带给你越来越多的业务？）；

□ 活跃度（过去每两周都会从你这里购买机票的人，现在一个月都不来买一次吗？在许多产业中，例如健身俱乐部，更新率和近期活跃度之间有很强的相关性。但在任何业务中，活跃度的降低都意味着客户资本的消耗；

□ 进入自动化关系的客户数量（电子账单支付、自动补货等）；

□ 应收账款年限。

- 按客户关系时长算出毛利（应该增长）。
- 获取客户成本（应该下降）。
- 产生的潜在客户与成交交易的比率（也应该下降）。
- 客户的经济活力。你的客户是该行业中最出色的吗？你的客户增长得比它们各自的直接竞争对手更快吗？你与客户的业务发展是否至少与其总体业务的发展一样快？客户有强大的资产负债表吗？如果你的客户正在发展壮大阶段，且处于行业领先地位，而你是它的关键供应商，那你就获得了一份宝贵的资产。

切记不要只想着你的客户。你也是你供应商的客户，因此，要对上下游的客户资本进行全面审计。

5. 如何诊断产品—服务问题

"我们没办法帮你把这个产品修理好，你还是把它退还给他们吧。"

"我可以卖给你一个新的。"

"这是制造商给的保证，不是我们。"

"产品一定是在运输过程中损坏的。"

"不在我们的工作范围内，我们不负责维修。"

"产品没有任何问题，是安装错误。"

"我不知道他们为什么告诉你我们能修理。"

客户经常收到这样的回复——一家公司试图把客户的糟糕体验归咎于另一家公司。即使是同一家公司提供的产品和服务，也会发生这样互相指责的情况。这样的情况有时候发生在幕后，客户不会亲眼看见，但总会发生。

想解决这些问题，需要找出问题的原因，而不是去责怪谁。当服务和产品无法对接时，通常可以从以下三个方面找出根本原因：服务设计及服务传递能力差；产品设计或产品性能不佳；客户管理不善。可以用下面的表格来诊断问题的原因，从而找出解决问题的办法。

若服务与产品无法对接：诊断法

问题类型	表现	可能的原因及设计失误
服务设计及服务传递能力差	内部流程衔接性差	功能性及损益表——对待客户的方式不一致
	与延伸价值链上的合作伙伴联系松散	没有分享客户流程图；奖励机制不一致或无法对接；与供应商/分销商关系敌对
	连续的用户体验投诉	服务团队/单位没有能力对设计或定价产生影响
	服务创新少之又少，或者没有服务创新	以产品为中心的创新观念；未能充分计算或衡量服务项目的盈利能力
产品设计或产品性能不佳	产品缺陷问题不断	客户反馈路径不畅；产品研发、生产与服务、维修缺乏联系
	产品研发过程僵化、缓慢	客户前馈环节薄弱；缺乏可以让客户灵活体验新产品/服务开发过程的有效方法
	定价毫无竞争力	价格取决于生产成本，而非客户价值；成本结构过于庞大
客户管理不善	销售对象有误；坏账	忽略了客户风险和盈利能力，或对二者管理不善
	客户流失过度	未能认清与关键客户的互动，未能跨业务/职能部门工作来缓解不良互动或增加价值
	客户群体之间资源分配不当	客户流程图信息不足，尤其是关于后台运作方面
	"客户关系"或"方案"推销方面的问题	对待客户的视角不够一致，未能向主要客户或客户群体说明公司整体目标；销售、运营和服务之间缺乏联系
	客户期望与公司目标/行动之间的差距	目标客户定位不准；各部门后台激励机制不一；未能与客户充分协作/共同创造

让顾客购买

＊　＊　＊

在本书开头我们就提到过，服务设计和传递能力可能会改变你的公司——SD^2 不仅是一套方法或工具，也是一种精细战略、提高执行力与建立客户关系的方式，这样建立起来的关系长期稳定，是有价值的资产，而不仅仅是一笔交易。因此，我们开发并挑选一系列工具，将董事会和团队联系到一起。

你（如果你是某位高层领导）可以利用这些框架、仪表盘、项目创意和工具来绘制和实施服务设计思维，并对这样做的好处进行跟踪。你（如果你是一名服务设计从业者）也可以通过类似的方式来发挥它们的作用：展示你如何用实际工作建构并撑起了公司的战略目标。我们也说过，这些工具并不是设计师的全套装备。你也可以在许多其他地方找到这些资源。以下就是其中的一些：

- 马克·斯蒂克霍恩（Marc Stickhorn）和雅各布·施雷伯（Jakob Schreiber）合著的《这就是服务设计思想：基础，工具，案例》（*This Is Service Design Thinking: Basics, Tools, Cases*）提供了书的标题所谈到的内容。该书作者还创建了一个网站，网址为：http://thisisservicedesignthinking.com/，网站里面有非常实用的工具，包括"服务设计画布"，这是一款非常好用的流程图，可供下载。
- 本·里森（Ben Reason）、拉夫朗斯·乐维亚（Lavrans Løvlie）及梅尔文·布兰德·弗吕（Melvin Brand Flu）合著的《商业服务设计新生代：优化客户体验实用指南》（*Service Design for Bu-*

siness: A Practical Guide to Optimizing the Customer Experience）[①]
一书中也收录了许多同样好用的服务设计实用方法及工具。

- 服务设计工具是一个很有价值的网站，其网址为 http://www.
  service designtools.org/，该网站是由意大利米兰理工大学工业
  设计系的罗伯塔·塔西设计开发的，网站包含了一系列可开放使
  用的工具，如绘制蓝图、实用案例等。

- 两家比利时设计公司 Namhan 和 Design Flanders 创建了一
  个非常优秀的服务设计工具包网站，网址为：http://www.
  servicedesigntoolkit.org/。

- 英国设计委员会（The United Kingdom's Design Council）对服
  务设计主题，特别是公共部门的服务设计主题进行了广泛的研
  究并出版了一些读物；提供了一系列适用于所有情况的工具，
  网址为：http://www.designcouncil.org.uk/sites/default/files/as-
  set/docu-ment/design%20methods%20for%20developing%20
  service s.pdf。

- 有二十多所学校提供先进的服务设计培训，而且每一所学校都
  留有该校学生使用过的工具。服务设计网（The Service Design
  Network）上有一份这些学校的清单，网址为：https://www.
  service-design-network.org。该网站实行收费会员制，但学校的
  清单是可以免费提供的。

---

① 纽约：约翰威立国际出版公司，2015 年；该书简体中文版已于 2017 年由中信出
　版社出版。——编者注

当然，还有越来越多的设计咨询公司，例如 Continuum、IDEO，以及其他我们提到过或没提到的公司都有一些先进的工具和方法。

这些公司都知道（我们在前文已经写到）的一个重要内容就是，服务设计必须在现实中完成，在现实中实施，通过研究真实生活中的客户，通过在现实世界里进行的实时实验研究和原型研究来实现。没有工具，服务设计就无法成功。但你必须将这些工具恰如其分地运用在你的项目当中，它们才能发挥效用。而且，只有当客户真的踏上了战略旅程后，这些项目才有价值。来吧，开始你的旅程，返回你的旅程，或者继续你的行程。我们希望本书能成为你实用的知心伙伴。

注 释

引 言

1. "A human-centered approach"：Tim Brown's definition is quoted, inter alia, at https://www.ideo.com/about/. Retrieved April 27, 2016.

2. Service-dominant logic: Robert F. Lusch and Steven L. Vargo, *Service-Dominant Logic: Premises, Perspectives, Possibilities* (Cambridge: Cambridge University Press, 2014).

第一章

1. "Membership gives people something"：Interview with Jeff Potter, CEO, Surf Air, August 13, 2015.

2. A large and growing: For summary of the research, most led by Thomas Gilovich of Cornell University, see James Hamblin, "Buy Experiences, Not Things," *Atlantic*, October 7, 2014, http://www.theatlantic.com/business/archive/2014/10/buy-experiences/381132/. See, for example, Amit Kumar and Thomas Gilovich, "Some Thing to Talk About? Differential Story Utility from Experiential and Material Purchases," *Personality and Social Psychology Bulletin*, June 1, 2015.

3. It is not enough just to fix the parts: Alex Rawson, Ewan Duncan, and Conor Jones, "The Truth About Customer Experience: Touchpoints Matter, but It Is the Full Journey That Really Counts," *Harvard Business Review*, September 2013.

4. "Service design is a system"：Interview with Victor Ermoli, June 17, 2015.

5. Comparing it to Amazon.com: Catherine Palmiera, "To an Analogue Banker in a

Digital World," Strategy + Business, August 27, 2013, http://www.strategy-business.
com/article/00206?pg, retrieved January 30, 2014.

6. *Uncommon Service*: Frances Frei and Anne Morriss, *Uncommon Service: How to Win by Putting Customers at the Core of Your Business* (Boston: Harvard Business Press, 2012).

7. Lexus: See Wikipedia entry, http://en.wikipedia.org/wiki/Lexus, retrieved February 2, 2015.

8. Commercial airlines spend more than $10 billion: SITA Aero, "The Potential of Collaboration: IT Trends Survey, 2013—An Airline View," http://www.slideshare.net/tknierim/how-airlines, retrieved April 28, 2016.

9. An enormous $190 billion: Annie Lowrey, "Study of U.S. Healthcare System Finds Both Waste and Opportunity to Improve," *New York Times*, September 11, 2012, http://www.nytimes.com/2012/09/12/health/policy/waste-and-promise-seen-in-us-health-care-system.html.

10. 400,000 lives: Blue Cross/Blue Shield of North Carolina, "Why Does Health Care Cost So Much," 2016, http://connect.bcbsnc.com/lets-talk-cost-2013/the-cost-problem/waste/posts/cause-medical-errors/, retrieved April 29, 2016.

11. Overall, the institute estimates: Alan B. Krueger, "A Hidden Cost of Health Care," *New York Times*, February 9, 2009, retrieved November 29, 2013, http://economix.blogs.nytimes.com/2009/02/09/a-hidden cost-of-health-care-patient-time/?_r=0.

12. Most hospitals find it difficult to improve: Claire Senot and Aravind Chandrasekaran, "What Has the Biggest Impact on Hospital Readmission Rates," *Harvard Business Review*, September 23, 2015.

13. Her Majesty's Inspectorate of Constabulary: Richard Alleyne, "Frontline Police Spend Half Their Day Filling Out Forms," *Telegraph*, July 2, 2008, http://www.telegraph.co.uk/news/uknews/2235915/Frontline police-spend-half-their-day-filling-out-forms.html, retrieved April 29, 2016.

14. Almost three times more murder: 2014 FBI statistics for 2014 collected at https://en.wikipedia.org/wiki/List_of_United_States_cities_by_crime_rate_%282014%29, retrieved April 29, 2016.

第二章

1. 10 percent of its revenue: For an excellent discussion of Blockbuster versus Netflix, see http://amitadeshpande.blogspot.com/2010/12/netflix-vs-blockbuster.html.

2. U.S. airlines: IdeaWorks and CarTrawler, "Airline Ancillary Revenue Projected to Be $59.2 Billion Worldwide in 2015," http://www.ideaworkscompany.com/wp-content/uploads/2016/04/Press-Release-103-Global-Estimate.pdf, retrieved April 20, 2016.

3. It wasn't long: For information on design history see, inter alia, the Industrial Design History website of Auburn University, written by Bret H. Smith: http://www.industrialdesignhistory.com/timelineproducts.

4. In the United States, four out of five: U.S. Bureau of Labor Statistics, "Industry Employment and Output Projections to 2022," Monthly Labor Review, December 2013, http://www.bls.gov/emp/ep_table_201.htm.

5. "These are not necessarily busboys": Kenichi Ohmae. *The Borderless World: Power and Strategy in the Interlinked Economy* (New York: HarperCollins, 1990).

6. but that December, *Fortune* magazine: John Huey, "America's Hottest Export: Pop Culture," *Fortune*, December 31, 1990.

7. Customers do not own a service: The pioneering (and still superb) description of services-as-experiences is G. Lynn Shostack, "Breaking Free from Product Marketing," *Journal of Marketing* 41, no. 2 (April 1977): 73–80, http://www.jstor.org/stable/1250637.

8. "Designing Services That Deliver": G. Lynn Shostack, "Designing Services That Deliver," *Harvard Business Review*, January 1984, http://hbr.org/1984/01/

designing-services-that-deliver/ar/1, retrieved February 3, 2014. For customer loyalty, see among others Frederick F. Reichheld, "Loyalty-Based Management," *Harvard Business Review*, March–April 1993, http://hbr.org/1993/03/loyalty-based management/ar/1.

9. "break free" : Shostack, "Breaking Free from Product Marketing."

10. a surge of interest in ... loyalty: See for example Frederick F. Reichheld and W. Earl Sasser, Jr., "Zero Defections: Quality Comes to Services," *Harvard Business Review,* September-October 1990.

11. According to Tim Brown: Interview with Tim Brown, June 11, 2015.

12. Big Blue had been a big player: Bernardo Bátis-Lazo, "A Brief History of the ATM," *Atlantic*, March 26, 2015.

13. Ceding the business: Geoffrey Colvin, "The Wee Outfit That Decked IBM," Fortune, November 19, 1990.

14. In 2003: IBM 2003 annual report, ftp://public.dhe.ibm.com/annualreport/ 2003/2003_ibm_ar.pdf.

15. For Paul Horn: Interviews with Paul Horn, June 15, 2015; Robert Morris, July 30, 2015; and James Spohrer, October 19, 2015.

16. "Icons of Progress" : http://www-03.ibm.com/ibm/history/ibm100/us/en/icons/, retrieved November 21, 2015.

17. Eightfold return: See Spohrer's LinkedIn profile: https://www.linkedin.com/profile/ view?id=AAkAAAAAJqUBzfzbQxIw1ZSxvPyCgmgq28WUqsg&authType= NAME_SEARCH&authToken=l4FV&locale=en_US&trk=tyah&trkInfo=clickedV ertical%3Amynet work%2CclickedEntityId%3A9893%2CauthType%3ANAME_ SEARCH%2Cidx%3A1-1-1%2CtarId%3A1448135169462%2Ctas%3Ajim%20 spohrer, retrieved November 21, 2015. There he writes, "Successful service research must: 1. Improve the firm's existing value propositions (existing service offerings); 2. Help the firm create new value propositions (new service offerings);

3. Help the firm acquire, divest, in-source, out-source (portfolio of service offerings-internal and external); 4. Help the firm's customers/partners improve their capabilities in all the above areas; 5. Create patents and enhance the firm's IP assets with all the above; 6. Create papers and enhance service knowledge with all the above."

18. Dramatically cut the percentage of bags: SITA, The Baggage Report 2015 Air Transportation Industry Insights https://www.sita.aero/globalassets/docs/surveys-reports/baggage-report-2015.pdf#page=1&zoom=auto,-48,842 http://www.sita.aero/resources/type/surveys-reports/baggage report-2015.

19. "Agile software development" principles: These were first enunciated in the 2001 "Manifesto for Agile Software Development," http://agilemanifesto.org/, retrieved November 23, 2015.

20. "We have well-tested, scientific methods" : Stefan Thomke, "R&D Comes to Services: Bank of America's Pathbreaking Experiments," *Harvard Business Review*, April 2003.

21. IBM's pretax profit: Icons of Progress, http://www-03.ibm.com/ibm/history/ibm100/us/en/icons/, retrieved November 21, 2015.

22. Three generations of management consulting: For an illuminating and entertaining history of the consulting industry, see Walter Kiechel, *The Lords of Strategy: The Secret Intellectual History of the New Corporate World* (Boston: Harvard Business Press, 2010).

第三章

1. "[t]he very first thing they always said" : Interview with Cathy Calhoun, September 29, 2015.

2. Michael Wehman: Authors' interview with Michael Wehman, September 29, 2015.

3. Weber Shandwick's 2004 billings: The Holmes Report, 2015, http://www.

holmesreport.com/ranking and-data/world-pr-report/agency-rankings-2015/top-250, retrieved December 2, 2015.

4. "Wide selection" : https://www.schwab.com/, retrieved December 4, 2015.

5. It reserves full person-to-person: Schwab in 2000 bought the high-end wealth management company U.S. Trust. The combination did not work well, and Schwab sold off the business six years later.

6. "The industry too often gets in the way" : Charles Schwab Annual Report, 2014.

7. "Through a national network" : David J. Collis and Michael G. Rukstad, "Can You Say What Your Strategy Is?," *Harvard Business Review*, April 2008.

8. The firm's website: https://www.edwardjones.com/index.html, retrieved December 5, 2015.

9. Research by the A. T. Kearney consulting firm: "Using Pivotal Customer Events to Create Value," A. T. Kearney, 2015, https://www.atkearney.com/documents/5472320/6218530/34969_PCE+Whitepaper+2015+v4_Report.pdf/7f10f532–6f93–4c4f-987d-7ff2a24b1380, retrieved December 9, 2015.

10. "Companies were spending" : Interview with Robert Bustos-McNeil, May 11, 2015.

11. For Virgin Atlantic: http://www.virgin-atlantic.com/us/en/travel-information/airport-guides/london heathrow/clubhouse.html, retrieved December 9, 2015.

12. Theodore Levitt cited McDonald's: Theodore Levitt, "Production-Line Approach to Services," *Harvard Business Review*, September–October 1972.

13. "We hire from the half": Quoted in Meghan Busse and Jeroen Swinkels, "Enterprise Rent-a-Car," case study, Kellogg School of Management, revised March 21, 2012.

14. A substantial body of research: See James L. Heskett, Thomas O. Jones, Gary W. Loveman, W. Earl Sasser Jr., and Leonard A. Schlesinger, "Putting the Service-Profit Chain to Work," *Harvard Business Review*, March–April 1994; for fast-food restaurants, WaWa, for example, see Neeli Bendapudi and Venkat Bendapudi,

"Creating the Living Brand," *Harvard Business Review*, May 2005.

第四章

1. In that crowded space: Leslie Patton, "Dunkin' Donuts Tests Mobil Ordering in Bid to Catch Up with Starbucks," Bloomberg Technology, November 18, 2015, http://www.bloomberg.com/news/articles/2015–11–18/dunkin-donuts-plays-catch-up-to-starbucks-with-mobile-ordering.

2. When the American Customer Satisfaction Index: http://www.fool.com/investing/general/2015/07/18/can-you-guess-americas-favorite-coffee-shop-hint i.aspx, retrieved December 14, 2015.

3. "The customer is always right": See, inter alia, http://www.phrases.org.uk/meanings/106700.html.

4. If you're not convinced: Amy Gallo, "The Value of Keeping the Right Customers," *Harvard Business Review*, October 29, 2014, https://hbr.org/2014/10/the-value-of-keeping-the-right-customers/.

5. "It is really important": Interview with Peter Fader, May 26, 2015.

第五章

1. Orphan drugmaker NPS Pharmaceuticals: Interview with Francois Nader, June 19, 2015.

2. "A good experience": Interview with Jon Campbell, March 13, 2015.

3. "You earn people's loyalty": Interview with Michelle Shotts, June 12, 2015.

4. "I do not care about a free snack box": Interview with Charles McDiarmid, June 5, 2015.

5. 96 percent of unhappy customers: "50 Facts About Customer Experience," http://returnonbehavior.com/2010/10/50-facts-about-customer-experience-for-2011/, retrieved May 14, 2015.

让顾客购买

6. A dissatisfied customer: Ibid.

7. It takes 12: Ibid.

8. "When service design"：Interview with Victor Ermoli, June 16, 2015.

9. In a bank McKinsey studied: Marc Beaujean, Jonathan Davidson, and Stacey Madge, The Moment of Truth in Customer Service, McKinsey Quarterly, February 2006.

10. "For the first two years"：Interview with Katrina Lake, December 6, 2015.

11. "When you've earned"：Interview with Erik Olsson, June 25, 2015.

12. Scott Cook, founder of Intuit: Carmen Nobel, "Clay Christensen's Milkshake Marketing," Working Knowledge, February 14, 2011, http://hbswk.hbs.edu/item/ clay-christensens-milkshake-marketing, retrieved October 14, 2015.

13. Buying milk shakes: Clayton M. Christensen, Scott Cook, and Taddy Hall, "Marketing Malpractice: The Cause and the Cure," *Harvard Business Review*, December 2005.

14. "You do market research"：Interview with Len Schlesinger, March 13, 2015.

15. Johannes Hattula: Scott Berinato, "Putting Yourself in the Customers' Shoes Does Not Work: An Interview with Johannes Hattula," *Harvard Business Review*, March 2015.

16. Such was the case: Simon Glynn, "The New Customer Centric," http://www.media-post.com/publications/article/195380/the-new-customer centric.html?print#axzz2 fMhyqkE1, retrieved April 4, 2015.

17. McDonald's: Bryan Gruley and Leslie Patton, "McRevolt: The Frustrating Life of the McDonald's Franchisee Not Lovin' It," Bloomberg, http://www.bloomberg. com/features/2015-mcdonalds-franchises/, retrieved September 16, 2015.

18. "We suggest to them"：Interview with Rob Loy, June 25, 2015.

19. "Whatever your job description"：Interview with Kenneth Worzel, July 14, 2015.

20. Dunkin' Donuts has what: Interview with John Costello, October 1, 2015.

21. "The questions that we ask"：Interview with Cathy Calhoun, September 29, 2015.

22. Transformation of customers into heroes: Interview with Victor Ermoli, June 17, 2015.

23. Randall Stephenson, the CEO of AT&T: Quentin Hardy, "Gearing Up for the Cloud, AT&T Tells Its Workers: Adapt, or Else," *New York Times*, February 13, 2016, http://www.nytimes.com/2016/02/14/technology/gearing-up-for-the-cloud-att-tells-its-workers-adapt-or else.html?_r=0, retrieved February 14, 2016.

24. "We were fortunate that": Interview with Erik Olsson, June 25, 2015.

25. "You're running laps in a race": Interview with Jeff Potter, July 9, 2015.

第六章

1. "Episodic excellence": "The End of Customer Service Heroes," interview with Frances Frei and Anne Morriss, HBR Ideacast, February 2, 2012, https://hbr.org/ideacast/2012/02/the-end-of-customer-service-he, retrieved December 21 2015.

2. Orderlies and nursing assistants: Daniel Zwerdling, "Hospitals Fail to Protect Nursing Staff from Becoming Patients," National Public Radio, February 4, 2015, http://www.npr.org/2015/02/04/382639199/hospitals-fail-to-protect-nursing-staff-from-becoming-patients, retrieved December 18, 2015.

3. "The number-one waste": Interview with John Toussaint, March 11, 2015.

4. Improving patient experience: Interview with Aravind Chandrasekaran, July 23, 2015; Claire Senot and Aravind Chandrasekaran, "What Has the Biggest Impact on Hospital Readmission Rates," *Harvard Business Review*, September 23, 2015, https://hbr.org/2015/09/what-has-the-biggest-impact-on-hospital readmis.

5. "The Mercedes of storage": Interview with Erik Olsson, June 25, 2015.

6. Customer Effort Score: See Matthew Dixon, Karen Freeman, and Nicholas Toman, "Stop Trying to Delight Your Customers," *Harvard Business Review*, July–August 2010, https://hbr.org/2010/07/stop trying-to-delight-your-customers.

7. "Chief Officer of Pain Points": Interview with Kelly Williams, June 25, 2015.

8. "Lean consumption": James P. Womack and Daniel T. Jones, "Lean Consumption," *Harvard Business Review*, March 2005.

9. With no small amount of difficulty: See https://en.wikipedia.org/wiki/1-Click, retrieved December 22, 2015.

10. Highest-quality, lowest-cost: Interview with John Toussaint, March 11, 2015.

11. ThedaCare's Collaborative Care model: See Leonard L. Berry and Jamie Dunham, "Redefining the Patient Experience with Collaborative Care," *Harvard Business Review*, September 20, 2013, and ThedaCare Center for Health Care Value, https://createvalue.org/collaborative-care/.

12. 450,000 patient visits: American Medical Group Association, "ThedaCare Physicians: New Delivery Model," *Group Practice Journal*, July/August 2010.

13. "We want lab work turned around": Interview with Jenny Redman-Schell, September 23, 2015.

第七章

1. Bank of America deposits: Bank of America 4Q 2015 investor presentation, January 19, 2016, p. 3, http://investor.bankofamerica.com/phoenix.zhtml?c=71595&p=quarterlyearnings#fbid=knFUfVg4rtN, retrieved February 19, 2016.

2. "Omnichannel consumers": "IDC Futurescape: Worldwide Retail 2015 Predictions—It Is All About Participation Now," IDC, November 2014.

3. Merrill Lynch brought in:. Michael Wursthorn, "Merrill Contributes More to Bank of America's Bottom Line," *Wall Street Journal*, January 15, 2015, http://www.wsj.com/articles/merrill-lynch-contributes-more to-bank-of-americas-bottom-line-1421342758.

4. A drop in the bucket: Bank of America, 2014 annual report, p. 7.

5. At SunTrust bank: "Delighting Customers at SunTrust: How Multichannel Banking Mobilizes Financial Well-being," Kony Inc., Innovator Series Brief, 2013, http://

forms.kony.com/rs/konysolutions/images/Kony-CS-ISB-SunTrust.pdf, retrieved March 9, 2016.

6. One health insurance company: David Meer, "When Big Data Isn't an Option," *strategy+business*, May 19, 2014, http://www.strategy-business.com/article/00250? pg=all

7. "Advertising or communications used to be" : Interview with Karen Kaplan, March 13, 2015.

8. Forrester Research found: Lori Wizdo, "Buyer Behavior Helps B2B Marketers Guide the Buyer's Journey," October 4, 2012, http://blogs.forrester.com/lori_ wizdo/12–10–04-buyer_behavior_helps_b2b_marketers_guide_the_buyers_journey, retrieved March 1, 2016.

9. TD Bank Checking Experience Index: https://mediaroom.tdbank.com/ checkingexperience, retrieved February 7, 2016.

10. "If I can control how costs" : Conversation with HBS dean Kim B. Clark, 2004.

11. According to Marvin Ellison: Teresa Lindeman, "Department Stores Must Innovate to Survive," *Columbus Dispatch*, July 26, 2015, http://www.dispatch.com/content/ stories/business/2015/07/26/1-department-stores-must-innovate-to-survive.html, retrieved March 3, 2016.

12. Low-price Rack stores: Susan Thurston, "Nordstrom Gained 1 Million Customers from Its Nordstrom Rack Stores," *Business Administration Information*, August 26, 2015, http://www.businessadministrationinformation.com/news/customers-nordstrom-rack-sales.

13. "Retail's Hottest Spring Trend" : Pymnts.com, February 26, 2016, http://www. pymnts.com/news/retail/2016/retails-hottest-spring-trend-store-closures/, retrieved April 29, 2016.

14. Nordstrom.com returns: Mark Brohan, "E-commerce for Nordstrom Accounts for 19% of Total Sales," *Internet Retailer*, February 20, 2015, https://www.

internetretailer.com/2015/02/20/e-commerce-nordstrom accounts-15-total-sales, retrieved March 2, 2016.

15. "My mission for" : Interview with Mike Sheehan, March 24, 2015.

第八章

1. "In ten years that store will be worn out" : Les Wexner remarks at annual investor meeting, 2015, http://edge.media-server.com/m/p/djgbtg3x, retrieved January 2, 2016. These remarks were made about thirty minutes into the meeting.

2. "You'd think innovation" : John Cerni, CEO Cerni Motor Sales Inc., http://www. middlemarketcenter.org/events/2014-access-ge-executive-education-program.

3. Explosion of service innovation: Data in this paragraph from Sara Jerving, "Bank Tellers Battle Obsolescence," *Wall Street Journal*, November 14, 2014, http://www. wsj.com/articles/bank-tellers-battle obsolescence-1416244137, retrieved December 30, 2015; Steve Kummer and Christian Pauletto, "The History of Derivatives: A Few Milestones," EFTA Seminar on Regulation of Derivatives Markets, Zurich, May 3, 2012; derivatives data tracked by the Bank for International Settlements, http://www.bis.org/index.htm.

4. Take communications: Data in this paragraph from Email Statistics Report, 2013–2017, editor: Sara Radicati, http://www.radicati.com/wp/wp-content/ uploads/2013/04/Email-Statistics-Report-2013–2017-Executive-Summary.pdf, retrieved December 30, 2015; https://about.usps.com/who-we-are/postal history/ first-class-mail-since-1926.htm, retrieved December 30, 2015; "At JPMorgan, Voicemail Deemed Obsolescent," Reuters, June 2, 2015, http://www.reuters.com/ article/us-jpmorgan-expenses-voicemail idUSKBN0OI2HZ20150602, retrieved December 30, 2015.

5. "We want to be the ones who continually" : Interview with Avi Steinlauf, June 12, 2015.

6. "Well into nine figures" : Sramana Mitra, "Unicorn in the Making: Avi Steinlauf, CEO of Edmunds.com," http://www.sramanamitra.com/2015/03/08/unicorn-in-the-making-avi-steinlauf-ceo-of edmunds-com-part-7/, retrieved January 7, 2016.

7. "To be able to build value" : Interview with Andy Boynton, February 18, 2015.

8. "But where does the lobby begin?" : Interview with Victor Ermoli, June 17, 2015.

9. Tim Brown recalls: Interview with Tim Brown, June 11, 2015.

10. "It is not the consumer's job" : Quoted in Steve Lohr, "The Yin and Yang of Corporate Innovation," *New York Times*, January 26, 2012, http://www.nytimes.com/2012/01/27/technology/apple-and-google-as creative-archetypes.html?_r=2&ref=technology; "you've got to start with the customer experience" : Steve Jobs at a 1997 Apple developer's conference, video at (among other places) http://www.imore.com/steve jobs-you-have-start-customer-experience-and-work-backwards-technology, retrieved January 12, 2016.

11. "Need seekers" : Barry Jaruzelski, Volker Staack, and Brad Goehle, "The Global Innovation 1000: Proven Paths to Innovation Success," *strategy + business*, Winter 2014, http://www.strategy business.com/article/00295?gko=b91bb, retrieved January 8, 2016.

12. In the middle market: National Center for the Middle Market, Cherry Bekaert LLP, and Michael Leiblein, "Organizing for Innovation in the Middle Market," 2015, http://www.middlemarketcenter.org/research-reports/innovation-processes-tools-middle-market-companies, retrieved January 8, 2016.

13. Keep the Change: IDEO, "Keep the Change: Account Service for Bank of America: A Service Innovation to Attract and Retain Bank Members," https://www.ideo.com/work/keep-the-change-account service-for-bofa, retrieved April 4, 2016.

14. "Because a service" : Stefan Thomke, "R&D Comes to Services: Bank of America's Pathbreaking Experiments," *Harvard Business Review*, April 2003.

15. "Services are not milled in prototype" : Interview with Toby Bottorf, March 13,

让顾客购买

2015.

16. Intuit ran experiments: Andrea Meyer, "Intuit Is High-Velocity Experiments," HBS Working Knowledge, August 12, 2012, http://www.workingknowledge.com/blog/intuits-high-velocity-experiments/, retrieved January 10 2016.

17. "Always be in beta": Craig LaRosa, "Our Economy Is Mostly Services. How Do You Design Great Service Experiences?," Continuum blog post, February 28, 2012, http://continuuminnovation.com/our economy-is-mostly-services-how-do-you-design-great-service-experiences/#.VplM01KqHoY, retrieved January 15, 2016.

18. Dave Thomas: R. David Thomas, *Dave's Way: A New Approach to Old-Fashioned Success* (New York: Zondervan, 1994).

19. Wendy's has used: Maureen Morrison, "How to Create a Successful Limited-Time Offer," *Ad Age*, July 22, 2014, http://adage.com/article/best-practices/practices-create-a-limited-time-offer/294230/, retrieved January 13, 2016; "Wendy's Ignites Fast-Food Battle with Bundled 'Value' Deals," *Columbus Dispatch*, January 7, 2016.

20. "We want to be on trend": Gretchen Goffe, "Ideas on Innovation from the Middle Market: How Innovation Models Affect a Firm's Ability to Capture the Value It Creates," National Center for the Middle Market, 2014, http://www.middlemarketcenter.org/Media/Documents/lessons-in-innovation-from-the middle-market-1_NCMM_Innovation_Research_Report_FINAL_WEB.pdf.

21. Product life cycle: The original, classic description of the product life cycle is Conrad Jones and Sam Johnson, "How to Organize for New Products," *Harvard Business Review*, May–June 1957; it is unaccountably missing from *HBR*'s online archive.

22. Paraphrasing Theodore Levitt: Theodore Levitt, "Exploit the Product Life Cycle," *Harvard Business Review*, November–December 1965, https://hbr.org/1965/11/exploit-the-product-life-cycle.

23. "The mindset around innovation": Interview with Matthew May, February 23, 2015.

24. Kaiser Permanente: "Unpacking Design Thinking: Test," blog post at Knowledge Without Borders, August 13, 2014, http://knowwithoutborders.org/unpacking-design-thinking-test/, retrieved January 17, 2016.

25. "Those who are responsible": Jeroen P. J. de Jong and Patrick A. M. Vermeulen, "Organizing Successful New Service Development: A Literature Review," SCALES-paper N200307, EIM Business and Policy Research, 2003.

第九章

1. "I do not look": Interview with Mark Holtoff, June 12, 2015.

2. "One Stop Shop": Phrase Finder, http://www.phrases.org.uk/meanings/one-stop-shop.html, retrieved January 17, 2016.

3. One common experience: We owe the phrase to the strategy and consulting firm. See http://www.strategyand.pwc.com/global/home/what-we think/cds_home/toolkit/cds_way_to_play/way_to_play_tool, retrieved January 17, 2016.

4. "If we do not sell it": http://www.adslogans.co.uk/site/pages/gallery/if-we-don-t-sell-it-you-won-t need-it.8611.php, retrieved January 17, 2016.

5. "Two-sided markets": For an excellent discussion of how two-sided markets work and how to compete in them, see Thomas R. Eisenmann, Geoffrey Parker, and Marshall W. Van Alstyne, "Strategies for Two Sided Markets," *Harvard Business Review*, October 2006.

6. "Whenever we're facing": Julia Kirby and Thomas A. Stewart, "The Institutional Yes" (Interview with Jeffrey Bezos), *Harvard Business Review*, October 2007.

7. American consumers pocketed: There are many studies of Walmart's consumer surplus, some of which are cited in Tim Worstall, "The Waltons Deserve Their Hundred Fifty Billion; The Rest of Us Gain $5 Trillion From Walmart's Existence," *Forbes*, November 29, 2014, http://www.forbes.com/sites/timworstall/2014/11/29/

the-waltons-deserve-their-hundred-fifty-billion-the rest-of-us-gain-5-trillion-from-walmarts-existence/#25a65073e6c8, retrieved March 10, 2016.

8. Visits to minute clinics: J. Scott Ashwood, Martin Gaynor, et al., "Retail Clinic Visits for Low-Acuity Conditions Increase Utilization and Spending, *Health Affairs* 35, no 3 (March 2016), http://content.healthaffairs.org/content/35/3/449.abstract, retrieved March 10, 2016.

9. "It is tempting": Abraham Maslow, *The Psychology of Science* (New York: Harper & Row,1966).

10. When a dollar bill changes hands: D. Brockman, L. Hufnagel, and T. Geisel, "The Scaling Laws of Human Travel," *Nature*, January 2006, http://www.nld.ds.mpg.de/downloads/publications/Brockmann2006.pdf.

11. Money spent with a local business: Dan Houston, Civic Economics, "Local Works: Examining the Impact of Local Business on the Western Michigan Economy," 2002, http://bealocalist.org/sites/default/files/file/GR%20Local%20Works%20Summary.pdf.

12. Community banks: Federal Deposit Insurance Corporation, FDIC Community Banking Study, December 2012, https://www.fdic.gov/regulations/resources/cbi/report/cbi-full.pdf, retrieved February 5, 2016.

13. "The anti-chain": Jeff Haden, "Shake Shack CEO: 'We Want to Be the Anti-Chain Chain,'" *Inc.*, July 16, 2012, http://www.inc.com/jeff-haden/shake-shack-ceo-the-anti-chain-burger-chain.html.

14. In December 2015: Sandra Pedicini, "Walt Disney World, SeaWorld, Universal Begin Using Metal Detectors at Theme Parks," *Orlando Sentinel*, December 17, 2015, http://www.orlandosentinel.com/business/tourism/os-disney-metal-detectors-security-20151217-story.html, retrieved February 29, 2016.

15. "Perverse effect on strategy": Michael E. Porter, "What Is Strategy?," *Harvard Business Review*, November–December 1996.

16. Bonefish Grill: Jonathan Maze, "Bonefish Grill to Close 14 Locations," *Nation's Restaurant News*, February 17, 2016, http://nrn.com/casual-dining/bonefish-grill-close-14-locations.

17. Its routing software: UPS data cited by *Fortune* at http://money.cnn.com/video/news/2010/12/13/n_cs_ups_no_left_turn.fortune/, retrieved January 5, 2016.

18. UPS management realized: See Donald L. Laurie, Yves L. Doz, and Claude P. Sheer, "Creating New Growth Platforms," *Harvard Business Review*, May 2006.

19. Cited Zappos as a good example: Geoff Colvin, "Bob Stoffel's UPS Green Dream," *Fortune*, April 27, 2011, http://archive.fortune.com/2010/12/16/news/companies/csuite_ups_bob_stoffel.fortune/index.htm, retrieved January 6, 2015.

20. "The Nature of the Firm": For Coase's paper, see http://www.jstor.org/stable/2626876?seq=1#page_scan_tab_contents; for Williamson, one might start with his Nobel Lecture, http://www.nobelprize.org/nobel_prizes/economic sciences/laureates/2009/williamson_lecture.pdf.

21. As Geoffrey Moore says: Geoffrey A. Moore, "Strategy and Your Stronger Hand," *Harvard Business Review*, December 2005.

22. Sam Palmisano: Paul Hemp and Thomas A. Stewart, "Leading Change When Business Is Good: An Interview with Samuel J. Palmisano," *Harvard Business Review*, December 2004.

23. Control more than 70 percent of the market: http://54.224.107.218/insights/blog/blog details/insights/2014/07/07/the-merger-of-equals-publicis-omnicom.-the-failure-and-the-aftermath, retrieved December 27, 2015.

24. A few forays into other markets: National Center for the Middle Market and Goffe, "Lessons in Innovation from the Middle Market."

25. "Skill, not size": "Litigation Boutique Hot List," *National Law Journal*, February 3, 2014, http://www.nationallawjournal.com/id=1202641380425/Litigation-Boutiques-Hot-List, retrieved December 27, 2015.

让顾客购买

26. One of the most famous Harvard Business School cases: James L. Heskett, "Shouldice Hospital Limited," Harvard Business School case, April 1983, revised June 2003, http://www.hbs.edu/faculty/Pages/item.aspx?num=21244.

27. Boston Consulting Group: For the history of BCG, see Walter Kiechel, *The Lords of Strategy: The Secret Intellectual History of the New Corporate World* (Boston: Harvard Business Press, 2010).

28. "Strategy Gallery" : https://www.bcgperspectives.com/strategygallery.

29. Dynamic pricing: R. Preston McAfee and Vera te Velde, "Dynamic Pricing in the Airline Industry," n.d., http://mcafee.cc/Papers/PDF/DynamicPriceDiscrimination. pdf, retrieved March 22, 2016.

30. Pioneered building strong encryption: Adriene Hill, "Encryption Spreads as Apple Battles the FBI," NPR *Marketplace*, March 14, 2016, http://www.marketplace. org/2016/03/14/world/encryption-spreads apple-battles-fbi.

31. The average price point: Katie Smith, "Zara vs. H&M—Who's in the Lead?," April 15, 2014, https://edited.com/blog/2014/04/zara-vs-hm-whos-in-the-global-lead/, retrieved March 23, 2016.

32. "Lead users" : E. Von Hippel, "Lead Users: A Source of Novel Product Concepts," *Management Science* 32, no. 7 (986): 791–806.

33. Is equally applicable to services: Florian Skiba and Cornelius Herstatt, "Users as Sources for Radical Service Innovations: Opportunities from Collaboration with Service Lead Users," *International Journal of Services Technology and Management* 12, no. 3 (2009), http://www.inderscience.com/jhome.php?jcode=ijstm.

34. Michael Jeffries: Susan Berhielf and Lindsey Rupp, "Abercrombie & Fitch Chief's Ouster Shows Loafers Stopped Working: Behind the Decline of Abercrombie & Fitch and the Fall of Its CEO, Michael Jeffries," *Seattle Times*, February12, 2015, http://old.seattletimes.com/html/businesstechnology/2025687599_ abercrombiefounderoutxml.html.

35. Cell phone towers: "Top 100 Tower Companies in the U.S.," WirelessEstimator. com, February 8, 2016, http://wirelessestimator.com/top-100-us-tower-companies-list/, retrieved February 22, 2016.

36. Indeed, the perception: http://exstreamist.com/15-of-millennials-have-cut-the-cord-only-3-of-baby boomers-have-done-the-same/, retrieved March 1, 2016.

37. American Customer Satisfaction Index: http://www.theacsi.org/customer-satisfaction benchmarks/benchmarks-by-industry, retrieved February 23, 2016.

38. On-Time Guarantee: http://www.timewarnercable.com/en/support/faqs/faqs-account-and billing/appointments/what-is-the-on-time-guarantee.html, retrieved February 23, 2016.

第十章

1. A triad of intangible assets: Tom's *Intellectual Capital: The New Wealth of Organizations* (New York: Doubleday Currency, 1997) is, he blushes to say, considered the best book about the topic.

2. "I've tried to find": Interview with Andy Boynton, February 18, 2015.

3. *Co-creation* was first used by: C. K. Prahalad and Venkatram Ramaswamy, "The Co-Creation Connection," *strategy + business*, April 9, 2002.

4. Inferred that women were pregnant: Charles Duhiggfeb, "How Companies Learn Your Secrets," *New York Times Magazine*, February 16, 2012.

5. "The world is getting increasingly transparent": Julia Kirby and Thomas A. Stewart, "The Institutional Yes [Interview with Jeffrey Bezos)," *Harvard Business Review*, October 2007.

6. "Social media and sites like": Interview with Charles McDiarmid, June 5, 2015.

7. Pulsed, periodic, and persistent: See the excellent article by Christopher Meyer and Andre Schwager, "Understanding Customer Experience," *Harvard Business Review*, February 2007.

8. Some statistics show the power: "6 Reasons Why Customer Service Is the Most Powerful Word-of Mouth Marketing Weapon," http://bright.stellaservice.com/uncategorized/have-you-heard-6-reasons-why customer-service-is-the-most-powerful-word-of-mouth-marketing-weapon/, retrieved May 23, 2015.

9. Studies by Reevoo: Cited by Graham Charlton, "Ecommerce Consumer Reviews: Why You Need Them and How to Use Them," Econsultancy, July 8, 2015, https://econsultancy.com/blog/9366-ecommerce-consumer-reviews-why-you-need-them-and-how-to-use-them/, retrieved March 11, 2016.

10. "Satisfying the control needs of the consumer"："Marketing and Customer Experience: 6 Core Emotional Needs That Shape Human Behaviour (Part 2—Control)," http://www.business2community.com/customer-experience/marketing-customer-experience-6-core emotional-needs-shape-human-behaviour-part-2-control-0632292, retrieved October 17, 2015.

11. "When does co-creation"：Interview with Francis Gouillart, CEO and cofounder of the Experience Co Creation Partnership, January 15, 2015.

12. According to IDC: "2016—The Year of the Connected Customer," *Huffington Post*, http://www.huffingtonpost.com/vala-afshar/2016-the-year-of-connecte_b_8833496.html, retrieved December 18, 2015.

13. Swiffer: Drake Baer, "The Innovation Method Behind Swiffer Madness," *Fast Company*, March 13, 2013, http://www.fastcompany.com/3006797/innovation-method-behind-swiffer-madness, retrieved February 16, 2016.

14. "When you talk about a triangle"：Interview with Avi Steinlauf, April 22, 2015.

15. Estimated at above $200 million: Jason Del Ray, "Why Sephora's Digital Boss Joined Stitch Fix, the Personal Stylist Startup That Is Growing Like Mad," *re/code*, March 22, 2015, http://recode.net/2015/03/22/why-sephoras-digital-boss-joined-stitch-fix-the-personal-stylist-startup-thats growing-like-mad/, retrieved February 10, 2016.

第十一章

1. "We have a mission statement": Interview with Charles V. Firlotte, January 16, 2016.

2. "You create culture through design": Interview with Tim Brown, June 11, 2015.

3. "A culture exists to protect itself": Interview with Stan Slap, June 11, 2015.

4. "That is the product we sell": Alex Konrad, "Salesforce Innovation Secrets: How Marc Benioff's Team Stays On Top," *Forbes*, August 20, 2014, http://www.forbes. com/sites/alexkonrad/2014/08/20/marc benioffs-innovation-secret/#65a5cc6b1a6c, retrieved February 9, 2016.

5. "Just as you typically cannot argue": Jon R. Katzenbach and Ashley Harshak, "Stop Blaming Your Culture," *strategy + business*, Spring 2011.

6. "Culture trumps strategy": Leslie Helm, "Caffeinating the World," *Sky*, March 2014, p. 120.

7. "There are roughly 46,000": Interview with Wayne Berson, January 21, 2016.

8. "The reasons are simple": https://www.progressive.com/newsroom/article/2005/ november/hurricane damaged-cars/.

9. Angela Ahrendts: Jennifer Reingold, "What the Heck Is Angela Ahrendts Doing at Apple?," *Fortune*, September 10, 2015, http://fortune.com/2015/09/10/angela-ahrendts-apple/.

10. Circuit City: See, inter alia, Amy Hart, Erika Matulich, Kimberly Rubinsak, Kasey Sheffer, Nikol Vann, and Myriam Vidalon, "The Rise and Fall of Circuit City," *Journal of Business Cases and Applications*, n.d., http://www.aabri.com/ manuscripts/121101.pdf, retrieved February 9, 2016.

11. "On the Folly of Rewarding": Steven Kerr, "On the Folly of Rewarding A, While Hoping for B," *Academy of Management Journal*, December 1975, http://www. csus.edu/indiv/s/sablynskic/documents/rewardinga.pdf.

12. "It took six months": http://www.fastcompany.com/3047019/shake-shacks-french-fry-debacle-and how-it-recovered-from-its-biggest-mistake.

13. Ninety-nine percent of orders: Paul Leinwand and Cesare Mainardi, with Art Kleiner, *Strategy That Works: How Winning Companies Close the Strategy-to-Execution Gap* (Boston: Harvard Business Press, 2016).

第十二章

1. According to the Economist Intelligence Unit: "Aiming Higher: How Manufacturers Are Adding Value to Their Business: A Report from the Economist Intelligence Unit," http://www.economistinsights.com/sites/default/files/Manufacturing%20-%20Aiming%20higher.pdf, retrieved January 18, 2016.

2. When services study manufacturing: Joel Goldhar and Daniel Berg, "Blurring the Boundary: Convergence of Factory and Service Processes," *Journal of Manufacturing Technology Management* 21, no. 3 (2010): 341–54, http://dx.doi.org/10.1108/17410381011024322.

3. A study of 348: Andreas Eggert, Christoph Thiesbrummel, and Christian Deutscher, "Hybrid Innovations: Heading for New Shores: Do Service and Hybrid Innovations Outperform Product Innovations in Industrial Companies?," *Industrial Marketing Management* (February 2015): 173–83, http://www.sciencedirect.com/science/article/pii/S0019850115000486.

4. Schiphol Airport: Mark Faithfull, "Pay-as-You-Go Lighting Arrives at Amsterdam's Schiphol Airport," *Lux Review*, April 20, 2015, http://luxreview.com/article/2015/04/pay-as-you-go-lighting-arrives at-amsterdam-s-schiphol-airport, retrieved January 20, 2016.

5. Caterpillar: Ann Bednarz, "Ready for a Change? IT Pros Should Be Prepared to Rethink Traditional IT Roles and Responsibilities This Year," *Network World*, January 14, 2016, http://www.networkworld.com/article/3022333/careers/shift-to-digital-business-disrupts-traditional it.html?nsdr=true, retrieved January 21, 2016.

6. Apple Store: Phil Wahba, "Apple Extends Lead in U.S. Top 10 Retailers by Sales

per Square Foot," *Fortune*, March 13, 2015, http://fortune.com/2015/03/13/apples-holiday-top-10-retailers-iphone/; Roman Loyola, "Financial history of the Apple Retail Store," *Macworld*, May 19, 2011, http://www.macworld.com/article/1159499/macs/applestoresinancials.html. Both retrieved January 19, 2016.

7. "Buying a car is no longer the worst": Cliff Edwards, "Sorry, Steve, Here's Why Apple Stores Won't Work," *BusinessWeek*, May 20, 2001, http://www.bloomberg.com/bw/stories/2001–05–20/commentary sorry-steve-heres-why-apple-stores-wont-work, retrieved January 17, 2016.

8. Apple's 2011 10-K: http://investor.apple.com/secfiling.cfm?filingid=1193125–11–282113&cik=.

9. Lexus swept into: http://pressroom.lexus.com/releases/history+lexus.htm, retrieved January 5, 2016.

10. Natura's open and networked innovation: Natura Annual Report, 2014.

11. "The most important capability": Interview with Alessandro Carlucci, March 14, 2013.

12. In health care: Michael E. Porter, Stefan Larsson, and Thomas H. Lee, "Standardizing Patient Outcomes Measurement," *New England Journal of Medicine*, n.d. (2016),http://www.nejm.org/doi/full/10.1056/NEJMp1511701?query=featured_home&, retrieved February 26 2016.

13. "Performance on journeys": Alex Rawson, Ewan Duncan, and Conor Jones, "The Truth About Customer Experience: Touchpoints Matter, but It Is the Full Journey That Really Counts," *Harvard Business Review*, September 2013.

14. "If you handed an Etch-a-Sketch": Kevin Cullen, "Delivering the *Globe*, One Street at a Time," *Boston Globe*, January 3, 2016, http://www.bostonglobe.com/metro/2016/01/03/the-globe here/m6CG7N8XTUjkdsh5GNfglN/story.html?event=event25, retrieved January 23, 2016.

15. Pointed fingers:. Mark Arsenault and Dan Adams, "Globe, Distributor Trade Blame as Delivery Woes Persist," *Boston Globe*, January 4, 2016.

16. "Your carrier is" : John W. Henry, "We Apologize to Our Loyal Readers," *Boston Globe*, January 5, 2016, http://www.bostonglobe.com/opinion/2016/01/05/apolo gize-our-loyal readers/S0uNqQOjkx3UD7jD3WbbgL/story.html?event= event25.

17. Xerox: Michael J. de la Merced and Leslie Pickerjan, "Xerox, in Deal with Carl Icahn, to Split Company in Two," *New York Times*, January 29, 2016, http://www.nytimes.com/2016/01/30/business/dealbook/xerox-split-icahn. html?ref=business&_r=0.

18 "Strategy and Your Stronger Hand" : Geoffrey Moore, "Strategy and Your Stronger Hand," *Harvard Business Review*, December 2005.

第十三章

1. In 2007, the *Economist*: "Snarling All the Way to the Bank," *Economist*, August 23, 2007, http://www.economist.com/node/9681074.

2. After years of rising profits: Sean Farrell and Gwyn Topham, "Ryanair Predicts Price Falls as Profits Double," *Guardian*, February 1, 2016, http://www.theguardian.com/ business/2016/feb/01/ryanair-predicts price-falls-as-profits-double.

3. Low-cost competitor easyJet: Lizzie Porter, "Ryanair: The Truth About the Airline's Customer Services Department," *Telegraph*, August 28, 2014, http://www.telegraph. co.uk/travel/news/ryanair/Ryanair-the truth-about-the-airlines-customer-services-department/.

4. Jacobs told one of us: Interview with Kenny Jacobs, September 17, 2015.

5. "Internal customers" : For more on why and how this is a problematic, even dangerous idea, see Thomas A. Stewart, "Another Fad Worth Killing: The Idea of 'Internal Customers,'" *Fortune*, February 3, 1997.

附录

1. Showed that reducing customer effort: Matthew Dixon, Karen Freeman, and

Nicholas Toman, "Stop Trying to Delight Your Customers," *Harvard Business Review*, July–August 2010.

2. Better suited to companies: For an evaluation of CES, see Natalie Steers, "Customer Effort Score: The Truth About the Controversial Loyalty Tool," mycustomer.com, http://www.mycustomer.com/service/management/customer-effort-score-the-truth-about-the-controversial loyalty-tool, retrieved April 12, 2016. Do not be put off by the faux sensationalism of the title.

3. Omnichannel excellence: A good roundtable discussion of the differences between multi- and omnichannel is "Defining the Difference Between a Multi-Channel and Omnichannel Customer Experience," http://www.mycustomer.com/community/blogs/customer-technology/defining-the-difference between-a-multi-channel-and-omnichannel, retrieved April 13, 2016.

4. "DART" framework: See C. K. Prahalad and Venkat Ramaswamy, *The Future of Competition: Co Creating Unique Value with Customers* (Boston: Harvard Business Press, 2004).

5. "Maturity model": Forrester, "An Omnichannel World: How Data And Measurement Are Key to Customer Engagement," Forrester Consulting Thought Leadership Paper commissioned by Neustar, August 2015.

6. According to a pair of Australian scholars: Megha Sachdeva and Renu Agarwal, "Innovation in Services and Its Measurement at Firm Level: A Literature Review," Academia.edu, https://www.academia.edu/1025338/INNOVATION_IN_SERVIC ES_AND_ITS_MEASUREMENTAT_F IRM_LEVEL_A_LITERATURE_REVIEW, retrieved April 16, 2016.

7. Framework for Measuring Service Innovation: Partly adapted from Soren Kaplan, "How to Measure Innovation (to Get Real Results)," *Fast Company Design*, June 16, 2014, http://www.fastcodesign.com/3031788/how-to-measure-innovation-to-get-real-results, retrieved April 16, 2016.

致　谢

　　任何一本书都是众人合力创作的。本书的出版，得益于所有执行人员的努力，很多人为本书投入时间，提供故事，分享见解。朋友和家人为我们完成此书牺牲了他们自己的业余时间。我们的同事，出版团队一直支持我们，为我们出谋划策，帮助我们编辑，激励我们，并最终将本书呈现给读者。还有其他许多人也参与了本书的编辑出版工作。

　　汤姆要特别鸣谢俄亥俄州立大学菲舍尔商学院院长阿尼尔·马基雅，还有他在国家中端市场中心的同事道格·法伦和艾丽西亚·里奇，感谢他们在本书创作期间给予的支持和理解。来自菲舍尔商学院的阿拉文·钱德拉塞卡兰、莎氏·马特和彼得·沃德也为我们提供了非常有帮助的建议、见解和新想法。思略特公司［当时称博斯公司（Booz & Company）］的尼科·坎纳、肯·法瓦罗、乔恩·卡森巴赫、阿尔特·克莱纳、纳迪亚·库比斯、保罗·莱茵万德、恺撒·曼纳狄，还有约瑟琳·辛普森，都曾在汤姆构思本书时提供过帮助，因此，汤姆希望大家能都认同他的思想。娜塔莎·安德烈一直都是不可或缺的一员。哥伦比亚大学信息和知识战略项目主任凯特·普格也是一位默契十足的思想伙伴。

　　帕特丽夏特别鸣谢克里斯特尔·伯格提供的行政支持，感谢芭芭拉·亨里克斯·麦克杜格尔提供的专业指导为她敞开了一扇扇大门；感谢希诺阿·泰特和劳拉·斯蒂芬斯的不懈支持和奉献的完美智慧；感谢劳拉·波洛克和第三街伙伴（Third Street Partners）团队为她提供的家外之家；感谢布鲁斯·韦恩·斯坦的鼓励、建议和富有感染力的热情；感谢格雷格·温特、考特尼·斯泰普莱顿、穆库尔·潘迪亚、托尼·普罗霍罗斯和安德鲁·莫里西为我们提供了专业的建议；感谢伊恩、凯文和麦克斯韦（Maxwell）的伦尼、尼克，以及来自各行各业的众多员工，他们不仅在服务设计和传递方面展示了最好的一面，还教会了帕特丽夏什么是客户资本的价值，以及共同创造难忘体验的责任。帕特丽夏还想对鲍比·凡、斯福格里亚、宝拉和海蒂·豪斯表示感谢。

感谢这么多人慷慨地投入时间，给予独到的见解和经验。同时我们也向那些无意中忽略了名字的人致歉；我们确信，这样做至少违反了服务设计的一个原则。

我们还要感谢万博宣伟的盖尔·海曼、凯茜·卡尔霍恩、阿比·戈尔德、弗雷德·林德伯格和迈克尔·韦曼；Edmunds 网站的阿维·斯泰因劳夫、帕迪·汉农、米歇尔·肖茨、马克·霍尔托夫和瑞秋·罗杰斯；萨凡纳艺术与设计学院的保拉·华莱士、维克托·埃尔莫里和丹尼·菲尔森；Mobile Mini 移动存储公司的领导团队，包括埃里克·奥尔森、罗博·罗伊和凯利·威廉姆斯；ThedaCare 医疗机构的约翰·杜桑、海伦·扎克、黛娜·塔科夫斯基、珍妮·雷德曼·谢尔、金·巴恩斯、凯文·哈氏、吉姆·马斯森、比尔·曼；Continuum 公司的托比·博托夫、格雷琴·瑞思、安东尼·潘诺佐和乔恩·坎贝尔；Hill

Holiday 公司的凯伦·卡普兰和布伦特·费尔德曼；沃比帕克团队的尼尔·布卢门撒尔、戴夫·吉尔博亚、卡基·瑞德、鲁西·泰尔、洛里·克劳斯和奥利维亚·特雷瑟姆；冲浪航空公司的杰夫·波特和贾斯汀·哈特；IBM 的吉姆·斯波勒、保罗·马格里奥和雷·哈里桑卡，以及服务科学刚刚提出时就在纽约大学供职的保罗·霍恩（现在仍在纽约大学）。

此外，我们还要感谢奥利维尔·阿瑞斯、丹·阿里恩斯、韦纳·伯森、玛丽·乔·比特纳、安迪·博因顿、罗伯特·布斯托斯-麦克尼尔、蒂姆·布朗、迈克尔·卡吉尔、西尔维·查邦尼、约翰·库珀、约翰·科斯特洛、马克·德米奇、埃琳娜·埃夫格拉夫娃、彼得·法德、乔恩·费恩、查尔斯·V. 费洛特、艾琳·弗斯特、弗朗西斯·弗雷、米歇尔·格德斯、格伦·戈德曼、弗朗西斯·古伊拉特、布兰特·汉德利（他向我们介绍了冲浪航空，并安排我们作为他们的客人乘坐飞机）、桑迪·希尔曼、汤姆·哈伯德、肯尼·雅各布斯、沃尔特·基切尔三世、卡特丽娜·莱克、罗伯特·马斯顿、罗杰·马丁、马修·梅、查尔斯·麦克迪米德、莱尼·蒙多卡、阿尼尔·梅农、克里斯托弗·迈耶、克里斯·莫绍维蒂斯、安娜·莫里、弗朗索瓦·纳德尔、埃利斯·奥康纳、埃里克·奥尔森、安德鲁·帕拉迪诺、海伦·帕特里基斯、威廉·鲍威尔、布鲁斯·罗森斯坦、艾拉·萨格尔、比尔·萨普里奥托、莫汉·索维尼、伦·施莱辛格、埃星克·舒伦伯格、迈克·希恩、斯坦·斯莱普、埃迪·史密斯、丹尼·斯特恩、罗伯特·萨顿、吉尔·托滕伯格、罗布·韦斯伯格和肯·沃泽尔。

在哈珀商业出版社（Harper Business），霍利斯·海姆伯克一直都非常热情，反应灵敏，富有建设性，坦诚率直，异常坚定；我两同在编辑办公桌的一边，能跟她和她的团队合作是非常幸运的事情。这个团队还包括做事耐心高效、贡献不菲的埃里克·迈耶和布里安·佩兰；汤姆·皮托尼亚克在审稿过程中思路灵敏、观察细致、认真投入；吉姆·桑多设计并建立了我们的网站 www.woowowwin.com；吉姆·莱文包揽了本该经纪人所做的一切：他聪颖、周到、精明，是本书彻彻底底的支持者，马克·福蒂尔充满活力、高效，为我们提供了市场支持。

在这里还应特别列出朋友和家人的名字：阿曼达·维尔、帕梅拉和帕特里克·斯图尔特，三人奉献了诸多见解，给予了无限包容，一直都鼎力相助。感谢安、雷吉娜、凯瑟琳、吉姆·奥康奈尔和已故的威廉姆·J，感谢奥康奈尔一家的耐心和对此项目的重视。谢谢汤姆·吉尔伯特、丹尼斯·梅内利、卡罗尔·布特勒、艾琳·霍克和苏·罗斯，他们提醒了我们保持幽默感有多么重要；里克·梅内利则不断提醒我们保持自我意识。

最后，在本书的合作过程中，我们时远时近，如果没有 Skype，尤其是多宝箱（Dropbox）等应用，合作会非常困难。曾经有段时间，我们还对它们恶语相向，一是因为它们功能尚不完善，二是因为网络供应商总是无法即时响应，但它们的确让我们的"四手连弹"得以实现。当然，工具好不好，要看人们怎么去使用这些工具。所以，尽管可能略显矫情，但汤姆还是想真诚地感谢帕特丽夏，她是一个很棒的合作者；同时帕特丽夏也想对汤姆表达谢意，谢谢汤姆像帕特丽夏一样棒。